# Quem é Jesus?

# QUEM É JESUS?

Contrapondo sua verdade
à falsa espiritualidade
dos dias atuais

Traduzido por Degmar Ribas

# RAVI ZACHARIAS

1ª Edição

CPAD

Rio de Janeiro
2013

Todos os direitos reservados. Copyright © 2013 para a língua portuguesa da Casa Publicadora das Assembleias de Deus. Aprovado pelo Conselho de Doutrina.

Título do original em inglês: *Why Jesus?*
FaithWords, Nova York, EUA
Primeira edição em inglês: 2012
Tradução: Degmar Ribas

Preparação dos originais: Daniele Pereira
Capa: Elisangela Santos
Projeto Gráfico e Editoração: Oséas F. Maciel

CDD: 239 - Apologética
ISBN: 978-85-263-1085-8

As citações bíblicas foram extraídas da versão Almeida Revista e Corrigida, edição de 1995, da Sociedade Bíblica do Brasil, salvo indicação em contrário.

Para maiores informações sobre livros, revistas, periódicos e os últimos lançamentos da CPAD, visite nosso site: http://www.cpad.com.br.

SAC — Serviço de Atendimento ao Cliente: 0800-021-7373

Casa Publicadora das Assembleias de Deus
Av. Brasil, 34.401, Bangu, Rio de Janeiro – RJ
CEP 21.852-002

1ª edição: Julho/2013

# DEDICATÓRIA

*Ao meu primeiro neto,*
*Jude Kumar McNeil.*
*Seu nome já diz tudo —*
*Ele é um presente de nosso Senhor*
*e das duas heranças étnicas que representa.*

# Agradecimentos

Todas as pessoas que já alcançaram algo na vida sabem que pouco se pode fazer sem um grande apoio e ajuda dos outros. Na verdade, essa ajuda pode vir dos lugares mais inesperados. Escrevo há milhares de quilômetros de distância de casa, longe das distrações das outras responsabilidades. Assim posso me concentrar melhor no trabalho. Então, primeiramente gostaria de agradecer a todos aqueles que abriram mão de passar tempo comigo para que eu pudesse realizar um projeto como este — minha família, meus colegas, meus amigos. Na verdade, eles têm feito muito para me alegrar, embora estejamos longe uns dos outros. Meus agradecimentos a todas as pessoas que tenho encontrado durante minhas viagens — não sei o nome de muitas delas — pessoas que dedicam parte de seu tempo conversando e interagindo comigo. Expresso minha mais profunda gratidão à equipe que cuida da minha coluna para minimizar a minha dor durante horas prolongadas de escrita. Eu não poderia fazer esta obra sem vocês.

Finalmente, quero agradecer às quatro pessoas que trabalham nos bastidores: Wolgemuth & Associates, meus agentes, que também são meus amigos; os esforços de Joey Paul da FaithWords, cujas buscas diligentes me ajudaram a moldar o foco deste livro. Joey é um homem único. Gostaria que houvesse mais pessoas como ele no mundo. Também agradeço a Danielle Durant, minha assistente de pesquisa, que me lembra do que eu disse e em que trecho o fiz — ela me ajuda a expressar minhas ideias de um modo melhor. Margie, minha esposa, que é uma coruja noturna quando se trata de trabalhar em manuscritos. Ela passou muitas noites em claro fazendo o trabalho editorial. Não sou capaz de agradecer a ela o suficiente.

Mas preciso dizer uma coisa: Sendo um adolescente com uma vida sem sentido, eu encontrei Jesus como meu Senhor, Salvador e pastor da minha alma. Eu não fazia ideia de como e quanto sua mensagem de amor e perdão mudaria tudo em minha vida. Este livro é uma defesa de quem Ele é, e do motivo de seu nome ainda estar acima de todo nome.

# Sumário

*Agradecimentos* ................................................................ 7
*Introdução* ................................................................... 11

Capítulo 1 – Produção de Filmes ou Produção de Almas ..... 17
Capítulo 2 – Como o Ocidente se Perdeu através de sua
　　　　　　 Prosperidade ................................................ 33
Capítulo 3 – Expirando o Velho, Inalando o Novo ............ 53
Capítulo 4 – De Oprah a Chopra ...................................... 67
Capítulo 5 – A Religião do Quantum ................................ 85
Capítulo 6 – Vá para o Ocidente, Jovem ........................... 95
Capítulo 7 – Os Três Gurus ............................................ 111
Capítulo 8 – Sorrindo em Meio a Desconcertos .............. 125
Capítulo 9 – Você realmente quer Viver? ........................ 141
Capítulo 10 – Os Laços que Prendem ............................. 149
Capítulo 11 – A Busca por Jesus ..................................... 165
Capítulo 12 – Remodelando Jesus para Adequá-lo aos
　　　　　　　nossos Preconceitos ................................ 179
Capítulo 13 – O Maior de Todos .................................... 203
Capítulo 14 – Premissas Falsas e Verdades Magníficas ........ 221

*Apêndice* .................................................................... 241
*Notas* ........................................................................ 243

# Introdução

Acabei de dar uma volta em um dos mais novos shoppings centers de Nova Délhi. É uma dessas reproduções globalizadas em que você vê as mesmas lojas que estão em Hong Kong, Paris, Tóquio e Nova York. O que há em um nome? Um monte de dinheiro, dependendo de qual for o nome. Mas você também pode entrar em lojas de Bangkok ou Jacarta e encontrar a imitação de um produto que parece idêntico ao original. Se estiver procurando um Rolex, o lojista dirá que se um relógio original for colocado ao lado da imitação vendida por ele, as pessoas serão incapazes de dizer qual produto é original e qual deles é uma mera imitação. Há réplicas tão semelhantes aos produtos originais que só um especialista pode dizer a diferença. Quando, movido por curiosidade, perguntei a um vendedor como eles conseguem fabricar cópias tão semelhantes aos produtos originais, ele me repreendeu, dizendo que suas falsificações eram falsificações genuínas — e não aquelas falsificações falsas que os vendedores de esquina vendiam. Quando perguntei ao homem das "falsificações genuínas" se suas falsificações genuínas iriam se estragar dentro de pouco tempo, ele me olhou nos olhos e disse: "Você é que vai estar estragado dentro de alguns anos".

Naquele shopping não havia apenas produtos "genuínos" e falsos, havia também o toque exótico da forma como os produtos eram promovidos. As lojas de alimentos saudáveis anunciavam produtos revolucionários e mágicos de emagrecimento e bem-estar — vindos da América, da Suíça e do Ocidente em geral. Não pude deixar de pensar nas revistas sobre bem-estar que tenho visto no Ocidente — revistas que anunciam produtos revolucionários do Oriente: sucos de frutas do Tibet, "antigos" remédios da Índia, China, Japão e Indonésia. Nosso mundo tem incontáveis anúncios e ofertas de curas resultantes de produtos vindos das selvas amazônicas até as montanhas da Caxemira. Este é o mundo em que estamos vivendo! Quanto mais estrangeira uma palavra soar, mais significados místicos atribuímos a ela, e mais a dotamos de poderes capazes de nos levar ao "nirvana". Quem não quer estar bem? Quem não quer uma vida livre do estresse? Quem, no fundo de seu coração, não quer conhecer a Deus, se Ele realmente existir? Assim, a indústria do bem-estar e os centros espirituais estão prosperando, cada um oferecendo sua própria versão da felicidade.

Recentemente, Deepak Chopra foi para a Tailândia para ser ordenado monge budista, e, de acordo com um artigo que li na Índia, Júlia Roberts se tornou uma hindu. Júlia e sua família vão a um templo hindu de vez em quando para cantar e repetir sons que supostamente os ajudam a ter paz. Eu me pergunto se Roberts e Chopra percebem que Buda nasceu como um hindu e virou as costas para alguns dos ensinamentos fundamentais do hinduísmo, a fim de começar sua peregrinação e descobrir um novo caminho. Pelo menos podemos dizer, em defesa de Buda, que ele esteve em uma busca durante toda a sua vida. No caso de Chopra, ele foi um monge por uma semana.

Este livro trata da profunda e irreprimível fome espiritual que todos nós temos. Ansiamos tanto por uma fuga do mundo em torno de nós quanto por um consolo dentro de nós. Nosso mundo extrai muito de nós. Onde se pode encontrar reabastecimento e sentido máximos, especialmente em um mundo que oferece às massas inúmeros caminhos para a verdade? A cada momento nos são oferecidos sons, palavras e descobertas especiais... falsificações genuínas, falsificações falsas... e tudo mais que hoje é reunido sob a categoria abrangente de "espiritualidade". Assim como o pecado ficou fora de moda e o mal se manteve como uma categoria legítima — embora limitada — a religião está fora de moda, enquanto a espiritualidade continua a ser algo buscado com vigor.

Ao longo de anos de investigação e reflexão cuidadosas, tenho me dedicado a este assunto de maneira detalhada e profunda. Depois de quarenta anos e muitos diálogos, tenho algumas ideias para oferecer, e acredito que estes pensamentos podem ser úteis para o leitor. Eu me importo com esta pesquisa de uma maneira apaixonada e genuína.

Em assuntos espirituais também há coisas genuínas, falsificações genuínas e falsificações falsas. No Ocidente, estamos cansados de vivenciar o que C. S. Lewis chamou de "a mesma coisa antiga". Nós nos acostumamos com a abundância e a felicidade das múltiplas opções — temos hoje um supermercado espiritual diante de nós, no qual podemos escolher qualquer forma de espiritualidade que desejarmos. Algumas pessoas pensam que podem seguir qualquer caminho que quiserem e ainda assim viverem de uma maneira significativa. Tudo se resume a marcas e à aparência. Questões sobre a verdade são insinuadas, mas raramente são feitas perguntas sobre elas. A vida é vivida com uma variedade de sons e cantos.

A espiritualidade está em alta no Ocidente, à medida que gurus vêm e vão. É possível que nossos atuais meios de comunicação sejam a razão principal dessa disseminação de espiritualidades alternativas e uma chave para desvendar grande parte desse quebra-cabeça. Mudanças culturais não acontecem de repente. Como é que uma cultura que desaprovava certas práticas sexuais agora desaprova aqueles que desaprovam tais práticas? Como é que, partindo do uso normal da linguagem na difusão radiotelevisiva e no discurso público — em que até mesmo leves desvios eram vistos como graves infrações — nós agora vivenciamos diariamente um entretenimento que deixou o humor genial e passou a ser grosseiro e vulgar? Por que é que as histórias mais impróprias são as que recebem a maior audiência na televisão, no teatro e no cinema? Por que as pessoas criam cenários falsos a fim de ter seus próprios "reality shows"?

Quem são esses ícones criados pela mídia visual, cuja crença em alguma forma de espiritualidade parece real, mesmo que eles sejam feitos com o objetivo de vender algo? Tudo isso aconteceu por que nossos tabus estavam errados ou por que, em um sentido muito real, apertamos o botão de replay na saga do Éden e agora pensamos que podemos olhar, tocar e provar qualquer coisa que quisermos por acharmos que nos tornaremos deuses — seres que determinam por si só o que é certo e o que é errado?

Não há força maior no cultivo de gostos, na legitimação de crenças e no alcance de um impacto de massa do que a nossa capacidade de comunicação visual. É difícil até lembrar como vivíamos antes do começo de sua propagação. Ao mesmo tempo, é difícil imaginar uma cultura mais ingênua do que a dos Estados Unidos de hoje, cujo povo se orgulha de ser uma cultura que está disposta a absorver qualquer coisa indiscriminadamente.

Duas personalidades que tipificam a variedade espiritual que está diante de nós são Oprah Winfrey e Deepak Chopra. E se eles representam dois extremos do espectro, há, no espaço intermediário, exércitos de outras personalidades que as separa. O sucesso dessas pessoas demonstrou quão facilmente uma ideia pode ser comercializada, remodelada, reembalada e imediatamente aceita por uma geração que não só deixa de fazer as perguntas certas, mas não se importa o suficiente com a verdade, nem mesmo para pensar nas perguntas certas. Combine o poder das câmeras com o poder da Internet e com as ânsias profundas que o ser humano tem dentro de si, e você terá uma mistura do tempo e do espaço espiritual em dimensões diferentes.

Isso que agora chamamos de "espiritualidade" tem evoluído como um termo ao longo dos últimos anos. Muitas pessoas dizem que não estão "em" uma religião, mas que estão "em" espiritualidade. Isto é, em si, um fenômeno sociológico. E, assim como os existencialistas não gostam de ser classificados, os defensores da Nova Espiritualidade também não gostam. Pelo fato de esse termo ser extremamente abrangente, lidar com ele de maneira simplista é injusto com qualquer leitor. Então, em vez disso, observei as formas mais populares da Nova Espiritualidade e depois a comercialização nesse campo vasto e recente. Feito isso, procurei ir mais longe e destaquei as religiões e os expoentes que proveem as visões de mundo subjacentes a partir das quais essas formas populares de espiritualidade têm surgido.

Finalmente, observei o que há na mensagem de Jesus Cristo que, se bem entendido, ainda oferece a beleza, o poder e a única esperança de um futuro para a humanidade. Muitas coisas falsas têm feito com que a profundidade e a amplitude do seu ensinamento sejam confundidas. Ele disse que veio para nos dar a água que sacia nossas sedes mais profundas. No entanto, a superficialidade com que a sua mensagem tem sido apresentada e manipulada pela mídia tem obscurecido — para não dizer que tem destruído — a sua mensagem. Nunca se deve julgar uma filosofia por seu abuso. No entanto, isso é o que a mensagem de Jesus sofreu e tem sofrido. As mesmas manipulações auxiliam os "novos" movimentos espirituais, mas para uma finalidade diferente. Qual deve ser a nossa postura? Devemos abusar da mensagem? Ou devemos descobrir o que realmente está sendo reivindicado por esses sistemas de crenças e testar a veracidade dessas afirmações? Em sua essência, as visões de mundo por trás desses novos movimentos espirituais são completamente diferentes da visão de Jesus.

Em um estudo desses sistemas e crenças, há quatro elementos fundamentais que surgem no primeiro plano. O primeiro é a combinação de verdade e relevância: Como posso saber se minhas crenças são verdadeiras? Essas crenças são, de alguma maneira, relevantes para o meu dia a dia? O perigo aqui é que muitas vezes confundimos a relevância com a verdade e fazemos da verdade algo tão acadêmico que ela parece se tornar irrelevante. Ou nos tornamos tão rígidos e imparciais em relação à verdade que nos esquecemos de filtrá-la ao nível de nossas emoções, ou ainda nos dedicamos tanto a amenizar esse estresse e nos "sentirmos bem" que acabamos nos esquecendo de fazer a pergunta básica: nossas crenças estão baseadas na verdade?

Mas existe uma segunda combinação: razão e fé. Toda visão de mundo tem de reunir a razão e a fé.

Alguns admitem ambos, e alguns gostam de fingir que têm ambos na ordem correta. O naturalista é orgulhoso demais para admitir que uma forte dose de fé é necessária para acreditar no que ele faz. E muitas vezes, a pessoa religiosa pode se tornar presunçosa e dizer: "Na verdade, não me importo com o que você diz; minha fé é a coisa mais importante para mim". Eu costumo fazer a seguinte declaração: Deus colocou o suficiente neste mundo para fazer com que a fé nEle seja algo muito racional; mas não deixou o suficiente para que seja possível viver apenas pela razão.

Nasci em Chennai, no sul da Índia, e cresci em Nova Délhi, na região norte desse mesmo país. Meus antepassados vieram da casta mais alta do sacerdócio hindu, os Nambudiris e os Nairs, de Kerala. Várias gerações atrás, tanto quanto sabemos, um deles ouviu a mensagem de Jesus por intermédio de alguns missionários suíços e alemães. Essa pessoa se tornou um seguidor devoto de Cristo. Foi banido, expulso de sua comunidade e de sua família, e pagou caro por sua nova fé. Minha avó descendeu desta pessoa, e se casou com um membro da família Zacharias, que também havia se convertido do hinduísmo há várias gerações.

No entanto, as gerações que vieram após as famílias terem se convertido ao cristianismo só se tornaram cristãs verdadeiras porque também buscaram a Cristo. Ao contrário de todas as outras religiões, nascer em um lar cristão não faz de você um cristão; é a decisão específica de seguir a Cristo que faz com que uma pessoa seja cristã. Minha geração fez as perguntas difíceis sobre a crença para que mais uma vez estudássemos a mensagem de Jesus e respondêssemos à sua simplicidade e sublimidade. Eu me tornei um cristão enquanto estava em um leito de hospital, após tentar cometer suicídio aos 17 anos de idade. Clamei a Deus em oração: "Senhor Jesus, se Tu és quem dizes ser, revela-te a mim e tira-me de minha situação desesperadora, e eu não deixarei pedra sobre pedra em minha busca pela verdade". Cinco dias depois, saí do quarto do hospital como um homem novo, e nunca olhei para trás. Jesus Cristo não muda apenas o que você faz, mas muda o que você quer fazer.

Mas há algo importante aqui: Uma pessoa não pode simplesmente agarrar o polegar da experiência de um momento e assumir, portanto, que agarrou o punho da realidade. Tenho dado continuidade à minha promessa de buscar a verdade e dedicado minha vida ao estudo e compreensão de todas as grandes religiões e sistemas de crença do mundo. Esta foi a coisa certa e adequada a fazer. Jesus faz uma declaração surpreendente. Ele não afirma apenas ser único e ter o poder de transformar qualquer um que se chegue a Ele. A Bíblia diz que somos feitos "perfeitos" nEle (Cl 2.10). O que isso significa? Espero que você continue comigo nas páginas a seguir, nesta jornada para encontrar verdade e fé, relevância e razão, e descobrir que quando temos Jesus, temos a vida. Todas as outras fomes de espiritualidade são um reflexo da razão pela qual Ele oferece a si mesmo como o Caminho, a Verdade e a Vida.

Mesmo se você discordar de mim, por favor, continue a leitura. A honestidade da sua intenção e o pensamento sério sobre o conteúdo fará a diferença entre o verdadeiro e o falso. Chegar à conclusão correta em um caso como este definirá a eternidade. Você pode se surpreender com o que seus anseios espirituais e a autorrevelação de Deus podem lhe trazer. Quando C. S. Lewis se converteu, declarou: "Pensei que tivesse chegado a um lugar. Descobri que havia chegado a uma pessoa". Este livro é sobre isso: analisar os lugares aonde desejamos chegar e aqueles dos quais devemos nos distanciar até encontrarmos a Pessoa que estamos procurando.

## Capítulo 1

# Produção de filmes ou produção de almas

## *Um Mundo De Sonhos*

Desde o primeiro momento do filme *A Origem,* somos levados a mistérios e tramas entrelaçados que fazem com que não saibamos se estamos assistindo ao filme ou sendo assistidos por ele. Você se sente tentado a determinar se está sonhando que está acordado ou se está acordado e sonhando. Você começa a questionar se, de fato, compreende a realidade ou se a realidade o enganou. E então acontece uma série de jogos mentais: A consciência é uma causa ou um efeito? Será que nós, seres humanos, somos entidades eternas às quais é dada uma determinada quantidade de tempo para existir, ou somos corpos sujeitos ao tempo, que fingem ser eternos? Em suma, na complexa mistura do drama, a maior luta é se você, o observador, é o sonhador final ou apenas parte do sonho.

Ironicamente, a realidade inevitável presente nessa brilhante produção é que, sonhando ou acordados, os personagens principais exibem sua infinita capacidade de depravação humana. Os esquemas que causam devastação — matança em grande quantidade, explosões, assassinatos, tudo aquilo que satura as notícias que nos são transmitidas todos os dias — são a base do filme, independentemente de os personagens estarem acordados ou em um estado de sono. Uma coisa deve ser dita sobre Hollywood: existem alguns verdadeiros gênios por trás dos níveis a que os cineastas podem levar a imaginação do público.

A trama do filme *A Origem* é construída sobre a ideia de que um indivíduo pode infiltrar a mente de outra pessoa por meio dos sonhos e roubar os pensamentos e planos do subconsciente dela. Os que extraem as informações que são obtidas através dos sonhos e suas vítimas dormem próximos uns dos outros. Eles são conectados por um dispositivo chamado de "Share Dream", que administra um sedativo que os permite partilhar o sonho em conjunto. Curiosamente, a dor vivenciada no mundo dos sonhos é real, e se a pessoa acordar no meio do sonho, o cruzamento abrupto das consciências resultará em morte. Assim, é necessário que a pessoa permaneça em um estado de sono e suporte a dor para que a extração seja realizada. A sedação tem que continuar. Então, nessa realidade depravada, o extrator deve permanecer adormecido, suportando a dor de outra pessoa até que possa extrair a informação que deseja. Esta é a essência do filme.

O personagem principal carrega um pequeno pião chamado "totem" que gira incessantemente ou tomba — o que lhe permite determinar se está sonhando ou acordado, respectivamente. Não é estranho que até mesmo nos devaneios de nossa imaginação queremos saber a diferença entre a fantasia e a realidade, através da implantação de um mundo dentro de outro, para separar as realidades? No filme *A Origem,* a história é composta por anseios familiares, crianças brincando, a habitual ostentação de figuras surreais do submundo, por grandes trapaças nos negócios e pela angústia gerada por conflitos conjugais.

A missão principal dos protagonistas desse filme é implantar, secretamente, uma ideia que derrubará um negócio de seus adversários. Essa tentativa é feita através do esforço de descobrir se o que está acontecendo é suficiente para prender sua atenção à medida que você é conduzido para dentro da história e de seu tema emocionante de como o poder de uma ideia implantada na mente de um indivíduo pode mudar e, de fato, reorganizar a realidade, quando lhe é dada motivação e direção. A trama que se desenvolve torna-se ainda mais complexa, adentrando níveis cada vez mais profundos do subconsciente, com ramificações proporcionais. Características sobrenaturais suficientes são incluídas para instigar o espectador com um mundo além do físico, e os produtores criaram um terreno psicológico e uma amplitude de imaginação que fariam com que Freud parecesse superficial.

O intrigante nessa mistura é como seus criadores inventam uma combinação fascinante de visões de mundo mutuamente exclusivas. Mas no mundo cinematográfico, o racional e o irracional dão as mãos para que sejam criadas visões de mundo que, no final, dotam seres humanos de poderes divinos. Este parece ser sempre o resultado desejado, e os meios são aproveitados para alcançar este objetivo.

Curiosamente, o mesmo homem que nos trouxe esse filme espetacular também produziu o filme *Batman: O Cavaleiro das Trevas* — uma versão pós-moderna de Batman. Nesse filme, o premiado ator Heath Ledger desempenhou o papel sinistro do Coringa, um personagem que tinha poderes semelhantes a poderes satânicos. Mais uma vez, fomos embora do cinema pensando que se tratava "apenas um filme". Mas será que essa produção foi realmente "apenas mais um filme"? Pode-se escrever um livro inteiro sobre algumas das linhas daquela história. Não podemos escapar da seguinte questão: saber se isso era tudo o que havia nele... se era "apenas um filme".

No mundo real, destituído de roteiros, quando a notícia da morte súbita e misteriosa de Heath Ledger, ligada a drogas, aos 29 anos de idade virou notícia, a pergunta a ser cogitada era se a sua interpretação do Coringa havia tomado o seu pensamento de tal maneira que ele não foi capaz de se libertar do roteiro de Batman. De acordo com seus amigos e os atores que atuaram com ele, Ledger acabou possuído pelo Coringa e incapaz de se libertar do personagem, mesmo longe do set. Então ele mergulhou nos processos de pensamento do personagem que havia interpretado. Isso aconteceu de tal maneira que a linha divisória entre a imaginação e ser imaginado, entre atuar e se tornar um com o personagem, foi apagada. As características sinistras e maléficas do personagem infiltraram a vida do ator, de modo que o Coringa não era mais apenas um personagem fantasma, mas foi incorporado longe do set, trazendo consequências terríveis à vida real.

## É Apenas uma História

É possível ler uma história e não entrar nela? É possível escrever uma história e não se tornar parte do roteiro? Durante o tempo em que escrevi meu primeiro livro, minha família e eu estávamos morando em Cambridge, na Inglaterra. Nosso filho mais novo, que tinha apenas nove anos de idade na época, decidiu que também escreveria um livro. Então, todas as noites depois da escola, ele pegava seu bloco de papel e começava a rascunhar e sonhar com a sua trama. Não preciso nem dizer que a história estava repleta de algum tipo de crise, a cada duas páginas. Um dia, fui em direção à mesa onde meu material estava organizado. Vi meu filho sentado ali, do mesmo modo que eu costumo ficar. Ele estava com a caneta na mão, seu bloco de notas à sua frente, com lágrimas correndo pelo rosto como se estivesse sentindo o peso do mundo em cima de si. Imediatamente, coloquei tudo o que estava pensando em segundo plano e perguntei a ele o que estava acontecendo.

— Eu sei, eu sei — disse ele entre soluços.

— O que você sabe? — perguntei gentilmente.

— Eu sei que o cachorro vai morrer.

Tive que parar por um momento para compreender o que ele estava dizendo. Percebi que seu mundo de faz de conta, e seus personagens de faz de conta, haviam tomado conta de sua própria vontade de acreditar. Foi surpreendente ver em seus olhos o sentido da inevitabilidade da qual ele queria fugir, mas não conseguia, mesmo que isso estivesse em seu poder. Francamente, eu não sabia se deveria fazê-lo sair da vida de contador de histórias ou deixá-lo saber que as histórias que você escreve tendem a ganhar vida própria. Quando a imaginação entra em interseção com a realidade, seu poder é imenso. Esta é, na verdade, a forma como as culturas estão moldadas.

Um menino de nove anos de idade, entrando no mundo do faz de conta é uma coisa; mas o fato de isso acontecer na mente de um ator empregado na indústria bilionária das narrativas sofisticadas — o maior negócio na área do controle da imaginação do mundo atual — é outra coisa bem diferente. Se Heath Ledger não pode se libertar da história fictícia, estando perto do roteiro e sabendo que estava apenas interpretando um papel, como o público pode se libertar da história, sendo que não sabe o que está acontecendo nos bastidores? Assistir a um filme com a minha sogra é uma situação digna de um roteiro próprio. Ela se senta e fica quase em transe, observando cada movimento, e muitas vezes diz para o personagem: "Cuidado, tem alguém escondido atrás da porta!" Eu me divirto bastante ao fazê-la lembrar-se de que, na verdade, o ator sabe melhor do que ela que há alguém atrás da porta e que ele será atacado, e a única razão de o intérprete parecer não ter consciência disso é que o diretor lhe disse para agir dessa maneira. E, além disso, ele ensaiou esta cena algumas vezes até que parecesse real o suficiente para o diretor. Talvez ela tenha uma imaginação mais fértil; e é verdade que há entretenimento nas dramatizações, mesmo que isso nos conduza às armadilhas surreais e então nos prenda ali.

Acredito que esta questão que estamos tratando aqui seja muito importante, e por essa razão irei reiterá-la. Se os próprios atores, conscientes de que estão interpretando papéis, são incapazes de romper com a mídia e a mensagem, como é possível que o espectador esteja livre da influência da imaginação? Na verdade, ao idolatrarmos os atores, estamos indo um passo além de cruzar a linha entre a imaginação e a realidade. E os filmes se tornam narrativas interpretadas por pessoas que colocamos em uma posição de deuses.

O que estamos testemunhando, no mínimo, é que os escritores e cineastas da ficção têm se aproveitado de nossa propensão a embaçar as linhas que separam o que é real do que é imaginário. As histórias podem alterar a maneira como uma pessoa enxerga as coisas. O dramaturgo ou o autor não está mais escrevendo ou interpretando a história. A história está escrevendo o dramaturgo ou o autor. O dramaturgo, por sua vez, reescreve nossas próprias histórias, através de suas peças. Este é o mundo real de nossa época. O mundo do entretenimento tornou-se o mais poderoso meio de propaganda, e o público não tem conhecimento de quanto está sendo influenciado e manipulado. As pessoas não pagam esse tipo de entretenimento apenas com dinheiro; seus sonhos são roubados.

## *Afinal, este É um Mundo em Desenvolvimento*

As características intrigantes das produções cinematográficas e midiáticas são, para os adultos, o que a Disney World é para as crianças na área do lazer e do entretenimento. Essas características fazem com que tomemos como realidade o que geralmente é um faz de conta. O meu objetivo ao trazer essas reflexões sobre a sobreposição deliberada entre a imaginação e a realidade no início de nossa jornada através do campo minado de visões de mundo conflitantes é nos ajudar a descobrir a verdade a respeito da maior busca da vida. Por que há tantos aspectos sobrenaturais nos enredos das histórias de hoje, e por que essas suposições promovem, com frequência, uma visão de mundo que tenta divinizar o ser humano? E por que não é possível a história humana viver sem o fascínio pelo que é mal? De uma maneira estranha, a desfiguração da beleza não é agora a força do entretenimento? O espiritual não é sempre irrepreensível em seu poder de contar uma história? O que há conosco para que sempre estejamos procurando respostas? O que há dentro de nós, abaixo da matéria que recobre nosso corpo? Na música country, o tema costuma ser um voto quebrado; no mundo das histórias o tema é, quase invariavelmente, um mundo em pedaços. Onde vamos ser reestabelecidos? Será que a mensagem do cristianismo e o cristianismo propriamente dito foram rejeitados no Ocidente? As respostas antigas são obsoletas?

Certamente as respostas antigas, que eram consideradas doutrinárias e dogmáticas, hoje parecem totalmente irrelevantes. Por que estamos sempre em busca do espiritual sem classificar as coisas em categorias? Por que sempre discordamos sobre assuntos sagrados? Por sermos incapazes de resolver muitos dos problemas de nosso mundo "fenomênico", estamos indo em direção a um estado de sonhos profundos com o auxílio da tecnologia, de modo que o público parece viver em seu próprio mundo de sonhos. Esta é uma acusação terrível para nossa existência. O virtual tem, de fato, distorcido a espiritualidade em vez de esclarecê-la. Como é fácil esquecer que, por trás dos enredos dessas histórias, existem contadores de histórias que muitas vezes estão em sérios problemas em seus próprios mundos privados. Será que caímos em uma armadilha que projetou o quadro final? Será que neste momento há manipuladores em ação – pessoas que compreenderam os meios e o quadro final melhor do que qualquer pregador já entendeu? Essas histórias não são apenas contos para a imaginação; são corpos inteiros de uma crença que está remodelando a sociedade sem que esta perceba — doutrinas disfarçadas de entretenimento.

De que outra forma pode-se explicar a trágica autodestruição do ator Charlie Sheen, uma notícia assistida por milhões de pessoas? Ele mesmo fez a incrível declaração de que seus produtores quebraram o contrato com ele pelo fato de estar vivendo da mesma maneira que seu personagem vive na TV — um personagem para quem "vale tudo"; um personagem que vive de forma frouxa, relaxada, como quem não tem obrigações. Quando o ator transpôs os valores que interpretava para sua vida real, os produtores quebraram os laços com ele. Será que pensamos que podemos mudar o quadro final ao assistirmos o colapso do ator? De que outra forma alguém pode assistir aos comediantes em seu humor, e ao mesmo tempo sair das situações embaraçosas e imorais trazidas por tais gracejos?

A mensagem é massageada no subconsciente através da mídia. A mídia faz com que aquilo que é atraente e bom pareça chato e monótono, enquanto vidas destroçadas são colocadas como algo intrigante e cheio do divino. Visões de mundo estão sendo colocadas em vigor através do poder das lentes, muito além do que qualquer evangelista poderia ter feito. *A Origem* lembrou-me do aforismo do famoso filósofo chinês Lao Tse: "Se, quando estou dormindo, sou um homem que sonha ser uma borboleta, como posso saber se quando estou acordado não sou uma borboleta que está sonhando ser um homem?"

## *É uma Ciência*

Se a pessoa que promove a fantasia é incapaz de defendê-la e quiser ser levada a sério, a coisa mais inteligente a fazer é injetar uma dose de autoridade final em seus argumentos — a ciência. O que os romancistas foram para o existencialismo, e o que os desconstrucionistas foram para o pós-modernismo, equivale ao que a ciência seletiva ou a pseudociência se tornou para a busca espiritual pós-moderna. É bastante irônico. Em sua essência, o pós-modernismo é uma filosofia de inexatidões. Mas, em um esforço para encontrar crédito, ele procura apoio nas ciências exatas. Geralmente, o ponto de entrada é o ramo da ciência chamada física quântica, para que os argumentos pareçam ter características empíricas e incertas ao mesmo tempo.

Marilyn Ferguson foi uma das primeiras vozes a anunciar "A Era de Aquarius". Nos primeiros dias do que hoje é conhecido amplamente como movimento da Nova Era, ela disse que "os cálculos do cérebro não necessitam de nosso esforço consciente, mas apenas de nossa atenção e nossa abertura para permitir que a informação passe através dele. Embora o cérebro absorva universos de informação, pouco é admitido na consciência normal".[1]

Com uma compreensão que equivale a uma "terra de ninguém", supõe-se que as pessoas aceitarão uma religião completamente envolta na metafísica. Pense nesta frase: "Os cálculos do cérebro não necessitam de nosso esforço consciente". Ela está nos dizendo algo sobre a nossa suscetibilidade de aderir a uma crença, mesmo que possamos não estar dispostos a acreditar nela. E assim, o anormal é agora normal no mundo do entretenimento, porque o normal é tratado como subnormal no mundo da mídia. Isso, eu posso assegurar, é feito conscientemente.

O cientista Stephen Hawking defende uma teoria "multiversa" — uma teoria que diz que nosso universo não é o único universo que existe; pode haver um número infinito de universos lá fora. Ele não precisa de Deus para explicar o universo. A gravidade explica. Assim, enquanto Richard Dawkins, um ateu, defende que este espetáculo na Terra é o único espetáculo existente na cidade, Hawking sugere que embora nosso espetáculo possa ser o único na cidade, pode haver outras cidades, talvez muitas delas. E um dia, supostamente, descobriremos esses outros lugares. Ou seja, descobriremos que somos apenas um dentre muitos.

De uma forma estranha, a Nova Espiritualidade pode abraçar confortavelmente a ambas posições — esta cidade que conhecemos, e as cidades de faz de conta que a ciência faz parecer reais. O que Hawking propõe com a sua "física" já foi incluído nas artes em sua metafísica. Em uma espiritualidade feita sob encomenda, a teoria do multiverso também pode ser posicionada como algo que está dentro de nós, e não fora de nós. De uma maneira não tão sutil, estamos começando a acreditar que somos habitados por um multiverso dentro de nós.

Ao chegarmos a uma conclusão sobre o está acontecendo, percebemos que há um multiverso dentro de nós, imerso no pluriverso em torno de nós, no qual estamos em busca de um universo imaginário que nos une. E tudo isso é feito em salas escuras de teatros e cinemas ou na privacidade de nossas próprias casas, dando-nos a ilusão de que estamos sendo entretidos, enquanto na verdade estamos sendo doutrinados por ideias que são plantadas deliberadamente dentro de nós.

Ou seja, estamos sendo entretidos e doutrinados ao mesmo tempo. Esta parece ser uma história encantadora, mas o que a estraga é a nossa depravação que fica no caminho. Todo o mundo sabe que Karl Marx disse que a religião é o ópio do povo. Mas poucos notam o que ele disse em seguida; que é o suspiro dos oprimidos e o sol ilusório que gira em torno do homem *desde que o homem não gire em torno de si mesmo*. A nova espiritualidade resolveu esse dilema. Nós encontramos uma religião que nos ajudou a girar em torno de nós mesmos, e uma vez que acreditamos que a imaginação espiritual não precisa de limites porque somos deuses, tudo se torna plausível e nada precisa ser justificado. Estamos agora em uma situação precária em que a ciência nos deu as ferramentas — e possivelmente a autoridade — para transmitirmos a ficção, e a ficção tem o poder persuasivo da ciência. Esta é a Nova Espiritualidade.

Uma das principais redes de notícias dos Estados Unidos carrega o seguinte *slogan* distintivo: "Go Beyond Borders" (Vá Além das Fronteiras). Esse slogan apresenta um trocadilho intencional. Mas as visões de mundo que cruzam as fronteiras colidem com frequência, e há um estranho silêncio sobre isso. Quando Deepak Chopra (um nome familiar para muitas pessoas engajadas no movimento da espiritualidade de nossa época) se apresentou em um programa juntamente com o cientista Richard Dawkins, tentou inserir algumas terminologias da física quântica em seus argumentos. Dawkins, um tanto intrigado, perguntou-lhe o que sua teoria espiritual tinha a ver com a quântica. Chopra tentou explicar sua posição dizendo: "Bem, bem... isto é uma metáfora". "Uma metáfora?", rebateu Dawkins, ainda mais intrigado. Esse acontecimento poderia ter sido uma cena de comédia habitual, mas não foi. Uma coisa é Deepak Chopra impressionar o público com termos cientificamente ricos; mas quando é pressionado por um cientista rigorosamente puro, a sua ciência de repente se torna uma metáfora... a despeito do que isso possa significar! Chopra pareceu um menino pego com "a boca na botija". Mas, geralmente, os gurus são inocentados por não dizerem nada ao se esconderem em terminologias pesadas.

## *É o Super-Homem*

Através dos meios de comunicação visual e do uso seletivo (para não dizer pervertido) da ciência, novos padrões foram introduzidos no Ocidente, há quatro décadas, quando a Meditação Transcendental

(MT) fez sua primeira incursão no solo ocidental. As vozes mais importantes daquela época aproveitaram a mudança cultural que estava ocorrendo no Ocidente, e o resultado foi uma bifurcação na estrada da espiritualidade. O que parecia inofensivo na época, veio a redefinir a espiritualidade para a cultura ocidental, de modo que uma maneira completamente nova de pensar sobre a realidade suprema emergiu. Os gurus do Oriente chegaram em grande número, usando uma terminologia que soava como algo científico, mas que quando desafiada tornava-se "apenas metáforas". Vou tratar de três desses gurus e seus ensinamentos posteriores específicos.

Esses especialistas em meditação ofereceram um ensino sistematizado que poderia sondar as profundezas do subconsciente e enumerar vários estados de consciência. E enquanto os cientistas falavam sobre dimensões muito além das três que conhecemos, os espiritualistas aderiram a uma técnica de meditação que era, na verdade, mais como uma teoria psicológica do espírito, embora esses homens a defendessem como uma ciência exata. Começando pela grosseria do mundo material, suas teorias conduziam a uma jornada espiritual que progredia através de diferentes estágios da meditação a um estado de sono sem sonhos e, finalmente, ao alcance de um sentido cósmico transcendente da consciência, no qual o peregrino tornava-se um com o universo. O maior desafio, então, era fazer com que aquilo que era momentâneo se tornasse normativo: fazer com que a consciência do indivíduo estivesse relaxada e calma continuamente.

Para que não tivéssemos receios, fomos informados, vez após vez, que a Meditação Transcendental não era uma religião; era apenas o que os sábios ensinaram durante séculos, nada mais que um método para despertar a divindade adormecida dentro de cada um de nós. Foi continuamente reenfatizado que, a fim de participar dessa espiritualidade, as pessoas não precisavam mudar de religião. A poção mágica nessas técnicas de meditação não era um pião, como no filme *A Origem*, mas a domesticação de uma mente giratória. E como uma cultura, entramos no admirável mundo novo do ser — um mundo em que tudo é visto através de lentes individuais, feitas sob medida. Ao mesmo tempo que estávamos no auge de avanços tecnológicos, nossa vida corrida e estressante estava nos separando daquilo que havia dentro de nós. Como e onde poderíamos vivenciar tecnologia e espiritualidade de uma vez só? A combinação dos melhores avanços tecnológicos ocidentais, com as melhores técnicas antigas de divinização orientais, foi utilizada como o início de um mundo *nirvânico*, um mundo onde poderíamos nos tornar novas *encarnações de deuses*.

## De Volta para o Futuro

As técnicas de meditação que foram introduzidas no ocidente quatro décadas atrás eram uma mistura de automação e estagnação: Ah, se esse segredo espiritual pudesse ser transmitido através da elocução de algumas palavras de capacitação, por um professor que já tivesse atingido esse êxtase *nirvânico* — que paz individual e cósmica resultaria disso! Houve um tempo no Ocidente — não muito tempo atrás — em que palavras como *mantra, chakra, tantra, moksha* e *nirvana* precisavam ser explicadas. Em geral, essas palavras ainda não são entendidas de forma plena, até mesmo por muitos daqueles que as usam regularmente. Algumas pessoas usam essas palavras para dar uma aparência atraente a uma subcultura. As guerras de patentes que surgiram sobre qual teoria ou guru detém os direitos da filosofia hindu são uma reviravolta bizarra nesses métodos espirituais que supostamente libertam do estresse e trazem paz às pessoas.

Um médico que tem como *hobby* apologéticas espirituais em favor do hinduísmo está em uma campanha "para dar crédito a quem o crédito é devido", insistindo que o mundo tem uma dívida com o hinduísmo por essas técnicas. Enquanto isso, Deepak Chopra, um médico cuja principal atividade é escrever sobre temas espirituais, rejeita essa afirmação e declara que a ioga, entre outras práticas, é parte de uma religião universal e não uma propriedade privada de alguém: ele a chama de *Sanatana Dharma*, a "Religião Eterna", uma espiritualidade pura e essencial que vai além de qualquer "ismo". A conclusão inevitável de tudo isso é que a depravação é constante, seja em atividades de meditação, seja em atividades despertas, antigas ou novas. Fique atento! Vamos lutar uns contra os outros verbal ou legalmente sobre o direito de pregar uma vida livre do estresse, e fazê-lo com meios materiais para ganhos materiais, tudo para as glórias de uma transcendência não material.

Certo dia, eu estava pensando em quanto de nossas vidas tem a ver com caixas: Nós damos presentes em caixas, compramos nossa comida em caixas, dirigimos em caixas, vivemos em caixas, dormimos em caixas e finalmente deixamos este mundo em uma caixa. Mas essa categoria de espiritualidade odeia ser encaixotada por absolutos, de modo que os limites da razão são apagados e a espiritualidade escorre para dentro de outro reino como um vapor ou uma nuvem. Nosso mundo mudou à medida que os limites foram apagados, e os meios atuais pelos quais partilhamos este mundo não estão necessariamente tão distantes da prática de incutir ideias em uma mente que está parcialmente adormecida. A incapacidade, ou até mesmo o desejo resultante de raciocinar e pensar uma ideia de maneira lógica, é demonstrada por frases curtas, como por exemplo: "Não sou adepto a 'ismos'".

Os existencialistas também não querem ser encaixotados em um "ismo"; os pós-modernistas também não. A pessoa que não é adepta a nenhum "ismo" dá a si mesma a liberdade de rejeitar convenientemente qualquer coisa de que não gostar ou com a qual não concordar como um "ismo", dizendo que não se deve dar tanta importância para a definição daquilo que ela representa, enquanto suas próprias crenças são defendidas como coisas que não devem ser consideradas um "ismo". Conceder a si mesmo o privilégio de destruir outras posições enquanto se coloca a sua própria posição em um local não identificado é uma forma de terrorismo linguístico.

No mundo dos não -ismos, você é apresentado a uma terminologia que parece ter poderes mágicos. Você escolhe uma massagem e é informado de que eles irão trabalhar em seu *chakras* de modo que você chegará à fase *tântrica* e, finalmente, ao *nirvana*. Devo resistir tecer mais comentários sobre isso agora. Infelizmente, essa forma de comunicação espiritual sequestrou a realidade e mantém a verdade como refém. Isso permanecerá assim até que alguém esteja disposto a pagar o preço do relativismo. Expressada em uma terminologia gelatinosa, a realidade é remodelada, e em vez de ser uma constante pode se tornar tudo aquilo que você quiser que ela seja. Mas assim como os atores que ainda têm de deixar o estúdio de gravações e viver no mundo real, todos nós temos que voltar da fuga que fizemos em direção a uma história, para as perguntas duras de nossos mundos particulares.

Onde podemos encontrar a realidade na forma que ela de fato tem? A atitude de permitir que sejamos seduzidos por termos estrangeiros não é um consolo para a realidade. Sem dúvida, o maior e mais notável incidente dos nossos tempos — tempos inundados por terminologias espirituais — é a *verdade*. Como Malcolm Muggeridge declarou: "A mentira é como uma espinha de peixe presa na garganta do microfone".

Eu acrescentaria que, hoje em dia, o microfone pode ser substituído pela câmera e pelo vocabulário do mago verbal.

Alguns anos atrás, sentei-me como um visitante em um julgamento no Old Bailey, em Londres. Aquele era o julgamento de um homem acusado de estuprar duas garotas menores de idade. Eu estava lá no momento dos argumentos de abertura, assistindo a tudo da galeria. Lembro-me claramente do apelo feito pelo advogado de defesa. Ele olhou atentamente para o rosto das duas meninas menores, uma de cada vez, e disse: "Estou interessado em apenas uma coisa: uma coisa e nada mais — a verdade. Você me entende?", ele perguntou. "Tudo o que eu quero é a verdade. Se você tem as respostas, forneça-as para mim. Se não sabe as respostas, diga-me que não sabe. Eu quero a verdade. Isso é tudo."

Aqui está a minha pergunta: Se a verdade é tão importante em um caso judicial isolado, quão mais importante ela é na busca por respostas espirituais para os nossos anseios mais profundos?

"A coisa mais valiosa do mundo é a verdade", disse Winston Churchill. "A arma mais poderosa do mundo é a verdade", disse Andrei Sakharov, o homem que deu a bomba atômica aos soviéticos. "Deus é a Verdade e a Verdade é Deus", disse Mahatma Gandhi. Por causa do valor, do poder, da deificação da verdade, ela se torna a pergunta final em qualquer conflito, mesmo que esteja em uma categoria abstrata. Entretanto, vez após vez nós nos encontramos incertos quanto ao significado e a importância da verdade. "Que é a verdade?", perguntou Pôncio Pilatos a Jesus, impaciente. Então foi embora, sem esperar por uma resposta. A ironia é que Pilatos estava diante daquEle que, como a personificação da Verdade, poderia ter lhe dado a resposta.

Na peça musical *O Fantasma da Ópera*, de Andrew Lloyd Webber, o Fantasma canta uma bela peça intitulada "The Music of the Night". Um dos versos sugere que, sob a cobertura da escuridão, é fácil fingir que a verdade é o que cada um de nós quer que ela seja. Quando não há luz e proclamamos a ilusão que temos sobre a verdade, fazemos uma confusão com aquilo que achamos ser a verdade e o que ela realmente é, *infundindo* nossas próprias ideias para que a verdade seja o que desejamos que *ela* seja. A verdade é aquela realidade fundamental a que resistimos com frequência, mas da qual, em última análise, não podemos escapar. Nada é tão destrutivo quanto fugir da verdade, ainda que saibamos que ela sempre nos alcançará.

Tragicamente, parece que estamos em um momento de nossa história cultural em que não mais nos importamos, de modo algum, com essa questão. Seduzidos pela terminologia transmitida por uma mídia que distorce as coisas, parece que aderimos de bom grado a uma mentira. Das notícias do tempo à publicidade e ao entretenimento, nos são vendidos sentimentos, e não a verdade. Por vezes já refleti sobre o vasto terreno de incertezas que nos rodeia: *mistério* — nós amamos mistérios e nos agarramos ao seu poder; *manipulação* — nós brincamos com a mente e achamos isso fascinante; *dinheiro* — todos nós o tememos, ainda que todos vivamos imersos nele; *mais* — todos nós passamos a maior parte da vida desejando ou trabalhando para conquistar mais e mais, ligados à atividade de adicionar mais coisas ao que já acumulamos. Quando o mistério, a manipulação da mente e o acúmulo de riquezas são claramente oferecidos a todos nós em um único pacote, nossos sonhos estão sendo reunidos e nós nos tornamos aqueles que ditam os sonhos, de modo que eles são extraídos de nós. Adicione a isso a música e os cânticos, e teremos o ritmo através do qual podemos entrar em *consciências alheias*.

Mistério, a manipulação da mente, o desejo por dinheiro, o acúmulo de riquezas, a música — que receita para impactar os sentimentos! Uma pessoa que é adepta da medicina Ayurveda resume isso dizendo que você pode criar seu próprio universo a partir de seus desejos; que quando você esvazia sua mente e se concentra naquilo que deseja, a distância entre você e seu desejo desaparece, suas células cerebrais rejuvenescem, e você se torna aberto a todas as possibilidades.

A verdade é que se você repetir este tipo de autoincentivo frequentemente, começa não só a acreditar, mas a ter pena daqueles que não o fazem. Você começa a ter uma sensação de segurança em um mundo que se tornou gelatinoso, porque você realmente não tem que agir de maneira que faça sentido — a não ser para si mesmo. Essa situação se assemelha a um estudante universitário que não tem que ser um membro da família que ajuda no sustento da casa, nem conduzir sua vida de forma ordenada, porque ainda não terminou sua preparação para a vida. Um quarto bagunçado e uma aparência desleixada são aspectos aceitáveis quando se trata de um estudante universitário... afinal, esta é uma licença que a vida em uma república lhe dá.

Esse é o vocabulário e a narrativa da Nova Espiritualidade, que tem alavancado e prosperado em uma lógica privatizada enquanto defende a força suprema da filosofia apegada à ciência. Mas como chegamos aqui? Como chegamos a essa inacreditável forma de raciocínio? Quem nos roubou o fogo da razão?

Como um oriental, criado no Oriente, eu vejo uma ironia em tudo isso. Há pouco tempo fui convidado para discursar para um pequeno grupo da elite do entretenimento do Oriente. Eles se sentaram para me ouvir, e o fizeram com cortesia e concentração, enquanto eu os lembrava de que eram ícones de nosso tempo e a inveja das massas, embora eles mesmos soubessem que dentro de cada um deles havia um grande vácuo. Ao final da conversa, alguns estavam em lágrimas, e depois da palestra formou-se uma fila dessas pessoas de sucesso pedindo para ter um tempo de conversa em particular, para que tivessem a oportunidade de partilhar as profundezas de suas próprias lutas. Admirei a franqueza e a transparência dessas pessoas.

Quando deixei aquele lugar, pensei: *Por que estamos sempre iludidos por algo estrangeiro?* No Ocidente, o misticismo oriental está em voga — cantos, sons e práticas com palavras estrangeiras fazem um apelo aparentemente cultural — enquanto no Oriente, onde essas mesmas técnicas foram tentadas por séculos, muitos estão desiludidos e buscam consolo em outro lugar. Antes do meu discurso, a elite do entretenimento do Oriente tinha dado total atenção a uma palestra sobre "Por que Jesus É o Cumprimento Final", enquanto no Ocidente artistas olham para o Oriente procurando respostas.

Há bastante tempo, os filmes do Oriente têm se passado em um mundo de sonhos artificiais, entrelaçados com o mundo espiritual. Com frequência, as letras de suas músicas falam de decepção. O cenário de uma canção muito popular em hindu é um homem diante de um sábio, pedindo seu conselho. Ele canta que esteve no rio sagrado e nos lugares santos, mas seu coração ainda está à procura da plenitude. Ele não está buscando ouro ou prata; está buscando a plenitude de sua alma.

Peregrinos vão para os locais sagrados da Índia aos milhões, em busca de libertação interior. Devotos de todas as religiões embarcam em jornadas espirituais na esperança de encontrar Deus. Assim, em última análise, estamos de fato indo ao próprio Deus quando perguntamos: "Onde está a resposta?" A meu ver, esta é a ironia.

Na década de 1960, a canção "The Green, Green Grass of Home", interpretada por Tom Jones, ficou famosa. Ao ouvi-la pela primeira vez, sentimos uma emoção empolgante que morre quando chegamos ao último verso. A canção descreve a emoção de tocar a grama verde de casa e de ver os entes queridos que perdemos muito tempo atrás. Mas, à medida que a história avança, chegamos ao último verso. Sim, aqueles que conhecem a música conhecem o final. O cantor está no corredor da morte, e a manhã traz a dura realidade de seus últimos passos em direção ao túmulo, um tipo de grama verdejante diferente daquele com o qual a música começa.

Todos nós temos anseios e desejos. Todos nós temos o sonho da esperança e da paz. Todos nós desejamos alinhar o nosso coração com a realidade suprema. Precisamos ser gratos ao menos por uma coisa que os Novos Espiritualistas fizeram: eles têm nos despertado para uma necessidade que temos. Todos nós buscamos uma realização profunda e ansiamos por respostas que nos satisfaçam ao nível dos nossos sentimentos, não apenas ao nível filosófico da verdade e da lógica. Existe algum lugar em que as duas existências se alinham? Permaneça comigo enquanto nos esforçamos para abordar esse assunto nas páginas seguintes e encontrar algumas respostas que podem transformar vidas.

## Capítulo 2

# Como o ocidente se perdeu através de sua prosperidade

Pouco mais de vinte anos depois de tentar remodelar e mudar o mundo em meio às consequências horríveis da Segunda Guerra Mundial, os Estados Unidos foram apanhados em uma guerra de sua própria criação — uma guerra da qual o país não se recuperou. No cenário de fundo estava o movimento dos direitos civis, a culpa sobre o passado, erros culturais e a fome espiritual. E no primeiro plano uma rebelião se desenvolvia à medida que os jovens questionavam por que estavam sendo enviados para uma guerra no Vietnã, uma guerra que consideravam desnecessária e, em última instância, invencível. Esta foi a tempestade perfeita para a derrubada daquilo em que se acreditou e se manteve inviolável por gerações.

Este também foi um momento de conquistar novos horizontes a nível nacional. O pouso na lua não se limitou a acontecer; na verdade, a nação *assistiu* a essa conquista pelos aparelhos de televisão em suas próprias casas. E esse mesmo novo meio permitiu que o inimigo militar dos Estados Unidos ganhasse a guerra, porque foram capazes de aproveitá-lo e adequá-lo para servir as suas vantagens de uma maneira melhor do que aqueles que o haviam desenvolvido. A televisão fez com que o cenário da guerra deixasse de ser um local isolado em alguma configuração subterrânea onde a estratégia de guerra era determinada. Em vez disso, cada lar era capaz de assistir aos bombardeios maciços feitos pelos aviões B-52. Cada casa foi capaz de testemunhar o colapso psicológico das tropas da nação. As imagens da guerra que podiam ser vistas em casa na televisão mudaram a guerra. A luta deixou de ser travada apenas no campo de batalha e foi levada a cada casa. A queima de certificados de alistamento militar e a revolta da nação fizeram com que a Guerra do Vietnã se tornasse algo muito pessoal. Mais de 50 mil vidas foram perdidas. E a nação voltou da guerra com sua alma dentro de um saco fúnebre.

A câmera ganhou a batalha de ver e acreditar. O mundo — e em particular os Estados Unidos — foi fundamentalmente transformado. O zelo dos jovens, combinado com os meios materiais que seus pais lutaram para dar-lhes, juntamente com a invasão do meio televisivo, propiciaram uma poderosa derrubada da visão de mundo que dominava a época.

Na verdade, havia várias guerras em curso. Politicamente, embora a administração que trouxe uma suposta "paz com honra" tenha herdado a guerra, foi obrigada a carregar a culpa por ela desde então. O conservadorismo tornou-se o pária do palavreado político, e o termo "politicamente correto" tornou-se sinônimo de valores antitradicionais. Esta foi verdadeiramente a absolutização do relativismo, o novo valor antivalores. A Guerra Fria estava em seu momento mais severo, e as armas de intimidação e destruição estavam se acumulando, com as superpotências vivendo com medo umas das outras.

A batalha foi levada para dentro das universidades, e os próprios especialistas acadêmicos estavam criticando severamente os Estados Unidos, e assim a intelectualidade atacou a demagogia política com grande força. Ao mesmo tempo, a luta apressada estava atingindo pontos de conflagração em muitas frentes. Eventos com amplificação sonora se tornaram sinônimo de tumulto. E tudo isso foi refletido nas artes à medida que as estrelas do rock mudaram as regras matemáticas da música e a discórdia tornou-se entretenimento. O ruído tornou-se insensível à razão. Woodstock tornou-se o palco para a venda de propriedade em troca de nudez pública. Costumes sexuais foram questionados à medida que as explorações de gênero sexual feitas no passado voltaram à cena para ficar. Em todas essas áreas de debate, houve apenas um vencedor identificável.

Na época, a maioria das pessoas não conseguiu entender o poder que a mídia tem de mudar os pontos de vista e remodelar o pensamento da população. Em vez de enxergar o mundo *através* da televisão, as pessoas deixaram que a televisão definisse o mundo para elas. Uma nova fornecedora de verdade e de relevância estava em curso — uma que triunfou sobre todas as outras e que está aqui para ficar. E a partir de agora, qualquer que seja a nossa opinião sobre qualquer assunto, não apenas sobre a guerra ou uma guerra em particular, não podemos fugir da agressão dos recursos visuais. Mesmo que deixássemos de assistir à televisão, não poderíamos deixar de sofrer essa agressão, pois esses recursos ainda impactariam a forma como o resto da sociedade toma suas decisões.

Há uma guerra sendo travada. Essa é a batalha que tem como objetivo ganhar o pensamento e a crença da população através de uma arma de desconstrução de massa. Nessa batalha, devemos temer mais o poder eletrônico do que o poder de fogo. Nosso consciente e nosso subconsciente estão em suas garras. Das guerras em terras diferentes a batalhas de aceitabilidade moral, a televisão levou a melhor. Ressalto isso porque acredito que quase nenhuma das Novas Espiritualidades seria tão difundida se a distorção genial e implícita da televisão não estivesse presente. Isso reforça o que nós *quereremos* acreditar, e se o que *quereremos* acreditar é o que nos é *dito* para acreditar através da televisão, nenhuma quantidade de lógica ou argumentação pode abalar essa convicção. Qualquer que seja a maneira pela qual você olhe para a televisão, ela — e agora a mídia viral — é o modelador de tudo o que pensamos e acreditamos.

## As Janelas que Ofuscam a Vida

Há muito tempo, William Blake nos advertiu sobre a vulnerabilidade dos olhos, dizendo:

*Estas cinco janelas da alma*
*Distorcem os Céus de polo a polo,*
*E nos conduzem a acreditar em uma mentira*
*Quando enxergamos com os olhos, e não através deles*[1]

Devemos enxergar as coisas *através* dos olhos, *com* a consciência. Em vez disso, os meios de comunicação visual — especialmente a televisão e o cinema — nos manipulam para que enxerguemos as coisas *com* os olhos, desprovidos de consciência, cujo papel é colocar parâmetros em torno do que vemos. A supremacia das portas dos olhos facilita que coemos um mosquito e engulamos um camelo. Como diz a famosa citação popular, é ver para crer. Mas ao ver alguma coisa somente em um sentido estrito, a pessoa pode perder o panorama maior e acreditar em algo que não é verdade. E essa crença, mesmo que possa ser falsa, pode se tornar o que gera a cultura e o humor nacional.

O que há na televisão e nos filmes que os torna tanto atraentes quanto perigosos? Em muitos aspectos, a televisão é de fato um meio fantástico. Qual de nós, que assistiu ao primeiro pouso na lua, seria capaz de esquecer aquela visão inspiradora? Como é incrível podermos sentar em nossos sofás e assistir a alguns dos maiores artistas como se eles estivessem em nossa própria casa! A experiência de ser capaz de assistir a um grande evento esportivo ou a um evento nacional e mundial, como um casamento real, o funeral de um grande líder ou uma cerimônia em homenagem a heróis da nação é uma memória que dura para sempre. Esse tipo de experiência permite que a imaginação voe. Ela dá asas aos sonhos. Embora fascinante, a imaginação é uma das faculdades mais vulneráveis que nós, seres humanos, temos. Nada descreve melhor a beleza e a vulnerabilidade da imaginação humana do que a música "Imagine", escrita e cantada por John Lennon anos atrás. Ele queria que nós imaginássemos uma vida em que não há céu, nem inferno, nem países e nenhuma religião. Ele disse que não era um sonhador, apenas alguém que oferecia possibilidades.

É difícil que qualquer pessoa que já tenha ouvido essa canção não se pegue cantarolando a melodia enquanto lê estas palavras, ou até mesmo ouça a voz de Lennon nas palavras. É uma melodia bela e melancólica, especialmente depois de assistir às notícias do dia e perguntar quando toda a contenda vai acabar. Por que ele precisou de todas essas descrições sobre um mundo ideal? Por que não apenas uma ou duas linhas? Um mundo sem assassinatos e todos nós vivendo como um — este é o sonho, não é? Quem pode ver algum problema nesse sonho? E nada poderia ter sido mais instrumental em matar o sonho do que a morte sem sentido de John Lennon nas mãos de um assassino. O jornalista inglês Steve Turner escreve acerca da breve luta de Lennon com o cristianismo, uma luta muito influenciada por sua esposa Yoko. Além disso, ela direcionou o marido a atividades que envolviam pedras mágicas e astrologia.[2] Não é interessante que nenhum astrólogo tenha sido capaz de avisá-lo e protegê-lo daquele dia fatídico? Só porque Lennon pôde *imaginar* um mundo assim, não significa que tal mundo exista, ou que haja qualquer chance de existir. O fato de Lennon ter *desejado* acreditar em um mundo não torna esse mundo real, nem mesmo para ele. E aqui está a contradição: Ele imaginou um mundo puro, sem qualquer razão suprema para a vida e para o destino. Ele cortou a responsabilização, mas desejou um mundo de responsabilidades. Este é o privilégio da música... ela não tem que justificar seu raciocínio falho.

Fama, fortuna e adulação são geralmente baseadas em medições que servem apenas para a desfiguração da realidade e para fazer com que a imaginação reine sobre o bom senso. O bom senso deve nos dizer que não há garantia de que uma pessoa com uma voz talentosa e uma genialidade musical é melhor do que alguém que não pode cantar ou escrever músicas. O bom senso deve nos dizer que um mundo sem céu ou inferno geralmente leva a um céu ou a um inferno neste mundo, no futuro. Mas uma voz talentosa e uma imaginação errante podem ajustar uma mentira que se encaixe na visão de mundo na qual se deseja acreditar.

No começo, foi dito que a arte imita a vida. Depois, que a vida imita a arte. Finalmente, a vida encontra a verdadeira razão para sua existência nas artes. Esse instrumento visual da televisão foi catapultado para o nosso espaço de vida particular através de avanços eletrônicos, e nós não compreendemos muito bem o seu poder. Acredito que esse instrumento foi um dos principais meios pelos quais a verdade passou a ser vista como uma mentira.

## *A Remoção do "Está Escrito"*

Ao longo da história do homem, a comunicação de uma pessoa com outra aconteceu originalmente por via oral. A transmissão fiel da tradição era fundamental, e os seres humanos poderiam ter sido chamados de *Homo rhetoricus*, com razão. A linguagem era o meio. A história era a forma. Quando a imprensa de Gutenberg foi inventada, em 1456, uma cultura de impressão ganhou espaço. Textos e contextos estavam em foco. Ideias puderam ser condessadas, divulgadas, defendidas, propagadas e debatidas. Ainda assim, a linguagem e o conceito ainda estavam em uma posição mais elevada.

Em 1839, ocorreu um avanço muito importante na área da comunicação: A fotografia foi descoberta. Quatro décadas mais tarde, em 1873, a transformação na comunicação de massa deu um passo gigantesco. E quando descobriram que a luz pode ser convertida em impulsos elétricos, transmitidos ao longo de uma distância e então reconvertidos para a luz, a era da televisão alvoreceu.

Quando estudamos os hábitos dos jovens e consideramos as milhares de horas gastas sem pensar na frente de uma tela de TV ou de um iPhone, é fácil ver por que o poder de raciocínio abstrato morreu desde o advento da televisão e, nas palavras de Jacques Ellul, estamos vivendo a humilhação da palavra. A perda do hábito de ler também reduziu a capacidade da escrita dos indivíduos. Hoje, o "Iluminismo" adquiriu um significado completamente novo. Cada pessoa na frente de sua própria tela decide, por si mesma, o que é verdade e o que é fantasia. Ninguém mais precisa deixar seu palácio para ver a pobreza, as doenças, a velhice e a morte, nem meditar sobre o significado dessas coisas sob uma árvore, como Buda fez. A morte, as doenças, a velhice e o sofrimento estão visíveis nas televisões em nossas próprias casas ou em dispositivos portáteis em nossos próprios carros.

Podemos ligar a televisão em um determinado canal e "meditar" usando os números de discagem direta que são fornecidos. Alguns anunciantes prometem até mesmo uma vida sem preocupações após uma chamada telefônica de apenas 15 minutos. O resultado final é a espiritualidade sem dogma, a religião sem Deus, o argumento sem consistência, a racionalização sem racionalidade, e a tranquilidade através da transferência de fundos da conta da pessoa que busca tal vida para a empresa que faz a melhor oferta de nirvana, ao mesmo tempo que produz um dogmatismo sobre o relativismo em questões de sentido supremo.

Na introdução desta obra, citei Deepak Chopra, o homem que comercializa a Nova Espiritualidade no Ocidente de uma maneira oriental, e sua visita à Tailândia para se tornar um monge durante uma semana. No site de Chopra há fotos dele bem barbeado, com uma tigela na mão, dormindo no chão de um templo. Quando comentei isso com um amigo indiano, ele indagou se Chopra estaria disposto a passar por essa experiência caso não houvesse registros fotográficos disponíveis para contar a história. É curioso o fato de esta ter sido a primeira reação do meu amigo. Talvez o cinismo que tem sido produzido através das caricaturas da realidade que são criadas pelos recursos visuais seja o que faz com que os comediantes (de "stand-up") da televisão sejam tão populares.

Depois de ler o artigo, fui à principal loja de informática de Bangkok para comprar alguns acessórios para meu laptop. Tive que esperar para ser atendido, porque dois monges estavam conversando com o vendedor, comprando seus próprios computadores — não faço ideia do que eles pretendiam fazer com as máquinas.

Primeiro, tivemos um monge por uma semana; depois, computadores para ascetas com trajes cor de açafrão. Não posso imaginar uma contradição maior do que monges em uma loja de informática, nem uma manipulação maior da espiritualidade do que se tornar um monge por uma semana, usando a visita para fazer publicidade. Da mesma maneira, uma pessoa pode permanecer casada por uma semana e pensar que já sabe tudo o que se pode saber sobre casamento. Tenho certeza de que Buda teria algumas coisas a dizer sobre as façanhas de Chopra; e sobre seus companheiros ascetas comprando computadores.

A disseminação eletrônica tornou-se o progenitor do computador, e agora os recursos visuais são virais, pois cada pessoa tem a sua própria rede de contatos. Uma surra dada por policiais, ou um ato errôneo feito em qualquer lugar do mundo pode ser visto por milhões de pessoas em poucos minutos. Não muito tempo atrás, um estudante americano foi filmado secretamente por um colega de quarto enquanto praticava um ato privado, e em poucos minutos milhares de pessoas estavam assistindo à cena em seus telefones celulares. O jovem não conseguiu viver com a vergonha do mundo assistindo à sua conduta privada, e então cometeu suicídio.

Enquanto a televisão e os filmes se tornaram o meio e o microchip estava surgindo, a própria essência da nossa cultura estava em risco. A primeira coisa a cair foram os nossos valores. O que estimávamos e reverenciávamos tornou-se dispensável e profano. Passou a haver uma nova forma de popularizar a rebelião contra os valores antigos. O humor tornou-se vulgar. A sensualidade passou a ser comercializada em massa, e certas práticas que considerávamos privadas e particulares tornaram-se públicas. De que outra forma o anfitrião de um *talk show* de fim de noite poderia ter adaptado seu caminho através de uma divulgação pública de sua vida dúplice a não ser usando o meio televisivo habilmente em favor de si mesmo? O que era imoral tornou-se brilhantemente criativo. A televisão triunfou de novo.

## Os Olhos são a Lâmpada

Jesus fez uma observação muito profunda sobre os olhos. Ele disse que nossos olhos devem ser "bons", porque os olhos são a candeia do corpo (Mt 6.22). "Se, porém, os teus olhos forem maus, o teu corpo será tenebroso" (6.23). Não consigo pensar em alguma metáfora mais poderosa para a imaginação do que a metáfora da candeia. Fingimentos e distorções estão no coração de um mundo sem luz. É por isso que a luz que emana da tela da TV — ou melhor, a luz que reflete fora da tela — deve ser analisada para verificar se o que está sendo mostrado é verdade ou uma distorção da verdade. Onde está a luz da realidade em um cenário em que tudo é encenado?

Quatro palavras fáceis de entender capturam o meio da televisão: *indução, sedução, dedução* e *redução*. Dê uma boa olhada nessas quatro palavras e será fácil enxergar como estamos jogando jogos mentais em um mundo de imagens, andando em uma direção contrária à verdade e à redenção.

## Uma Indução Problemática

A palavra latina traduzida como *indução* significa literalmente "levar a". O raciocínio indutivo parte do particular para o geral ou do individual para o universal. Indução é simplesmente um processo que nos leva a uma inferência a partir de alguma afirmação. Ela começa com verdades particulares. A espiritualidade da Nova Era desloca violentamente o raciocínio indutivo e o substitui por uma revelação mística personalizada como a base suficiente — para não dizer única — para a verdade universal: A pessoa "A" encontra luz e esclarecimento enquanto medita; a pessoa "B" encontra luz e esclarecimento enquanto medita; portanto, o silêncio e a meditação são a resposta para toda a humanidade. Não importa o quanto alguém tente negar, esse tipo de pensamento aparece em premissas-chave. Esta é uma base inválida para o estabelecimento de verdades universais, porque ignora fundamentalmente as conclusões contrárias que outras pessoas tiveram no mesmo processo. Este não é um meio válido para testar a verdade. Os testes de correspondência e coerência da verdade serão discutidos no capítulo final.

Em um desenho animado a que assisti algum tempo atrás, um homem vestindo um smoking estava aparentemente morto, no chão, cercado por uma multidão de outros homens que também vestiam smokings pretos. Um homem vestido de smoking diz para outro: "Por onde devemos começar quando algo assim acontece em uma Convenção de Mordomos?"

Se a intuição for o único teste para a verdade, dizer "O mordomo é o culpado" não ajuda.

Nenhum tribunal pode funcionar com base na névoa mística que existe na Nova Espiritualidade. Considere, por exemplo, o famoso Sri Sri Ravi Shankar, um dos gurus mais influentes da atualidade.

Ele mora em Bangalore, na Índia. Seu sorriso encantador, as tranças fluindo de seus cabelos e suas frases de efeito fizeram dele uma pessoa conhecida e frequentemente citada.

A propósito, é fascinante considerar como uma pessoa adquire tais títulos. Normalmente, pode-se usar um nome de titular, como "Sri". Na verdade, esse termo significa difundir luz e implica respeito, reverência, ou mesmo senhorio, como foi usado por Bhagwan Sri Rajnesh. Ele se contentou com apenas um Sri em seu nome porque colocou Bhagwan (que significa "Deus") antes do Sri: Como alguém pode chegar a esse ponto? Mas para Ravi Shankar, um Sri não é suficiente. Na verdade, seu nome significa "o Reverenciado Reverenciado Ravi Shankar". Mas nem mesmo isso é suficiente para ele, e agora seu título é Poojya Sri Sri Ravi Shankar ("poojya" conota a ideia de "Sua Adoração"). Assim, o que temos na verdade é "Sua adoração, o Reverenciado Reverenciado Ravi Shankar".

A concepção que Ravi Shankar tem sobre a verdade afirma que existem duas formas de obter conhecimento: através da compreensão lógica, que surge a partir da análise intelectual e para a qual deve haver prova empírica... mesmo que a prova não dure por muito tempo; e o conhecimento que vem da intuição ou através da meditação profunda, para o qual você não precisa de provas para apoiar sua afirmação acerca da verdade. Este último, segundo ele, é mais confiável.

Se você meditar por muito tempo, afirma, reconhecerá a ligação que sempre existiu entre todas as religiões — uma ligação que existe até mesmo nos dias de hoje. E quando, através da meditação e da intuição, você reconhecer que todas as religiões estão ligadas umas as outras, é bastante razoável que enxergue, sob essa ótica, que Jesus viveu na Índia por doze anos e voltou a Israel em uma túnica cor de açafrão... ou como um santo homem hindu. Seu ensaio termina com estas palavras:

Jesus é o único caminho. Jesus é amor. Jesus tem muitos nomes. Ele é Buda, Ele é Krishna, e Ele é você. Seu nome também pertence a Jesus. Você realmente acha que seu nome pertence a você? Jesus é o Filho de Deus. Ele herda o que pertence a Deus. Você herda o que é de Deus? Então você pertence a Jesus. Não é assim? O que você diz disso?[3]

Mas isso não é tudo. Em uma sarcástica nota de rodapé, ele adiciona que houve um grupo de pessoas nos Estados Unidos que acreditava que o mundo iria acabar em um determinado dia, em 1994. Eles se reuniram em suas igrejas naquele dia, mas "obviamente não aconteceu nada", ele diz. "Todos os medos e ansiedades são causados por se acreditar em coisas erradas. Você precisa que o guru lhe diga o que é certo e o que é errado".[4] A receita sugerida por ele é que a meditação, o yoga e um guru nos ajudarão a distinguir a verdade do absurdo.

Isso é algo surpreendente! Como é que uma pessoa pode mencionar afirmações que são tão categoricamente induzidas com premissas e deduções falsas, e depois entregá-las às massas como se fossem a "verdade"? Há algo extraordinário acontecendo aqui. Há algo em comum em todas as afirmações que são feitas sobre a unidade de todas as religiões. A meditação, a intuição ou as extrapolações textuais sempre estão presentes. As doutrinas diferentes de cada religião sempre são deixadas de lado. Mas quando os místicos são questionados, eles recorrem à falsificação de outros sistemas, usando a indução (por exemplo: "Estas pessoas desorientadas foram a uma igreja esperando o fim do mundo, mas obviamente isso não aconteceu"). De acordo com o próprio argumento de Ravi Shankar, como ele pode dizer que essas pessoas estavam mal orientadas se a "consciência intuitiva" delas estava sendo guiada por um guru ou ministro que as impeliu nessa direção?

Mesmo aqueles que sustentam que a extrapolação da meditação é uma base suficiente para defender seu sistema de crenças, praticam uma abordagem indutiva quando precisam atacar o sistema de crenças de outrem. Eles usam o raciocínio indutivo para fazer acusações de falsidade contra alguém que os contradiga, enquanto um argumento místico é suficiente para defender a crença pessoal deles mesmos. A consistência lógica só é levada em consideração quando eles estão pouco à vontade com a perspectiva de outra pessoa; a relevância experimental é tudo o que é necessário para justificar sua própria perspectiva. As mesmas regras não são aplicadas em ambos os sentidos.

Esse método de raciocínio está presente nos ensinamentos e nos escritos de todos os defensores da Nova Espiritualidade. Segundo eles, a verdade é descoberta em silêncio, em uma explosão súbita ou no surgimento gradual de um discernimento. Ao trazerem à questão as declarações de Jesus sobre a verdade, eles nos forçam a enfrentar um dilema de Hobson[5] — uma situação em que há somente uma opção a ser escolhida: Não há escolha a não ser aceitar um Jesus panteísta. Não há outra opção.

Esta é uma forma falsa de indução. Isso leva a crenças baseadas em mentiras, como por exemplo, dizer que Jesus viveu na Índia por doze anos e voltou com uma túnica cor de açafrão. Não é interessante pensar que não foi uma encarnação de Krishna que foi para Jerusalém e voltou usando um crucifixo? Imaginação e meditação não são bases seguras para a construção de visões de mundo que reflitam a realidade. Elas podem gerar um sorriso beatífico, mas não uma alternativa filosófica à verdade. Uma visão de mundo testada pela verdade irá informar a imaginação e a meditação, *não o contrário*. É por essa razão que a forma rigorosa de verificação da verdade sempre esteve presente na consistência lógica, na adequação empírica e na relevância experimental.

Vista *a* olho nu, a indução pode ser facilmente manipulada. Por mais acadêmicas que possam parecer, as leis básicas da lógica são poucas. Não devo abordá-las agora. No entanto, quando essas leis são aplicadas a qualquer sistema de pensamento, é fácil ver se as demonstrações e/ou argumentos são verdadeiros, falsos ou puramente especulativos. Em especial, isso é importante para sistemas de pensamento que fazem um grande número de afirmações. Aqui, deixe-me dizer que assistir a uma história que foi ensaiada e encenada com base em um roteiro não faz com que essa história seja verdadeira e não é o terreno mais sólido para a verdade. No mundo dos negócios da televisão, onde até mesmo a previsão do tempo tem que ser enfeitada — para não falar das próprias notícias — como alguém pode se envolver no raciocínio indutivo de forma legítima? Uma indução falsa é algo grave e pode ser verificada.

Começando com uma indução problemática, a televisão nos leva ao próximo passo.

## A Atração Perigosa

No início de março de 2011, o Japão foi abalado pela combinação fatal de um terremoto seguido por um tsunami. Através da dádiva maravilhosa que é a comunicação, o desastre foi levado à atenção do mundo imediatamente. Milhares de pessoas, de todas as faixas etárias, responderam ao que havia acontecido, e o espírito humano veio à tona com ajuda e resgate. Esse foi o lado positivo da mídia visual televisiva. Nós não apenas lemos ou ouvimos falar sobre a devastação, nós *a* vimos e pudemos sentir a tragédia até certo grau. Hoje mesmo, quando me encontrei com um homem japonês no elevador, senti meu coração bater forte em meu peito e disse: "Sinto muito pelo que o seu país está atravessando". Ele curvou-se em resposta e disse: "Obrigado". A amplitude da calamidade levou todo ser humano a uma postura compassiva.

Houve, portanto, algo muito estranho em resposta à tragédia por parte de uma personalidade televisiva, Gilbert Gottfried, a antiga voz do pato nos comerciais da seguradora Aflac. Ele é um humorista muito bem pago e qualificado. Mas alguns dias depois do tsunami, ele twittou dez piadas sobre a tragédia japonesa. Uma delas dizia que no Japão as pessoas não vão às praias, as praias vêm a elas; outra aconselhava quem perdeu sua namorada japonesa, dizendo que em breve outra iria aparecer flutuando. O fato de uma pessoa conseguir encontrar algo engraçado em uma das maiores tragédias dos tempos modernos — cuja extensão completa do que aconteceu ainda não foi constatada — extirpa a credulidade de forma absoluta. A indignação contra ele foi imediata. Porém a grande maioria das pessoas enfatizou que não acreditava que ele tivesse dito essas coisas, principalmente diante da disseminação instantânea de qualquer comunicação em nossos dias. Mas meus pensamentos foram diferentes. Pergunto: O que esse homem estava *pensando* para escrever essas coisas? Essa tragédia é um assunto engraçado? Essa foi a reação imediata dessa pessoa? Esta é a sua maneira de tentar trazer um pouco de leveza a uma situação tão pesada? Acredito que não. Eu realmente acredito que a câmera gera um impacto sobre uma pessoa e a seduz a acreditar que tudo gira em torno dela; que de alguma forma a sua pessoa transcende os limites normais que existem para as pessoas comuns. Esta é precisamente a mesma armadilha que precisa ser evitada por atletas profissionais em evidência, pessoas para quem a vida foi reduzida a um jogo e o jogo foi elevado à vida. Este é o poder das câmeras. Sinto muito pelo Sr. Gottfried. Ele perdeu seu lucrativo contrato por causa de um erro patético e estúpido. Ele não pode mais ser levado a sério, porque não conseguiu enxergar a seriedade da vida e da morte. O motivo que ele deu para seus comentários foi que ele é um humorista, e fazer piadas é sua vocação. Mas ele não conhecia os limites.

Ah! Quão mais grave é o impacto dos meios de comunicação visual para aqueles que lidam com questões que dizem respeito à alma das pessoas! Ninguém deveria estar mais atento a esta sedução do que aqueles que lidam com questões espirituais. Embora os meios de comunicação de massa tenham iniciado o ataque à fé cristã e os meios acadêmicos tenham sofisticado esse esforço, o descrédito da fé de milhões de americanos não teria acontecido com tanta facilidade não fosse pelo fato de que o próprio cristianismo americano comprou as habilidosas artimanhas da televisão. E foi isso que deu legitimidade aos que atacaram a fé cristã. A mensagem se tornou nada mais do que brilho e glamour. Ser visto através da lente de uma câmera tornou-se a missão.

Estude a vida das pessoas no ministério cristão que caíram nessa armadilha. Duas pessoas em particular vêm à mente, Jimmy Swaggart e Jim Bakker, que, segundo o Google, é "mais conhecido como o apresentador desonrado da PTL TV". Olhe o que aconteceu com a vida pessoal desses homens, e logo fica evidente que o meio os massageou de modo que tivessem uma falsa sensação de sua própria superioridade e *status*, até que entraram em colapso sob o peso de sua própria fama. Ambos tornaram-se vítimas, seduzidos e içados em última instância por seus próprios engenhos de guerra. Eles foram os Heath Ledgers do evangelismo americano.

Não, não há nenhuma razão para comemorar, nem há razão para zombar de qualquer uma dessas personalidades. Todos nós estamos vulneráveis à sedução da fama. Isso poderia ter acontecido com qualquer um de nós na mesma situação, em pé diante das câmeras e luzes, reconhecidos por milhões de pessoas ao redor do mundo, com milhões de dólares em nossas contas bancárias em virtude da autossedução. Foi a trama do filme *A Origem* acontecendo na vida real. A dor foi real, e quando eles acordaram do sonho, perceberam que a pessoa real que estava lá, no início, havia morrido.

Lembro-me de que eu estava me preparando para fazer minha rotina de exercícios matinais quando a história do que havia acontecido à rede de televisão PTL veio à tona, anos atrás. No momento em que ouvi aquilo, especulei que essa notícia alteraria para sempre a forma como o evangelho seria visto e ridicularizado. O bom senso poderia nos dizer que isso aconteceria mais cedo ou mais tarde. Não pude deixar de pensar como Jesus foi pressionado por seus seguidores para se tornar um rei, para transformar pedras em pão, para usar Deus Pai em favor de suas próprias finalidades. Jesus resistiu à tentação do autoengrandecimento. Ele é Deus; portanto, uma atitude de engrandecimento teria sido algo legítimo. Entretanto, alguns de seus seguidores (que não são deuses) não têm resistido a essa tentação.

O custo foi maior do que a perda da mensagem. O impacto econômico disso exigiu que a maior parte do programa *PTL Club* fosse dedicada à geração de fundos para pagar o tempo de transmissão, em vez de ser utilizado para qualquer atividade ministerial. A cena no templo — em que Jesus entrou e derrubou as mesas dos cambistas — vem à mente de novo e de novo. Este é o retrato dos Estados Unidos na era da televisão. Tudo é feito para vender.

A oração não era mais suficiente nesse retrato do cristianismo; lágrimas tinham que correr para que tudo parecesse real, enquanto, no fundo, voluntários eram vistos recebendo ligações e doações. As verdades simples do evangelho foram repetidas com muita frequência e utilizadas por razões impuras. Assim, se tornaram motivo para escárnio, mesmo sendo verdadeiras: Jesus morreu pelos seus pecados; Jesus está voltando; você deve nascer de novo; ir até Jesus;

dar seu coração a Jesus. As ruas estavam repletas de carros com adesivos do tipo "buzine se você ama Jesus". Assim como John Lennon e "Imagine", você pode ouvir as linhas em sua mente, e até mesmo a maneira como algumas pessoas pronunciám e ressaltam as sílabas. Não era apenas "Deus"; era "Dee-us". Conheço pessoas que até hoje podem fazer uma imitação perfeita da maneira como essas pequenas palavras e frases de efeito foram ressoadas aos montes por alguns televangelistas. Os crédulos engoliram essa distorção do evangelho inquestionavelmente. Aos céticos foram dados motivos para praticar a ridicularização. O cristianismo foi desvirtuado e as paredes da crença tradicional desabaram. A mensagem de Cristo foi vendida para o meio televisivo, e no vácuo que se seguiu, a política foi ridicularizada, o conservadorismo se tornou suspeito, o *fundamentalismo* tornou-se uma palavra ruim, e os valores sagrados e de longa data foram lançados por terra. *Liberdade, igualdade* e *fraternidade* foram redefinidas para significar "autonomia", "relativismo" e "fragmentação". O evangelho de Jesus Cristo foi transformado em um sinônimo dos métodos que desvalorizaram a verdade, e as pessoas começaram a procurar respostas em outro lugar. O milagre é que, apesar de tudo, algumas pessoas foram tocadas e algumas vidas foram realmente transformadas. Mas, em geral, o meio seduziu o telespectador. A programação e a mensagem simplista que foram promovidas com técnicas sofisticadas fizeram com que toda a mensagem de Cristo parecesse uma mentira, levada a sério por pouquíssimas pessoas bem instruídas.

A mesma tela de televisão que estava envolvida na ridicularização da verdade tornou-se o meio de promover uma crença diferente e um herói diferente. E a mesma combinação de crenças irracionais e ações destinadas a chamar a atenção das pessoas que apelam para a promoção da Nova Espiritualidade obterão o mesmo resultado, algum dia. Acredite em mim, eu vejo isso e posso ver através disso. As mesmas artimanhas estão em operação.

À primeira vista, a Nova Espiritualidade forneceu uma fuga bem-vinda e foi saudada como um alívio necessário para o dogmatismo e os clichês que marcaram o cristianismo como "ocidental" e invasivo para nossas vidas privadas. À medida que o abismo entre as gerações se aprofundou, os jovens passaram a querer algo que pudessem chamar de espiritual — como seus antepassados tiveram — mas que oferecesse uma nova forma de pensamento sagrado que lhes permitisse escapar das restrições do passado. Isso deveria ser algo igualitário, com tudo incluído, sem julgamentos, uma maneira não ocidental de olhar as coisas. Não deveria mais haver uma fé dominante no Ocidente. Tanto a cultura quanto o cristianismo foram examinados e achados em falta. A velha forma da crença foi expulsa e a Nova Espiritualidade entrou em cena.

## Quando os Críticos Fracassam

Até este momento da nossa história, nossa fé, nossas convicções e nossa base para a tomada de decisões no Ocidente foram, implícita ou explicitamente, fornecidas pela visão de mundo judaico-cristã. Certamente, dizer que os Estados Unidos eram uma nação cristã não é nenhum exagero. Mas a visão de mundo judaico-cristã forneceu as definições essenciais para a fundação dos Estados Unidos, começando com a convicção expressada por nossos fundadores de que a vida é sagrada em seu núcleo e que nossos direitos legítimos como seres humanos foram dados pelo nosso Criador. Que outra visão de mundo poderia fornecer essa afirmação categórica? O naturalismo? O panteísmo? O islamismo? Nenhuma nação islâmica do mundo opera com uma crença no direito inalienável de liberdade. O naturalismo não reconhece um Criador que pode dotar-nos de direitos inalienáveis. E o panteísmo, com seu legado cármico, não nos vê como criaturas iguais; em vez disso, o panteísmo assume que nós nascemos para uma vida de reembolso cármico até que o débito seja liquidado. Por favor, entenda que esta não é uma referência ao sistema de castas. Isso se refere ao fato de que, de acordo com o panteísmo, minha situação atual está em um nível determinado por uma vida anterior, e é algo que aqueles que promovem a Nova Espiritualidade ignoram por sua própria conveniência.

Com frequência, os críticos do cristianismo perdem o foco nessa busca pela espiritualidade que veio a ser chamada de Nova Era. Na mente do seguidor da Nova Era, não havia, obviamente, qualquer legitimidade para a sua nova espiritualidade. Mas o crítico do *status quo* não percebeu de imediato o erro no pensamento da Nova Era que estava muito mais profundo do que as camadas evidentes da superfície. Havia, na verdade, três camadas para o pensamento dessas pessoas. Alguns perceberam apenas a camada mais superficial; outros foram capazes de compreender a camada média do pensamento da Nova Era. Poucos compreenderam o substrato mais significativo do pensamento da Nova Era.

Na superfície do pensamento da Nova Era havia simplesmente um reflexo da desconfiança que muitos tinham em relação aos velhos caminhos e da convicção de que estavam sendo oprimidos. Os jovens estavam cansados de ouvir como deveriam pensar, sentir e amar. Por que eles deveriam ouvir uma geração que havia arrastado seus jovens a um conflito — um embate no qual as próprias razões não são claras? Assim, junto com o despejo da política conservadora, o despejo da visão religiosa de mundo não estava muito atrás. Eles estavam cansados de pregadores que moralizavam e de membros da igreja que, em sua essência, não agiam melhor do que ninguém. Eles estavam cansados da busca pelo materialismo que viam na cultura ocidental, aspecto que viam muitas vezes como uma pilha de tradições mais antigas. Professores da Liga da Hera deixaram suas funções, trocaram a prática de lecionar pela prática de fumar maconha. Alguns participaram de peregrinações espirituais.

Mas havia mais do que apenas desafeição. À medida que os militares americanos atingiam seu apogeu e os avanços tecnológicos criavam mudanças vertiginosas no mundo, havia ressentimentos profundos e uma estranha ironia na rejeição de nossos próprios valores. "O que nos faz pensar que somos melhores do que alguém?" Este foi o apelo dessas pessoas, e o Ocidente se tornou alvo do ataque de jovens de dentro do próprio Ocidente, e, sim, dos liberais intelectuais que acreditavam que o Ocidente havia obtido o sucesso através do abuso de nações mais fracas. De repente, abordaram-se causas que se alinharam com a Nova Era e com a Nova Espiritualidade.

Existem pessoas que insistem que a Nova Era e a Nova Espiritualidade não são idênticas. Isso pode ser verdade em termos de blocos de construção, mas não é assim no que diz respeito aos pontos de partida epistemológicos. Do meio ambiente às instituições escolares, governamentais, religiosas e familiares, um novo dia de pensamento revolucionário começou. A ironia reside no fato de que foi o mesmo conhecimento tecnológico que possibilitou tanto os avanços que estavam sendo considerados prejudiciais ao potencial humano quanto as suas alternativas.

Havia camadas sob camadas nessa revolução cultural e religiosa. Temas como a liberação sexual, os conflitos de gênero e o direito ao aborto vieram à tona ao mesmo tempo. Alguém disse: "Qualquer estigma pode moldar um bom dogma". Por várias razões, a Igreja e o Estado estavam em questão, e qualquer coisa que argumentasse ter coerência no raciocínio moral era considerada opressiva e geralmente colocada no colo da cristandade como um todo.

Jamais vou me esquecer de uma cena em particular que deveria ter sinalizado para mim, como um jovem rapaz, o que estava acontecendo. Eu era um novo convertido a Cristo. Um amigo meu, que era o líder do nosso grupo de jovens na igreja, surpreendeu a todos quando tornou público que era "gay" — um termo novo na época. Por causa da pouca idade, receber uma notícia como essa foi um desafio para os membros do grupo de jovens. A situação era difícil inclusive para o líder que assumiu ser homossexual. Mas éramos amigos e ficávamos até tarde da noite conversando sobre essas coisas. Quem determina o certo e o errado? O amor não é a única coisa que importa? — ele dizia. Por que razão a minha vida privada importa a outrem? Direcionei essas perguntas a ele, e suas respostas não foram mais convincentes do que aquelas que ele mesmo estava oferecendo. Não houve rancor nem raiva, mas à medida que eu o escutava, senti um conflito difícil de processar e expressar. Isso estava verdadeiramente virando o mundo de cabeça para baixo.

Quando os líderes da igreja tomaram conhecimento de seu estilo de vida, o conselho de anciãos o convocou para um questionamento sério. Eu também estava naquela sala, como um membro do comitê dos jovens. Lembro-me de que o ambiente foi, por si só, muito simbólico. O silêncio que acompanhou sua entrada na sala disse muito. Todos os líderes estavam vestidos de ternos escuros, enquanto ele trajava uma vestimenta casual e defendia sua posição e sua prática. Durante a reunião, ele apresentou um semblante sorridente. Os líderes carregavam uma expressão séria por causa da tensão do momento. Eu não fazia ideia de como aquele cenário pressagiava o futuro e representava os bastidores da vida. Não houve palavras duras. Alguém poderia esperar que houvesse alguma condenação, mas isso não aconteceu. Mas era óbvio que ele se sentia da seguinte maneira: *Este sou eu contra a igreja*. Naturalmente, ele foi afastado de suas responsabilidades como líder de jovens. Foi fascinante ver como ele usou a terminologia religiosa e as doutrinas do cristianismo que havia aprendido na Escola Bíblica Dominical para defender o seu novo estilo de vida e suas escolhas. Ele ainda via a si mesmo como um "cristão" — ele simplesmente não se enxergava mais como um membro da igreja.

O que ele mesmo e nenhum dos líderes sabia era o desgosto e a mágoa que o aguardavam. Fiz amizade com seu parceiro, embora nossas culturas e crenças fossem extremamente diferentes. Passei horas ouvindo as respostas emocionalmente vigorosas que os dois tinham para a moralidade tradicional. Certo dia, em uma fatídica manhã de sábado, recebi um telefonema de seu parceiro. A chamada me pegou de surpresa, e percebi que uma questão de vida ou morte estava acontecendo. Saí correndo e dirigi por muitos quilômetros até a casa dos dois, mas quando bati à porta não houve resposta. A porta estava aberta, então entrei e presenciei uma cena que nunca esquecerei. Parecia que a casa havia sido devastada na noite anterior. Havia garrafas de bebidas alcoólicas quebradas e roupas espalhadas por todo o lugar, além de restos de comida no chão e nos móveis. Entrei com cuidado, sentindo como se estivesse na cena de um crime. Francamente, eu estava com medo. Ouvi um gemido vindo do andar de cima e corri para lá. Ali encontrei o parceiro do meu amigo em estado de estupor. Liguei pedindo socorro, e ele foi levado para o hospital — essa foi a sua última viagem nesta vida. O poder de uma ideia havia tomado sua vida e a deixado em pedaços.

Atrevo-me a sugerir que este é o substrato de tudo o que se encontra abaixo: Não se pode simplesmente viver sem limites. A questão é: Quem define esses limites? Os críticos autoproclamados da sociedade estabelecida não sabiam muito bem como lidar com isso: Se vamos desmantelar os limites estabelecidos pela sociedade, que limites vamos promover? Porque se não houver fronteiras nós não poderemos viver como uma sociedade. Esses revolucionários culturais nunca pararam para pensar em nossa infinita capacidade de destruição. Os pensadores antiabsolutistas raramente chegam a um acordo em relação ao fato de que a liberdade não é destruída somente por sua retração; ela também é devastada por seu abuso.

A rebelião contra o *status quo* da sociedade ocidental foi composta por três camadas. Em primeiro lugar, estava a desilusão com o materialismo e o *status quo*; em segundo lugar, a superficialidade —

e às vezes a hipocrisia — de algumas igrejas ou dos que afirmavam ser cristãos; e em terceiro lugar, e talvez a mais convincente, um desejo de libertação de toda restrição, especialmente em relação à sexualidade. Aqueles que se rebelaram queriam que os fundamentos da sociedade fossem substituídos e que novos fundamentos de sua própria escolha fossem estabelecidos. Mas os fundamentos que eles desejavam eram, na verdade, a ausência de qualquer fundamento. Eles queriam que não houvesse nenhum ponto de referência para valores, exceto os valores pessoais de cada um.

A inquietação na alma, a desilusão com um cristianismo comercializado e uma fome pela livre expressão se juntaram para encontrar um novo caminho. Na descendente linha de alta velocidade em direção a uma cultura profana, eles tentaram reexaminar por que alguém optaria por viver de acordo com o que era considerado sagrado, e uma Nova Era amanheceu com uma nova forma de descobrir ou definir o "sagrado".

Capítulo 3

# Expirando o velho, inalando o novo

## O Alvorecer da Nova Era

Em um artigo de 2 novembro de 2008, do *Los Angeles Times*, a escritora Elaine Woo, da equipe de redação, informou sobre a morte de Marilyn Ferguson, a autora do best-seller *A Conspiração Aquariana*. Ferguson morreu em 19 de outubro do mesmo ano, aos 70 anos de idade. Ela foi descrita como "uma influência galvanizadora sobre os participantes e de diversos grupos alternativos que se aglutinaram e formaram o movimento da Nova Era".[1]

A partir do foco extremo no racionalismo surgiu uma resposta equilibrada de empirismo. A partir do deslocamento do valor pessoal no empirismo surgiu a onda de existencialismo que defendia as vontades, paixões e escolhas pessoais. A partir do niilismo que veio de mãos dadas com o existencialismo, o pós-modernismo estava esperando para nascer. O existencialismo aproveitou as artes e procurou transmitir uma filosofia através de histórias. Mas histórias exigem um autor, e as pessoas envolvidas nas histórias reagiram contra o autor e reivindicaram seu direito de reinterpretar a história como

lhes parecia certo. Os gostos de Michel Foucault, Jacques Derrida e de outras pessoas estruturaram o mundo do pós-modernismo e da desconstrução. Embora esses termos mereçam uma rigorosa análise filosófica, a autoridade resultante era claramente o indivíduo, e o leitor reivindicou autoridade sobre o autor.
A narrativa seria mais ou menos assim:

No princípio, havia Deus.
Deus falou. Mas isso foi há muito tempo.
Nós queríamos certeza — agora.
Somente a Razão e o Racionalismo serviriam a esse propósito.
Mas isso não foi o suficiente. Nós queríamos "testar" e "verificar".
Então chegamos a uma compreensão e descobrimos o empirismo.
Mas isso não era o que queríamos ao testar. Na verdade, nós queríamos um "sentimento".
Então encontramos uma maneira de gerar sentimentos e envolvê-los em cenas. A verdade foi modelada em uma cena.
Mas a cena foi deixada aberta à interpretação. As cenas não estão isentas da mistura de influências.
Então a história foi contada como uma forma de arte.
Mas ainda assim o leitor não gostou dela, porque não foi ele que a escreveu.
Então o leitor leu a história enquanto se sentou em um cubículo reconstruído e desconstruído para fazer da história o que quisesse.
Mas o que se faz com o longo alcance do empirismo?
A melhor coisa a se fazer era encontrar uma mistura entre o empírico e o satírico e chegar, novamente, a Deus.
A única diferença era que Deus não poderia ser o contador de histórias.
Nós ainda precisávamos de Deus.
Então nós nos tornamos Deus.

É precisamente o que a contracultura queria. O pós-modernismo gerou uma postura filosófica desprovida da verdade, do significado e da certeza. Na literatura, os textos foram desconstruídos para que se encaixassem à mentalidade do leitor, e não do escritor. A incursão de Foucault a um estilo de vida impulsionado pela sensualidade — o estilo de vida que acabou tirando sua vida — estava baseada em seu aforismo de que não havia limites. Não *havia* padrões morais absolutos.

Enquanto por um lado aqueles envolvidos no movimento da contracultura ridicularizaram abertamente o individualismo americano, por outro lado o substituíram pelo individualismo de uma subcultura com o tema subjacente de que "tudo está em você e em mim". Ferguson foi uma das principais vozes que se uniu a esse conjunto de indivíduos, e ela aproveitou o tema popular do potencial humano. Seu boletim mensal, o *Brain/Mind Bulletin*, conquistou um grande público e tornou-se o catalisador das novas ideias da espiritualidade que consistiam em uma mistura de ciência — embora inexata — com textos antigos de vozes espirituais, que por sua vez gerariam "novas descobertas na neurociência e na psicologia". O escritor de seu obituário diz: "Este trabalho levou-a a perceber que um enorme 'realinhamento cultural' estava acontecendo, uma conspiração no sentido estrito de forças díspares que operavam em conjunto para produzir mudanças pessoais e sociais".[2]

*A Conspiração Aquariana* foi a primeira análise abrangente a ser escrita sobre os esforços aparentemente díspares que alimentavam o movimento — o mundo científico, as experiências com o biofeedback, os estados alterados de consciência e os centros alternativos de parto; o mundo político, as experiências do governo "criativo"; e o mundo religioso, um evangelismo cristão que parecia promover formas de meditação mais familiares para o Oriente. Todas essas coisas se aglutinaram para romper com as práticas e crenças tradicionais do Ocidente.

A mensagem de Ferguson foi otimista: "Depois de uma era escura e violenta chamada pisciana, estamos entrando em um milênio de amor e luz — nas palavras da canção popular 'The Age of Aquarius', o tempo da "verdadeira libertação da mente".[3] De acordo com a definição dela, os aquarianos são as pessoas que procuram "sair da prisão do nosso condicionamento para amar e voltar às nossas origens. Cooperar uns com os outros, e pelos outros".[4] Muitas publicações de nossos dias nasceram e se tornaram populares através dessa categoria de pensamento.

O *Los Angeles Times* também registrou o pensamento de algumas pessoas que discordaram das posições de Ferguson, pessoas que consideram tais pontos de vista como algo simplista. No periódico

*Science Books & Films*, R. C. Bealer escreveu que Ferguson ofereceu a "hipérbole do pensamento 'positivo' do mascate".[5] O questionamento de Bealer a Ferguson carrega a mesma perplexidade presente na posição de Dawkins sobre a utilização do termo *quantum* por Chopra como uma metáfora para sua marca de espiritualidade. Ao abraçar religiões alternativas, Ferguson foi acusada de minar o cristianismo. À medida que suas ideias ganharam seguidores e se aproximaram do centro da sociedade, ela foi considerada uma pioneira e seu trabalho se tornou a explicação clássica dos ideais e dos objetivos da Nova Era.

Será que a "espiritualidade" se tornou um termo vazio passível de ter sua definição escolhida por cada um de nós? Mas não irei aprofundar esse argumento aqui. Deixe-me dar um passo para trás e, em seguida, vários passos à frente para vermos do que se trata toda essa espiritualidade. Embora seu caminho possa ter sido trilhado ao longo de linhas políticas, culturais e religiosas, o destino desejado pelos mestres espirituais de nossos dias está claramente definido — um destino acima da política, da religião e da cultura. Por isso, vamos dar a ela a melhor representação e ver para onde ela conduz e a partir de onde ela conduz.

## *Pleno Meio-Dia*

Elizabeth Lesser é cofundadora e conselheira sênior do Omega Institute em Rhinebeck, Nova York. Antes de assumir essa responsabilidade, ela foi parteira e educadora perinatal. Não é por acaso que a capa e a contracapa dos comentários que endossam seu livro *The New American Spirituality* [A Nova Espiritualidade Americana] foram feitas por médicos. A contracapa de seu livro sugere que a obra nos levará a quatro cenários de nossa jornada espiritual: a mente (a raiz do estresse e da ansiedade); o coração (a raiz do sofrimento e da dor); o corpo (a raiz do medo do envelhecimento e da morte); e a alma (de onde vem o sentido e o mistério).

Para nos ajudar em nossa compreensão desse cenário espiritual, novas definições são manifestadas no livro. É interessante que ela nem sequer começar a definir a espiritualidade até a página 30 de seu livro, em um capítulo intitulado "O que é espiritualidade?" Depois de vários parágrafos dizendo-nos o que a espiritualidade não é — não é religião, sentimentalismo, cinismo, nem narcisismo — por fim uma definição é abordada. Ela certamente não a define como um sinônimo da espiritualidade da Nova Era. Em seus termos, nem todas as espiritualidades são criadas da mesma maneira. A espiritualidade sobre a qual ela está falando é uma atitude destemida para com a vida, de aventura; uma busca pela verdade sobre a existência. É, como o budismo descreve, "uma permanência tranquila".

Citando textos budistas, hindus, sufis e assim por diante, Lesser oferece uma cornucópia do pensamento espiritual até que você não saiba se ela está envolvida na busca pela verdade ou em uma mistura de ideais, tomando cuidado para não abordar os dizeres de cada um desses sábios que refutariam o que os outros disseram. Em seguida, vem o momento prescritivo do livro. Esta é uma citação extensa, mas deve ser feita porque demonstra o pensamento corrente da Nova Espiritualidade:

> Sente-se calmamente onde você está, e feche os olhos. Sinta-se respirando. Siga o fôlego em sua jornada para dentro e para fora de seu corpo. Permaneça sentado sentindo sua respiração por alguns minutos. Coloque a mão sobre o seu coração e sinta o calor de sua mão se conectar com o batimento constante do coração. Em seguida, coloque a mão ou as pontas dos dedos levemente sobre o centro da caixa torácica, à direita do seu coração físico. Este é o local em que você pode sentir sua respiração acentuada quando está assustado e respira avidamente. Mova sua mão delicadamente, respire lenta e suavemente, levando o ar a esse local até que você esteja focado e atento no que muitas tradições chamam de coração espiritual ou centro do coração.
> Imagine que o local que você está tocando é o topo de um poço muito profundo. Siga sua respiração em uma viagem para o interior espaçoso do seu próprio coração. Respire lentamente para dentro e para fora. Permita-se ser levado cada vez mais fundo no poço de seu coração. À medida que você encontra pensamentos e emoções nessa viagem, não os afaste. Eles são parte de você, mas não são tudo que você é. Saúde aquilo que você encontrar e siga em frente, cada vez mais fundo no poço do seu coração espiritual...

Receba cordialmente o que quer que você descubra, sem julgamento, como parte de si mesmo, mas não como tudo que você é. Repouse nesse estado, permitindo-se ser levado por seu desejo para dentro do poço de seu coração, observando a sua respiração enquanto se sentir confortável. Então retire lentamente a sua mão, volte a respirar normalmente e abra os olhos.[6]

As raízes metafísicas e os meios de descoberta da espiritualidade não tão recente são conhecidos: A espiritualidade oriental ocidentalizada sobre a qual Elizabeth Lesser escreve foi tentada e desempenhada anteriormente. Mas ela é muito clara sobre quão importante é saber como chamar essa espiritualidade. Referindo-se a seu próprio livro, ela diz que foge do rótulo de "Nova Espiritualidade Americana" porque essa espiritualidade costuma ser confundida com a "Nova Era" que, segundo ela, implica coisas como cristais, OVNIs e música de elevador.[7]

Esse problema de como chamar a Nova Espiritualidade é resolvido na edição de primavera da revista *Spirituality and Health*, de 2000:

> Em nossos tempos, a Nova Espiritualidade parece ser descrita da melhor forma como "a Espiritualidade do século XXI"... Ela contém as tradições centradas na natureza dos povos originais das Américas. Parte dela é ciência, que ressaltou, durante a maior parte do século XX, a nossa filosofia coletiva tácita. Ela respeita tanto a desconfiança em uma autoridade pesada quanto a disposição de entregar-se a um poder maior e de melhor qualidade. Ela se inspira nos ensinamentos religiosos do passado: as tradições bíblicas, as raízes espirituais da África, as escolas de meditação da Ásia, e outras diversas visões de mundo míticas e religiosas. E ela se inspira em nossos próprios tempos, baseando-se na sabedoria da psicologia, da democracia e do feminismo.[8]

O fato de essa epistemologia radical, que parece incluir todas as coisas, sentir a necessidade de se distanciar de cristais, UFOs e música de elevador é intrigante. Por hora, vamos deixar isso de lado.

A própria jornada espiritual de Lesser é triste, embora ela a defina como triunfante. Mas se você examinar a história dela, perceberá que as próprias coisas às quais ela resiste emergem constantemente. Falarei mais sobre isso posteriormente. Mas como ela representa essas ideias, vou considerar a sua palavra.

No final, ela resume a diferença entre a "Antiga Espiritualidade" e a "Nova Espiritualidade" de acordo com sua compreensão das ideias de autoridade, o caminho para Deus, a espiritualidade, a verdade e o sagrado, um de cada vez:

1. AUTORIDADE: Na "Antiga Espiritualidade", a igreja detém autoridade; na "Nova Espiritualidade", o indivíduo que busca ser um adorador tem autoridade para determinar o que é melhor para ele.
2. ESPIRITUALIDADE: Na "Antiga Espiritualidade", Deus e a maneira de adorar já estão definidos e o adorador apenas segue as regras; na "Nova Espiritualidade", o adorador define o que é espiritualidade para si mesmo.
3. O CAMINHO PARA DEUS: Na "Antiga Espiritualidade" há apenas um caminho para Deus, e todos os outros estão errados; na "Nova Espiritualidade" há caminhos ou combinações de caminhos ilimitados que uma pessoa seguir... você pode fazer um "colar religioso" conforme seus próprios gostos.
4. O SAGRADO: Na "Antiga Espiritualidade", partes do nosso ser são consideradas malignas (o corpo, o ego, algumas emoções) e devem ser negadas, transcendidas ou sublimadas; na "Nova Espiritualidade", toda e qualquer parte é aceita.
5. A VERDADE: Na "Antiga Espiritualidade", a verdade é conhecida e constante, conduzindo às mesmas respostas em todas as fases da vida; na "Nova Espiritualidade", nós praticamente não chegamos perto da verdade, uma vez que ela está em constante mudança para acomodar nosso desenvolvimento.

Com a rede de segurança proposta por ela para determinar a verdade, quem poderia falhar? Apenas aqueles que acreditam na natureza exclusiva da verdade. Portanto, há exclusividade implícita, disfarçada como acomodação.

Como resultado dessa excursão que tem como objetivo abraçar e envolver todas as coisas, exceto a metafísica (e cristais, OVNIs e música de elevador), entre em uma loja de alimentos saudáveis que promove essa filosofia e dê uma olhada para o que é anunciado pelos cartões de visita das pessoas com as seguintes especialidades que estão em exposição e à disposição:

Instrutor da Escola dos Mistérios, Clarividente
Arquétipos, Cartomante, Astrólogo
Numerólogo, Médium, Curador
Xamã, Praticante da Terapia dos Anjos, Empatia Emocional
Clarividente, Cabalista, Hipnoterapeuta
Intuitivo Médico, Tarô, Mestre Reiki

Lembro-me de andar nas ruas de Kuala Lumpur, na Malásia, há algum tempo, e ver um homem sentado à beira da estrada com um papagaio em uma gaiola. Ao lado dele havia cerca de 20 ou 30 livros pequenos — cada um tinha mais ou menos o tamanho da mão de uma criança — colocados sob a calçada, um ao lado do outro. Eu estava por perto e vi a cena seguinte. Uma mulher sentou-se em frente ao homem, com seu sari cobrindo a cabeça para que não fosse reconhecida. Depois de falar com ela por alguns minutos, o homem abriu a gaiola, pegou o pássaro na mão e colocou-o na frente dos pequenos livros. O papagaio esperou alguns instantes e, em seguida, pegou um dos livros e o entregou ao adivinho. O homem abriu o livro e começou a ler seu conteúdo para a mulher. Ela continuou balançando a cabeça em sinal de afirmação, claramente feliz com o livro selecionado. Pegou a bolsa que carregava consigo, pagou o homem por seus serviços e foi embora. O homem sentou-se e continuou a chamar as pessoas que passavam por ali, até que o próximo cliente apareceu. Ele olhou para mim, cumprimentou-me e convidou-me para ser seu próximo cliente. Por ser um adivinho, ele deveria saber que eu recusaria a sua oferta gentil.

O evangelista da "Antiga Espiritualidade" pediu que seu público convidasse Jesus para entrar em seus corações; os apóstolos da Nova Espiritualidade lhe dizem para convidar seu próprio ser para dentro do seu coração, para sentir sua própria respiração. Poderíamos concluir que Narciso pode ter tido ideias proveitosas. Mas se a prática de convidar a si mesmo para dentro de seu próprio coração não ajudar, há uma série de "Instruções Misteriosas" que encontrarão a fórmula certa para você. O Oráculo de Delfos veio à vida novamente. A vida é um conto narrado por um idiota ou estamos sendo idiotizados? Há verdade na religião ou a religião é uma zona de queda livre em que cada um projeta seu próprio paraquedas para se sentir mais confortável? Será que o homem atingiu a "maioridade" e os céticos estão corretos? É hora de apagar as luzes dos templos, das mesquitas e das igrejas? Se houver verdade nesses assuntos, é melhor que a encontremos antes que o mundo seja transformado em um sonho que virou pesadelo.

Mas deixe-me voltar para o centro da minha preocupação. Qualquer um que prometa algo utópico através da comunicação de massa e da divulgação em massa simplesmente entra em conflito com os fatos. Vários anos atrás, Ted Turner, o magnata da mídia, fez uma declaração que poderia ser engraçada, se não fosse triste. Ele apresentou suas próprias "dez iniciativas voluntárias", embora tenha acrescentado uma advertência, dizendo que ninguém deve dizer o que as pessoas desta era devem fazer. Ele fez sugestões. Todas elas têm a ver com o ambiente, e a décima é apoiar as Nações Unidas em seus esforços para melhorar as condições do planeta de maneira coletiva. "Uma maneira de fazer isso, acredite ou não, é através da TV. Acredito que a comunicação de massa tem ajudado a fazer com que estejamos mais próximos e unidos do que nunca".[9] Gostaria de saber se o Sr. Turner ainda acredita nisso.

Continuo firmemente convencido de que mudanças não acontecem da noite para o dia. É a velha história de colocar um sapo em uma chaleira de água fria e, aos poucos, esquentar a água até uma temperatura muito alta. O sapo não percebe o momento em que deve pular para fora dali, e acaba morrendo.

Sim, eu sou um cristão. Estou convencido de que todo o ensinamento de Jesus permanece único em todas as religiões do mundo. Estou convencido de que a análise feita por Ele sobre a condição humana é a mais real *e* a que mais se mostra empiricamente verificável. Também estou certo de que se não conseguirmos nos adequar ao que Ele disse e ensinou, colocaremos toda a humanidade em risco. Você deve tomar sua própria decisão. Mas depois de quatro décadas viajando pelo mundo e ouvindo alguns dos principais expoentes da situação, das decepções e do potencial humano, escrevo o que escrevo aqui com a mais profunda convicção de que isto tem que ser dito — independentemente de ser atendido ou não. Eu amo as culturas do mundo. Vejo beleza e desvantagens em todas elas. Nenhuma cultura tem todas as maneiras corretas de fazer as coisas. Fui criado no Oriente e moro no Ocidente há 40 anos. Vivi e aprendi muito de ambos. O sangue indiano corre em minhas veias. Sinto-me confortável tanto a falar hindi quanto a falar inglês. Quando se trata de culinária, devo confessar que tenho certos preconceitos em relação à culinária indiana, que é a mais exótica de todas. (Você poderia questionar isso, mas quando mais de um bilhão de pessoas estão comigo nesse parecer, na pior hipótese você teria que pesar muito bem os fatores numéricos para ter uma opinião final.)

Há uma reviravolta estranha nesse fascínio que o Ocidente tem pelo Oriente e pela espiritualidade Oriental. Quando um ocidental é atraído pela espiritualidade oriental, o Oriente reivindica crédito por ter tido as respostas desde o início. Mas quando um oriental é atraído para o cristianismo, o Oriente enxerga a situação como uma traição à sua cultura. Pergunte a qualquer cristão da Índia e você descobrirá que isso é verdade.

## Mas Deus Encontra uma Ponte

Alguns anos atrás, como um jovem preletor, eu estava falando a um público bem pequeno em New Brunswick, Canadá. Durante a noite, meus anfitriões convidaram outro cavalheiro indiano para se juntar a nós para o jantar, um professor escolar. Na década de 1970, a população indiana no Canadá era muito escassa. Assim, qualquer pessoa que conhecesse dois indianos fazia com que ambos se encontrassem. Tais são os caprichos das amizades humanas. Ele veio de uma cultura hindu, e quando me encontrou no jantar foi extremamente hostil. Ele acreditava que eu havia traído minha cultura por tornar-me um cristão, e de alguma forma assumiu que o objetivo daquela reunião era convertê-lo ao cristianismo. Dizer que aquela foi uma noite desconfortável é o mínimo.

Eu o ouvi e garanti a ele que, qualquer que fosse a motivação do convite do anfitrião, eu era um convidado assim como ele. Além disso, disse que ele não tinha nenhuma obrigação de participar da conversa naquela noite. A escolha era completamente dele. Ele participou. Ouviu o que foi dito ali. E saiu sem dizer nada.

Vários anos se passaram até que recebi um telefonema dele. Estava em um hospital em Toronto e perguntou se eu poderia visitá-lo. Eu sabia que aquele hospital era um hospital especializado em tratamento de câncer. Quando entrei no quarto do hospital, rapidamente pedi desculpas ao paciente por entrar no quarto errado e então saí dali. Mas ele me corrigiu e me chamou pelo nome. O paciente daquele quarto era, de fato, meu compatriota indiano. Mas ele havia sido reduzido a uma sombra de si mesmo e lágrimas inundaram meus olhos. Ele me deu um abraço e disse para não me sentir mal por ele. Em seguida, começou a me contar que durante o caminho tortuoso que percorreu depois de nos conhecermos, ele conheceu Jesus e passou a desfrutar um relacionamento com Ele — o mesmo Jesus que esse homem evitou tão veementemente quando o conheci. Ele havia aprendido o que significa andar com Deus ao mesmo tempo em que acalentamos a cultura na qual nascemos e encontramos paz e esperança em nosso interior. Depois de conversarmos e finalmente dizermos adeus, aquela se tornou uma despedida apropriada. Deus estava com ele, e ele soube como a verdadeira espiritualidade é.

Por que Jesus? Que diferença faz aquilo em que você acredita? É possível realmente conhecer a verdade? Será que a espiritualidade pós-moderna é de fato a expressão de uma fome universal em vez de uma resposta para alguma coisa? Quais são as questões profundas que impulsionam a busca pela espiritualidade? Por que é que no Ocidente parecemos ter descartado a mensagem de Cristo, enquanto no Oriente as pessoas começaram a perceber que Ele é o que elas estão procurando? À medida que prosseguimos, tenho apenas um pedido a fazer: Vamos considerar essas coisas de maneira franca e honesta, sem o rancor ou a amargura que muitas vezes ofuscam a visão e fazem com que a verdade se torne uma casualidade.

Na época em que eu estava na faculdade, li um artigo no qual o autor afirmava que sempre devemos ser gratos a quem fez com que nos esforçássemos mais. Digo isso porque tenho que elogiar os Novos Espiritualistas por elevarem os padrões para nós, despertando-nos para questões sobre o propósito da vida e forçando-nos a seguir pelo caminho da vida com seriedade, e, talvez, por considerar seriamente o que sempre tratamos como algo garantido. Como filósofo e seguidor de Jesus Cristo, não posso ignorar a Nova Espiritualidade. Tenho que perguntar a mim mesmo se a visão de mundo que está sendo defendida realmente tem as respostas que as pessoas dizem estar procurando ou se o pacote que é apresentado é mais substancial do que seu conteúdo. Essas pessoas estão apontando para uma doença sem fornecer uma cura real?

Uma coisa que os defensores da Nova Espiritualidade fizeram acidentalmente e com certeza é ilustrar a verdade da declaração feita por C. S. Lewis de que cada um de nós, seres humanos, *não tem* uma alma; cada um de nós *é* uma alma. Cada um de nós *tem* um corpo.

Este é o paradigma a partir do qual quero responder à Nova Espiritualidade e demonstrar que tudo o que os novos espiritualistas dizem estar procurando é, na verdade, encontrado em Jesus. Não o Jesus comercializado pela televisão popular. Não o Jesus da imaginação do adepto da Nova Era. E não o Jesus que alguns pregam e não vivem, sobre quem ouvimos falar, mas nunca vemos demonstrado na vida dessas pessoas. O Jesus de quem estou falando é Realidade Suprema que se fez carne para nos trazer graça e verdade para que nos tornássemos filhos de Deus.

Nosso destino depende de um relacionamento com uma pessoa, e não de uma peregrinação a um lugar. Nosso propósito está na comunhão com o Deus vivo, não em união com uma ideia impessoal ou com um Poder Superior sem nome: tal categorização é covardia intelectual. O acesso a um poder abstrato não nos fornece alguém a quem sejamos gratos em tempos de bênçãos e também não nos fornece alguém a quem possamos questionar e de quem receber conforto em tempos de tristeza. O mundo foi feito para o corpo. O corpo foi feito para a alma. E a alma foi feita para Deus. Nem tudo é realmente igual ao modo como é comercializado — seja esta comercialização boa, seja ruim.

O hinduísmo usa o termo *"leela"* para descrever esse tipo de história. Essa palavra significa uma "peça" ou um "drama". Assim como as rodas da fortuna se transformaram de textos em pretextos e em contextos, chegamos a um momento na história humana quando a ciência afirma ser a autoridade suprema em tudo, e se a ciência ainda não consegue explicar tudo, ela está à beira de uma teoria. Estamos em um momento em que o pós-modernismo desafia a certeza, a verdade e o sentido; um momento em que o espiritualismo se intromete na teoria quântica; e um momento em que a aleatoriedade tornou-se a ordem do dia. Não é irônico que, ao mesmo tempo, o mundo está à beira da falência financeira pelo fato de termos conduzido nossas obrigações financeiras de maneira aleatória, como se não existissem padrões absolutos? Toda pessoa séria precisa fazer as perguntas sobre a verdade espiritual de forma honesta. Os concursos televisivos e o carisma artístico no mercado podem atormentar por um tempo. Mas a verdade triunfará no final. As perguntas assustadoras representadas por essa nova espiritualidade, tão obscurecidas e impulsionados pela mídia, não ficarão sem resposta.

Lembro-me de uma declaração feita pelo presidente do malfadado canal de televisão PTL (Praise the Lord). Comentando sobre o ícone que a empresa se tornou aos olhos das massas e sobre o sucesso material que escorria dos ganhos de riqueza e fama da corporação, ele fez a seguinte afirmação: "Nós nos tornamos menos do que deveríamos ser". Essa declaração é profunda.

A Nova Espiritualidade representa essa mesma tragédia. Ao prometer sublimidade e divindade a cada um de nós, seus proponentes têm feito, na verdade, com que sejamos menos do que fomos feitos para ser. Só Deus sabe como fazer com que sejamos humildes sem nos humilhar e como nos elevar sem nos bajular. E a maneira como Ele faz isso é a grande verdade da mensagem cristã.

# Capítulo 4

# DE OPRAH A CHOPRA

De uma iniciação problemática a uma inescapável sedução, passamos para uma inevitável redução e, por fim, a uma falsa dedução. Dois dos maiores nomes associados à Nova Espiritualidade refletem isso, e muito bem. Seria digno do nosso tempo se víssemos aqui um "Pilgrim's Digress"... como uma pessoa começa com uma crença, busca seu sonho, auxiliada pelos valores dessa crença, alcança o sonho, capturando um meio com seus dons, exalta o poder desses dons a alturas vertiginosas, é seduzida por esse mesmo poder, começa a promover uma crença diferente daquela que a levou a tais alturas, e, por fim, molda essa crença, tornando-se o objeto da crença do crente. Eu poderia explicar isso da seguinte maneira:

Primeiramente, o inocente é atraído a subir um monte. A seguir, o inocente atrai outros à sua volta, para que lhe façam companhia, enquanto ele sobe. A seguir, seduz os outros, e leva-os a crer que ele alcançou uma posição mais alta que o monte, e agora tem uma perspectiva transcendente. Por fim, ele dá a impressão de que, todo o tempo, o monte deveria haver tentado chegar à altura em que ele está, mas não pôde, porque não é o monte que cria o escalador, mas o escalador que cria o monte e tudo à sua volta é criação do escalador. Agora, quando outras pessoas vêm até o monte, descobrem que o monte, na verdade, leva ao inocente.

Por meio dessas duas personalidades que exemplificam a Nova Espiritualidade, vemos os perigos da Nova Espiritualidade quando tenta parecer glamorosa, e uma pseudociência associada a um vocabulário místico, que resulta em deduções absurdas. Escolhi Oprah Winfrey e Deepak Chopra para exemplificar o que estou dizendo. A primeira nos mostra o lento, mas assegurado domínio de quando a pessoa é feita ícone por uma população seduzida e a inevitável devoção a uma crença. O segundo mostra a iniciação falha dessa Nova Espiritualidade, e as conclusões predeterminadas, que desafiam tanto a razão como a observação. Se ambos representam duas luzes reluzentes nesse espectro astral, há exércitos de outras que também brilham. As suas crenças e meios de comunicação mostraram como uma ideia pode ser tomada e promovida, remoldada e provida de nova embalagem, até que seja adotada, tal como é, por uma geração que não fez as perguntas corretas. Não há nenhum pião aqui que lhes diga se estão sonhando ou se estão acordados.

A amplitude do pensamento vai do genuíno ao falso, do falso ao falso genuíno (espero que você tenha lido a introdução). Você ouve, em tons suaves, que tem um corpo "eterno" e uma mente "atemporal", quando sabe perfeitamente bem que o seu corpo está envelhecendo, e a sua mente ainda está sendo engolida pelo tempo. Mas se você continuar repetindo o mantra, com os olhos fechados e a mente esvaziada de qualquer coisa significativa, flutuará pelos vários estágios do místico, sobrepujando o racional. Apesar disso, tanto Oprah como Chopra nos mostram algo muito profundo nesse processo. Permita-me conduzir você nessa breve jornada para mostrar o desvio que eles tomaram.

Para ela, a vida começou na pobreza, e terminou em uma incrível riqueza. Para ele, a vida começou no Oriente, e acabou no Ocidente. Para ela, as definições começaram com "Você não é nada, até que faça algo de você". Para ele, foram "Não importa o que você faça de si mesmo, no fundo, você, na realidade, não é nada"... ou tudo, dependendo de sua ciência ou religião. Para ela, o bom senso e a brutal realidade são transformados em uma exibição pública "da pobreza à riqueza", nas asas do poder telegênico. Para ele, a "cosmologia quântica" e a terminologia esotérica proporcionam o poder de dois gumes de duas portas de fuga, sempre que sejam feitas perguntas a uma ou outra; sempre haverá uma posição de falha para uma quando a falha for descoberta com a outra. As duas coisas que Oprah e Chopra têm em comum são a riqueza e a conversa espiritual. A riqueza é concreta, utilizável, traz poder e é a causa de inveja das massas, mas o espiritual é a fraseologia intangível, que apela à alma, e às vezes é estranha, promovida por frases engenhosas e aforismos que tiram as ideias do mundo de suas mãos.

O que tenho eu em comum com eles? Muito pouco, e, ao mesmo tempo, muito. Também nasci no Oriente e agora vivo no Ocidente. Também cresci numa casa pequena, e dividi um pequeno quarto com quatro outros irmãos. A vinte e três metros de onde eu morava, uma família de oito pessoas morava em uma choupana feita de barro e esterco. A pobreza era muito evidente em uma cultura como aquela. Cresci em meio à conversa espiritual. Eu frequentava uma escola onde as posturas, respirações e cânticos prescritos eram parte da congregação, todos os dias. Eu morava em um bairro onde o silêncio da madrugada era regularmente quebrado por longos cânticos em sânscrito, cujos sons penetravam pelas paredes. A terra onde nasci é uma nação de complexidades. Você vê extrema riqueza e extrema necessidade. Vê o antigo e o moderno coexistindo, lado a lado. Você vive com dogmas e mitos. A torre de marfim da academia e o flagelo do analfabetismo coexistem, separados por poucos metros.

Mas cheguei a uma conclusão radicalmente diferente das conclusões de Oprah Winfrey e Deepak Chopra. Eu examinei suas ideias e o impacto que têm, e me perguntei, em voz alta, se ponderaram o suficiente sobre as razões de seu sucesso. Não é estranho que ambos tenham conhecido o impacto de alguma forma de cristianismo em sua criação? Não é estranho que ambos tenham construído suas fortunas em um país onde o impacto do evangelho possibilitou a libertação dos escravos e a liberdade de se procurar realizar os sonhos? Não é estranho que a espiritualidade que um deles oferece ainda mantém cativos milhões de pessoas que ouvem que nasceram inferiores, em seu íntimo? Será que estão tão enamorados de suas próprias estaturas que não percebem o fato de que algo maior que eles está tentando se tornar visível? A seu favor, eles revelaram as "contas não pagas" da cristandade. As pessoas anseiam pelo místico e pelo relacional. Mas à custa da verdade e da realidade? O turbilhão que suga uma pessoa pelo funil da falsidade é o fato de que as pessoas se enamoram do sucesso material, e querem saber como podem obter um pedaço do bolo. Como diria Tevye, no musical *Um violinista no telhado*: "Quando você é rico, eles pensam que você realmente sabe".

### De Orpah a Oprah — Fazendo televisão e sendo refeita por ela

"Eu queria ser uma criança branca porque eu nunca via as crianças brancas sendo açoitadas".[1]

Com essas palavras, Oprah resume algumas de suas primeiras lutas, quando criança. Nascida em 29 de janeiro de 1954, em Kosciusko, no Estado do Mississippi, e batizada como *Oprah* porque sua mãe se enganou com a grafia do nome Orpah [Orfa], da Bíblia, essa criança estava destinada a se tornar um personagem de culto, e um nome famoso. Naqueles dias em que os filhos eram batizados com nomes de "estrelas", a sua mãe não fazia ideia de que estava batizando uma estrela. Quem sabe, talvez "Orpah" não tivesse conseguido: o nome de batismo de Cary Grant era Archibald Alexander Leach... esse nome não tem o mesmo som icônico que Cary Grant. Além disso, não apenas Oprah se tornaria um nome famoso; ela se tornaria o ponto de referência para expressões e frases como "o efeito Oprah", "Oprahficação" e "Ela Oprahva isso de mim"... palavras novas, no jargão cultural. Um autor diz: "Ela não apenas está trabalhando com a linguagem, está ajudando a criar essa linguagem".

De uma maneira notável, Oprah personificou a sua própria história. Ela entrevistou pessoas famosas, que a fizeram famosa. A seguir, começou a entrevistar pessoas que ficaram famosas por causa dela. Não conhecemos essas pessoas, exceto pelos trechos de suas entrevistas a ela, que podem somar aproximadamente quarenta minutos de "dar e receber". Mas nós achamos que conhecemos essas pessoas. Curiosamente, também conhecemos Oprah apenas pelos trechos em que ela dialoga com seus convidados e periodicamente revela suas próprias feridas internas. "Ela é como aquela amiga em quem você confia", disse uma fã, que esperava na fila para ver o programa. "Você é leal a uma amiga assim, você sabe."² O fato de uma pessoa ser vista regularmente, em uma tela de televisão, por muitas pessoas, transmite, de maneira insidiosa, uma sensação de confiança. É por isso que os anunciantes usam personalidades familiares. Certa vez, o Conde de Shaftesbury observou que, se o papa fosse casado, ele saberia que não é infalível. Se vivêssemos perto dessas personalidades da televisão, nós as veríamos de maneira muito diferente da maneira cosmética como as vemos, como "estrelas".

Enquanto estivéssemos na sala de maquiagem, sendo retocados e preparados para um programa de televisão, uma amiga ironizaria: "Isto é o que você chama de preparar o corpo para exibição". E é isso mesmo... fazer o morto *parecer* vivo, o velho *parecer* jovem, o decadente *parecer* jovial. É possível forjar a criação de vínculos reais utilizando tal meio ou isso é parte da charada? Um crítico, com razão, chama isso de "intimidade à distância". O estilo orquestradamente informal e interativo do programa de entrevistas encoraja o público a ter um sentimento de intimidade com a apresentadora. O estilo de comunicação da apresentadora, o seu olhar direto para a câmera e o sentimento de intimidade entre ela e o público dão aos telespectadores a sensação de que estão participando da conversa que veem acontecer diante de seus olhos. Diz-se que uma telespectadora afirmou: "Oprah sou eu. Nós duas somos negras, temos a mesma idade e tratamos as pessoas da mesma maneira. Poderia ser eu". Até mesmo a escolha que Oprah fez da canção "I'm Every Woman", interpretada por Whitney Houston, como tema de seu programa, não é acidental.³

É difícil conhecer alguém quando não existe uma biografia "autorizada". Nós nos perguntamos como alguém pode ser conhecido, até mesmo por meio de uma versão autorizada, ou oficial. Mas há algumas informações que obtemos a respeito de Oprah e que transmitem os fatos que moldaram sua vida. Mais especificamente, suas fãs consideram-na interessante porque ela reflete seus desejos internos de escapar aos duros golpes da vida e encontrar alguém que "se importa" com elas. Oprah atribui à sua avó, Hattie Mae, o crédito de dar-lhe um começo que possibilitou que ela buscasse seus próprios valores. Mas a história é confusa. "Minha avó me batia com varas.

Vá, pegue um galho de uma árvore e traga. É o que Richard Pryor descreveu como a caminhada mais solitária de sua vida — quando você vai buscar o seu próprio galho. Assombroso, não é mesmo?"[4] Ela diz ainda que as nossas prisões estão cheias de homens que, quando jovens, "foram espancados pelo próprio inferno".[5] As palmadas que hoje seriam consideradas como violência contra as crianças, diz ela, formam as suas lembranças dos seus primeiros anos.

Eu entendo. Falando pessoalmente, na cultura e na época em que fui criado, palmadas e surras eram comuns. E eu me refiro, realmente, a surras. Era e ainda é um sistema de valores que conseguia inculcar medo e vergonha. Se o medo não pudesse ser incitado, a vergonha seria. Se nada disso funcionasse, a opção seria o suicídio.

Além dessas surras e da pobreza (o banheiro era fora da casa... algo que você nunca esquece, disse ela), a vida de Oprah parece ter tido muitas reviravoltas até que ela encontrasse uma base sólida em algum lugar. Os seus primeiros anos estiveram imersos em instabilidade. Aos seis anos, ela deixou a casa de sua avó e foi para Milwaukee para morar com sua mãe, Vernita Lee, que trabalhava como faxineira e suplementava a renda com a assistência social. Depois do primeiro ano da escola, Oprah foi morar com seu pai e sua madrasta, mas essa nova situação durou pouco tempo, e ela logo voltou para junto da mãe. Juntando os comentários de Oprah, percebemos várias influências na sua formação.

A principal característica de seus primeiros anos de vida foi a fragmentação... quando nada é da maneira como deveria ser e a criança é forçada a crescer cedo demais. Ela descreve o seu próprio nascimento como o resultado de "um relacionamento de uma só noite". Ninguém se intitularia dessa maneira sem tentar justificar sua existência como um acidente ou destino: se a vida se tornar uma infelicidade prolongada, então o acidente assume a posição principal; se a vida acabar sendo uma história de Cinderela, então surge o destino, apesar da dor. Mas é aqui que a profundidade espiritual determina se a pessoa verá os detalhes de sua vida como sorte ou providência, o resultado da perseverança pessoal ou da graça. Penso que no caso de Oprah houve sinais de tudo isso, pelo menos nos primeiros anos. Embora, às vezes, outras pessoas possam nos ver de uma maneira melhor do que aquela como vemos a nós mesmos, o perigo da vida é que os outros também, de forma equivocada, nos vejam como melhores do que de fato somos... ou menos do que realmente somos.

A própria Oprah admite que se lembra de sua casa como sendo menor do que na verdade é. Curiosamente, em minhas lembranças, minha casa e meu bairro são muito maiores do que de fato são. Quando voltei à Índia, pela primeira vez depois de muitos anos de minha partida, eu me perguntava por que me lembrava daqueles pequenos cômodos como sendo muito mais amplos. Será por que eu não tinha mais conhecimento? Quando Charles Dickens voltou à sua cidade natal e observou que a sua cidade havia mudado, alguém respondeu que ela não havia mudado nem de perto tanto quanto ele havia.

Oprah tem a característica distinta de se recriar várias vezes. Do glamour de entrar em um par de jeans um tamanho menor até abordar um interesse por temas particulares, de modo a manter o programa no ar, o poder de uma lente é incrível. O público raramente pensa sobre isso. Lendo as suas próprias avaliações sobre a sua vida e a sua carreira, há várias conclusões inequívocas a que podemos, com razão, chegar.

Oprah sempre foi e é quase impossível de se deter — determinada, trabalhadora, entusiasmada, um penetrante expoente de seu meio (a televisão), que sabe precisamente onde está o seu público. Na verdade, ela conhece melhor o seu público do que ele jamais a conhecerá. Com determinação e habilidade, ela combinou a sua coragem, reunida apesar da fragmentação de sua vida, com uma capacidade intuitiva de saber o que serve ao público que a adora. Buscou todas as oportunidades em direção ao seu objetivo, e quando elas pareciam desaparecer, ela as criava. Oprah entendeu o meio de comunicação e o arrebatou para beneficiá-la.

A fragmentação foi uma desvantagem, mas ela usou suas feridas e suas mágoas para seu próprio benefício. Não tenho dúvida de que essas feridas e mágoas condicionaram seu modo de pensar, e ela as utiliza no momento exato, para obter o máximo de impacto. Há duas maneiras de usar uma ferida: como uma plataforma onde pisar, para olhar além dela, ou como algo a explorar para obter algo. Vou deixar que cada pessoa decida o que é o quê. Uma criancinha nos braços de um mendigo pode incitar piedade, mas se a criança é explorada visando ganhos materiais, aqui há uma linha tênue de separação entre a piedade e a sedução, ou até mesmo o engano e a fraude. Qualquer confissão que retrate a pessoa como vítima, e, ao mesmo tempo, como sobrevivente, trará grande simpatia. As histórias de Oprah de repetidos abusos e maus tratos nas mãos de parentes e amigos abriram a porta dessa difícil lembrança para muitas mulheres. Oprah revelou algumas dessas experiências em seus programas; outras foram trazidas aos olhos do público sem que ela desejasse torná-las públicas. A sua primeira experiência de violência sexual aconteceu, diz ela, quando, aos nove anos de idade, foi deixada sozinha para passar o dia com seu primo, de dezenove anos. Quando tinha quatorze anos, foi violentada por um tio. A sua dor é a mesma que sentem muitas mulheres que encontraram, na voz dela, um eco para seu próprio sofrimento. Quando o assunto é abordado, lágrimas aparecem, e aqueles que nunca sentiram esse trauma ainda conseguem sentir o peso que suportam as pessoas que o sentiram. As cicatrizes emocionais contribuem para a desolação e a rejeição da pessoa, pela própria pessoa. Esta é a existência que nenhuma menina escolheria. Nesse aspecto, Oprah tem que ser considerada como uma pioneira, essencial para unificar a revolta pública por tais atos.

Mas, então, apareceu uma bomba, de uma fonte completamente diferente. Em março de 1990, a meia irmã de Oprah revelou um segredo familiar ao jornal *National Enquirer,* dizendo que, aos quatorze anos de idade, Oprah havia gerado um filho ilegítimo. Nas palavras da própria Oprah, "Essa experiência foi a mais emocional, confusa e traumática da minha juventude". Podemos apenas imaginar a dupla dor, sentida por uma figura pública que é traída dessa maneira, quando feridas profundas, que nunca a abandonam, são transformadas em feridas públicas a serem exploradas.

Oprah fala sobre este assunto de maneira bastante detalhada... os medos resultantes, a promiscuidade, o silêncio que foi comprado pelos infratores. O mais aflitivo a respeito dessa história, em minha opinião, nem mesmo é abordado; o fato de que é possível que ninguém na família saiba que uma menina de nove anos de idade foi violentada, quando o responsável foi um membro da mesma família; o fato de que ninguém pergunte: "Quem?", "Quando?", "Onde?". Será a lei não escrita, em uma família que vivencia essa situação, não fazer perguntas, para que ninguém ouça o que eles não querem ouvir, ou para que não corram riscos de serem expostos pelos seus próprios crimes? Esses infratores aprenderam a fugir da realidade e não se consideram criminosos, nem pensam que poderiam deter o crime.

Há outras forças em ação para moldar a vida de Oprah. Mudando-se de uma casa a outra, repetidas vezes empacotando suas coisas e morando às vezes com sua avó, às vezes com sua mãe, às vezes com seu pai... o sentimento transitório de ser constantemente desarraigada estava sempre presente. A vida era uma maneira de obrigar a "mente sem teto" a se entregar ou perseverar. Oprah escolheu a segunda opção, e atribui a seu pai o crédito de mostrar-lhe a direção correta. "O amor dele pelo estudo me mostrou o caminho. Ler me deu esperanças, pois para mim, era a porta aberta."[6]

Um autor oferece várias razões por que "Oprah é uma professora espiritual bem-sucedida e convincente".[7] Essas razões explicam, claramente, o seu sucesso e não lhe desprezam nenhuma qualidade. Para ser o sucesso que é, Oprah teve que exibir um talento contínuo e extraordinário. Acredito que tais razões sejam uma avaliação precisa de Oprah e de sua história, e expliquem por que ela é tão admirada e amada. Abaixo está a minha análise sobre as razões apresentadas:

- Em primeiro lugar, ela é muito humana... as pessoas conseguem se conectar com ela, como uma pessoa real. Ela é um ícone, mas um ícone que está "na carne". Essa combinação de "estar ali no alto, mas também aqui embaixo" é, provavelmente, o seu maior atrativo.
- Oprah está familiarizada com o sofrimento e quer fazer alguma coisa a respeito. Aqui, novamente, eu a vejo como refletindo a angústia do povo. As pessoas podem vir a um programa como quase desconhecidas, mas passam a ser conhecidas. Essas características, acredito, apontam para algo muito impressionante, como uma necessidade humana.
- Oprah é um nome que agora significa "comunidade". Enquanto os autores iniciam discussões em clubes de livros onde o autor fornece as ideias que dão forma à discussão, Oprah *se torna* a ideia que dá forma à discussão.
- Sendo uma pioneira, ela encoraja o autoexame, mas o faz sem desprezar as pessoas ou explorar os outros.
- Oprah acredita, firmemente, na gratidão.
- As suas palavras são fáceis de entender. Ela envolve as pessoas com conceitos simples, declarados com clareza.

- Oprah é uma boa ouvinte. Quando entrevista alguém, ela dá a impressão de que está completamente envolvida pelo que a pessoa está dizendo e realiza a conversa de modo a envolver o público.
- Ela tem uma generosidade contagiosa que encoraja as pessoas para que doem e se interessem.
- O perdão tem sido uma parte essencial de sua própria vida. Ele teve que aprender a perdoar. Oprah promove a bondade e a vida honesta.

Quando começamos a ler essa lista, começamos a perceber que estes não são valores que a pessoa obtém em um vácuo. Não sei se concordo, necessariamente, com essa declaração genérica, porque tudo precisa de explicação. Muitos discordam, seriamente, de que tudo tenha acontecido na vida de Oprah, como se afirma, e sem exploração. Ainda assim, essa é a maneira como ela é retratada. Esta é a pessoa que se acredita ser a verdadeira. Mas aquilo a que devemos prestar atenção é o fato de que, mesmo que não seja quem ela realmente é, isso é o que as pessoas procuram... uma pessoa que se importa, que se interessa, que ouve, uma pessoa em quem as pessoas veem refletidas as suas esperanças e os seus anseios, tão profundamente apreciados. Somos culpados de viver vidas contraditórias, mas ainda podemos reconhecer o que realmente importa, lá no fundo. É quase como algo que você ouviria na igreja; como disse Paulo, em Romanos 7.16 e 18: "Faço o que não quero... com efeito, o querer está em mim, mas não consigo realizar o bem".

Oprah teve uma criação na igreja. A sua herança espiritual incluiu música, teatro, Escola Dominical e, acima de tudo, a contação de histórias. Ela é uma maravilhosa contadora de histórias. Ela personifica o que faz. Ela fala às pessoas sobre pessoas. Sente o que quer que as pessoas sintam. Ela quer que a autenticidade seja normal e comum. Isso é o que percebemos. Pelo menos, isso é o que os seus admiradores dizem a respeito dela. Qualquer pessoa famosa sempre terá quem a calunie. Enquanto escrevo isto, acaba de ser lançada uma biografia, não autorizada, de autoria de Kitty Kelley. A história que revela é bastante notável.

Em seus programas, às vezes ela chega extremamente perto das verdades de sua própria criação, e então, de repente, lança-as em um mar de realidade pós-moderna. Embora a sua vida tenha sido fragmentada, tenho fortes suspeitas de que houve, em seu núcleo familiar, alguém que orou por ela, que pediu que Jesus cuidasse dela e que, como membro da igreja, resistia à sua própria dor, porque o evangelho lhe dava a possibilidade de esperança. O fatalismo teria sido fácil, mas a confiança em Deus é o que nos faz agarrar o último galho, para nos sustentar. No entanto, suspeito que houve linhas do evangelho que guiaram aqueles sob cujos cuidados ela foi criada. Este é um lado da história. Ser uma vítima e se erguer é um crédito extraordinário para uma pessoa. Até que o programa transforma você. Este é o lado temido dos criadores de deuses.

### A Pessoa que Condicionou Outras

O jornalismo é classificado em nossa mente sob certas categorias. Eu tive que sorrir quando Tiger Woods concedeu a primeira entrevista depois de sua trágica queda. Um dos repórteres lhe perguntou: "Como você conseguiu mentir a tantas pessoas, por tanto tempo?" Essa frase, vinda de um jornalista, deveria ser a coisa mais irônica que eu tinha ouvido em muito tempo. Mas, quer gostemos disso, quer não, o meio das notícias é parte teatro e parte informação. O jornalismo que é cru ou provocativo é chamado "tabloide". Há uma longa lista nesta categoria. Mas se pudermos fazer a mesma coisa com personalidades reconhecidas, chamaremos a isso "programa de entrevistas". Coisa estranha, essa adoração a herói que temos.

Apenas ler uma lista dos programas apresentados por Oprah deixa uma pessoa completamente perplexa pelo poder de alguém que, embora seja claramente condescendente com a televisão que choca, é apaixonadamente defendida por seus fãs, que não a veem dessa maneira. Suas entrevistas sobre assuntos sexuais com frequência extrapolam todas as normas, e fazem com que nos perguntemos sobre quais são os seus verdadeiros motivos. Uma de suas biografias apresenta uma descrição minuciosa das perversões que foram os assuntos de alguns de seus programas, vistos por milhões de pessoas. Em certa ocasião, ela entrevistou uma tetraplégica transexual. O namorado dela havia doado o esperma que inseminou a irmã dela. A tetraplégica se tornou a tia/tio biológica, e também adotou a criança. Quando Oprah estava sendo intensamente criticada pelo programa, declarou: "[Conhecer a criança] foi algo comovente. Eu pensei:

'Esta criança vai crescer com mais amor que a maioria das outras crianças'. Antes, eu era uma daquelas pessoas que pensavam que todos os homossexuais, ou coisa semelhante, iriam arder no inferno, porque as Escrituras assim diziam".[8] Bastante inteligente, não é mesmo? Transformar uma história de crítica em uma história heroica? Jeff Jarvis, ex-crítico de televisão, escreveu a Oprah, depois de um programa terrivelmente explícito, dizendo:

Oprah, você não pode agir como se não tivesse uma responsabilidade considerável por isso. Você trouxe o sexo para os programas vespertinos da televisão. Não acho que você tenha que pagar uma multa por isso, e não acho que o seu programa devesse deixar de ser transmitido por essa motivo. Eu simplesmente não assisto. Mas você não está fazendo nada diferente de Howard Stern — a única diferença é que você fica impune. Assim, tire essa sua maneira "sou mais santa que você" de desaprovar o sexo na TV. Você é a Rainha do Lixo.[9]

Esse é o ponto em que estamos hoje. Trancamos Jim Bakker do PTL atrás das grades durante anos, porque ele enganou pessoas para ganhar dinheiro, mas não existe uma lei similar contra o poder sedutor de histórias que, na verdade, exploram as pessoas. Esta é a versão pós-moderna dos programas de fenômenos anormais do passado. Mas este é o passo crucial no impacto: Depois de obter uma audiência dessa magnitude; uma vez que você não pode fazer nada de errado, em virtude da adulação que recebe; uma vez que é uma das pessoas mais ricas do mundo e pode comprar as empresas que patrocinam o seu programa; uma vez que você causa um impacto mágico na mente das pessoas... isso não está a um passo de brincar de Deus na mente de seus telespectadores?

Mas cada humano criador de deus precisa de um deus, enquanto brinca de Deus. A fama e o sucesso não são suficientes para trazer satisfação. A espiritualidade seria, verdadeiramente, o próximo passo. Você não consegue fazer com que as pessoas se sintam bem apenas contando histórias. Você precisa entrar na própria história e se tornar um herói ou heroína. E assim... este é o lado espiritual da programação de Oprah. Místicos, mestres espirituais, todos estão alinhados para dar ao telespectador a sensação de que aquela que se tornou tão endeusada aos seus olhos agora pode fazer com que cada telespectador seja exatamente como ela. Que melhor maneira de praticar o bem do que fazer com que cada pessoa que ouça se sinta bem, enquanto o mestre espiritual instantaneamente enriqueça apenas por ser entrevistado, e o apresentador do programa se torna o caminho para a paz e a esperança nesse processo? Esta é uma situação em que todos ganham: o apresentador, o convidado e o público se beneficiam... para não mencionar o patrocinador e a emissora de televisão.

Este é o mercado livre em ação, e o melhor, vence. Está muito distante das peregrinações de Buda ou do sacrifício do Filho de Deus, mas tem apelo visual em uma época da história em que a credulidade é o rei e as riquezas controlam o apetite.

## *A Longa Jornada que Parte de Deus e que Vai até a Autoexaltação*

Durante todo o tempo em que Oprah estava sendo criada e se criava, a sua metamorfose espiritual estava ocorrendo. Observe a jornada espiritual de Oprah.

No Ensino Médio, ela escreveu no anuário de seu amigo Gary Holt: "Você me mostrou, mais por suas ações, pela maneira como você vive, dia após dia, que existe verdadeiramente Um Caminho, Jesus Cristo! E que, se Ele não assumir o controle, se Ele não conduzir todo o espetáculo, a vida será apenas uma incessante luta, sem nenhum significado".[10] Durante um programa de "recordações", vinte e dois anos mais tarde, Oprah convidou Gary Holt para que viesse ao seu programa. Mas a coisa não aconteceu como ele ou ela esperavam. Quando ele a viu, rodeada por seu séquito de esteticistas, a equipe de produção e outros assistentes, perguntou-lhe porque ela estava fazendo isso. "Porque quero trazer a verdade ao mundo", respondeu ela. Gary fez uma pausa, tirou o anuário de sua maleta e lhe mostrou o que ela havia escrito, vinte anos antes. Ela acrescentou alguns gracejos, e escreveu, ainda: "Deus ainda é Rei!"[11]

As mudanças podem acontecer, em pequenas doses, mas realmente acontecem. O erudito sabe qual é a melhor maneira de deixar de falar sobre suas transformações menos atrativas.

Há outra passagem reveladora sobre a sua jornada espiritual. Quando passou a participar da igreja African Methodist Epicospal em 1976, Oprah foi descrita como uma "pregadora", fervorosamente comprometida com Jesus Cristo, que já havia memorizado livros inteiros da Bíblia. Ela era firme na fé e no chamado para que as pessoas vivessem de acordo com as verdades encontradas na Bíblia. "Fui educada a não questionar Deus. É um pecado... mas comecei a pensar por mim mesma... e foi quando verdadeiramente comecei, aos meus vinte e poucos anos, a minha própria jornada rumo à minha espiritualidade, o meu eu espiritual", disse ela.[12]

Ao identificar o momento da mudança, ela se refere a um sermão que ouviu de seu pastor, o Rev. John Richard Bryant, sobre o texto que diz que Deus é um Deus zeloso (Êx 20.5):

> Eu estava sentada ali, pensando, pela primeira vez, depois de ter sido criada como batista... igreja, igreja, igreja, domingo, domingo, domingo... e pensei: Por que Deus, que é onipotente, que tem tudo, que foi capaz de me criar e que faz com que o sol nasça todos os dias, sim, por que Deus seria zeloso em relação a qualquer coisa que eu teria a dizer? Como é que Ele poderia ser ameaçado por uma pergunta que eu teria a fazer?[13]

Por favor, Oprah! Foi isso que deu início a tudo? Você realmente quer que acreditemos que, de repente, depois de pregar durante anos as verdades da Bíblia, e depois de memorizar livros inteiros da Bíblia, você não gostou desse Deus que vinha seguindo?

Se essa renúncia a Deus for verdadeira, ou ela não entendeu o que o texto significava, e aquilo em que havia crido durante toda a sua vida, ou estava deliberadamente procurando uma maneira para explicar *esta* razão para rejeitar a fé de sua infância e mocidade. Com frequência, quando estamos procurando a melhor maneira de dizer que não mais cremos no que críamos antes, é mais fácil encontrar uma ideia e distorcê-la ou tirá-la do contexto, e assim nos tornamos heróis, porque tivemos a disposição de renunciar ao inaceitável. Não consigo deixar de me lembrar de mim mesmo, no último capítulo. Mas a jornada pelo caminho do místico, impulsionada por uma grande dose de autoconfiança e jargão espiritual, fez de Oprah a rainha da espiritualidade dos programas de entrevistas. O Deus no qual ela cria, ao crescer, pode não estar mais ali; mas há uma grande quantidade de conversas em relação à vida espiritual. Redefinir termos é a melhor maneira de introduzir anseios, ao mesmo tempo em que permanecemos autônomos. Todos nós conhecemos muito bem esse truque.

Estranhas crenças esotéricas estavam esperando aceitação. É um longo caminho o percorrido, entre as citações da Bíblia e a sua fascinação pela obra *O Segredo,* de autoria de Rhonda Byrne. Além disso, está o que ela declarou ser o seu segundo livro favorito, depois da Bíblia: *The Seat of the Soul,* de autoria de Gary Zukav. Autores como Eckhart Tolle *(The Power of Now)*, John Gray *(Homens São de Marte, Mulheres São de Vênus)*, Iyanla Vanzant *(Acts of Faith)*, e Sarah Ban Breathnach *(Simple Abundance)* fizeram com que ela se tornasse eloquente a respeito de suas teorias espirituais.

O Dr. Phil foi catapultado para a fama, como uma presença regular no programa de Oprah. Esses programas eram chamados de "Mude a sua vida". Ela acabava essa série com um espantoso segmento chamado "Lembre-se do seu espírito", que começava com um trecho de música de fundo, no estilo da Nova Era, enquanto ela dizia: "O mundo me define como a apresentadora de um programa de entrevistas, mas eu sei que sou muito mais que isso. Sou um espírito, conectado ao espírito maior".[14]

Ela chegou a níveis etéreos, e o monte agora se inclina diante dela. Para essa menina, para quem tantas coisas haviam dado errado, chegar tão cedo a essa altura é algo milagroso aos olhos do público. Ela converteu pedras em pães, e ganhou todos os reinos deste mundo.

No início de seu sucesso, Oprah disse a um amigo que esse era o plano de Deus para ela.[15] Mas em uma reviravolta irônica, depois de alguns anos, quando um parente lhe perguntou por que ela embelezava as histórias a respeito de sua infância, a ponto de se converterem em mentiras, ela respondeu: "Porque isso é o que as pessoas querem ouvir". O *meio visual* havia feito o seu trabalho. Alguém pode ser tentado a fazer trocadilhos com a expressão, por isso a incluí em itálico.

A sedução era completa. A mentira é o que as pessoas querem, por isso, por que ficar presa à verdade? Tudo o que ela queria, no começo, era a verdade. Agora, se isso é a verdade, uma mentira é aceitável, porque é o que o público quer ouvir. Apenas muito recentemente, ela descobriu ter uma meia-irmã. Se há algo que precisava de um momento em particular, poderíamos pensar que deveria ser o primeiro encontro de duas irmãs. Mas não para um artista. As câmeras foram posicionadas de modo que as lágrimas chegassem até os telespectadores, reunindo mais publicidade. É preciso ver através de algo tão fabricado, como isso, mas, espantosamente, isso é considerado apenas como uma evidência ainda maior de sua grandeza, e mais uma causa para aplauso. A janela turva da vida sobre a alma enganou a alma, uma vez mais.

A verdade e a autenticidade são vítimas fáceis diante do poder das lentes. Entre a escolha que fez Deepak Chopra da terminologia quântica para respaldar a sua versão de espiritualidade, a capacidade de Oprah, com o esplendor telegênico, de apagar as linhas entre fato e fantasia, e a retórica vazia dos evangelistas televisivos, com seus penteados perfeitos e seu cenário elegante, coisas que são inversamente proporcionais ao conteúdo do que estão dizendo, nunca conseguiremos fazer com que o relógio retroceda. Mas talvez possamos encontrar um verdadeiro ponto de referência para o tempo. Entre o antigo e o pós-moderno, não pode haver muita diferença, exceto nas conclusões a que chegamos.

Tendo dito tudo isso, se eu tivesse a oportunidade de conversar pessoalmente com Oprah, teria algumas perguntas a lhe propor. Estas perguntas proporei e tentarei responder, eu mesmo, nas páginas seguintes. Como alguém tão capacitada e clara em suas palavras se aproxima de coisas espirituais, mas ainda continua enlameada, em sua mentalidade? Este é, para mim, o resultado de uma vida que foi tão bem-sucedida e tão moldada pela influência de visões convergentes e conflitantes.

Aqui estão algumas das perguntas que eu proporia inicialmente:

1. Por que o lado espiritual da vida é tão importante, e qual é a verdadeira experiência espiritual, em sua opinião?
2. Se o perdão é um aspecto tão fundamental na sua mentalidade, quem é que, em última análise, realmente perdoa os motivos e as intenções do coração humano?
3. A gratidão sem uma pessoa à qual ser grata é um pensamento incompleto. Como disse G. K. Chesterton: "Se uma criança agradece a Papai Noel, por colocar doces em sua meia, não

tenho eu alguém a agradecer por colocar dois pés nas minhas meias?" A quem você é grata?
4. Quando você usa a palavra "Deus", a que ou a quem se refere?
5. Você é uma boa ouvinte. Esta é uma boa qualidade. Você acredita que Deus ouve as suas orações quando você ora?
6. Qual é a sua opinião sobre a natureza do pecado?
7. Em que você acredita sobre o destino humano individual?
8. Você acredita que o sucesso lhe trouxe felicidade, ou há alguma coisa maior que o sucesso?
9. Você acredita firmemente em valores. Qual é a origem desses valores?
10. Qual você acredita ser o propósito da vida?
11. Quem você acredita que é?
12. Quem você acredita que Jesus é?

Creio que as respostas a essas perguntas me dirão não em que ela crê, mas *por que* ela crê naquilo em que crê.

Dito isto, foi espantoso ouvir suas últimas palavras, no encerramento do último programa *The Oprah Winfrey Show*, o fim desta fase de sua carreira. Eu não acredito, nem por um momento, que é um adeus. Acho que é uma bifurcação na estrada. E como alguém poderia culpá-la? Com o tipo de público que ela tem e o poder que resulta disso, será difícil escapar às câmeras. Mas os seus momentos finais, no encerramento do programa, bem podem ser os dois lados de sua espiritualidade. O fato de que ela atribuiu a Deus a glória pelo seu sucesso, e mencionou Jesus, e "o Alfa e o Ômega" não escapou à discussão em todos os lados.

Em última análise, somente Deus conhece o coração de uma pessoa. Minha opinião é que, lá no fundo, ela tem aquela fé infantil e a lembrança de tudo o que aconteceu para trazê-la até aqui. Mas a atração de uma câmera e do espírito da era, e o desejo de tornar a verdade espiritual acessível, e não dogmática, bem pode tê-la levado a dizer coisas que ela pensava que aproximaria as pessoas da decência, em suas vidas interiores, mesmo que ela mesma não acreditasse nessas coisas. Quem sabe? Mas é esse, precisamente, o jogo que pode ser jogado diante dos holofotes. O adeus provoca emoções que não conseguem suprimir determinadas crenças; mas, com o tempo e a fama, a linha divisória entre confiar em Deus e brincar de Deus pode facilmente ser apagada. Quando estamos no pico do sucesso, podemos levar os outros a crer que somos Deus. Quando dizemos adeus, sabemos que não somos.

Capítulo 5

# A RELIGIÃO DO QUANTUM

## Um Ícone Mais Educado

Deepak Chopra é um conselheiro espiritual e um nome familiar para milhões de pessoas. Nasceu em Nova Délhi, em 1946 ou 1947 (dependendo da fonte). Formou-se no All India Institute of Medical Sciences (1968) e foi um líder dos programas de Meditação Transcendental e Medicina de Ayurveda, de Maharishi Mahesh Yogi.

A sua própria jornada até a sua posição atual é bastante interessante. O seu amor precoce, em primeiro lugar pela literatura, e depois pelo jornalismo, foi substituído pelo estudo da medicina. Ele se mudou para os Estados Unidos aproximadamente em 1970, onde trabalhou em um hospital em Nova Jersey antes de ser transferido para Boston e estabelecer o seu próprio consultório em endocrinologia. Em 1985, foi nomeado chefe de equipe no New England Memorial Hospital. Com o passar do tempo, ficou desiludido com a medicina tradicional, que ele considerava excessivamente dependente de remédios, e tendo caído sob a influência dos ensinamentos de Maharishi Mahesh Yogi, Chopra abdicou de sua posição no hospital e foi cofundador de Maharishi Ayurveda Products International, Inc. (MAPI), com Maharishi Mahesh Yogi, um poderoso praticante de Ayurveda.

MAPI oferecia uma linha de suplementos baseados em ervas, chás, óleos e incenso, além de outros produtos relevantes ao negócio do bem-estar, da perspectiva de Ayurveda. Como o representante de Maharishi, Chopra se tornou o líder de um centro de saúde Ayurveda em Lancaster, Massachusetts, o primeiro de quatro centros desse tipo nos Estados Unidos. A sua educação ocidental e a sua carreira de médico, em um centro médico ocidental respeitado, conferiram legitimidade a *Ayurveda* (uma palavra em sânscrito, que significa "conhecimento da vida"), perante muitos que de início eram céticos, e as clínicas cresceram rapidamente, em especial depois que se soube que entre seus clientes se incluíam celebridades como Elizabeth Taylor, a estilista Donna Karan e o banqueiro Michael Milken.

Embora seus primeiros livros recebessem uma recepção popular e crítica, *Ageless Body, Timeless Mind*, publicado em 1993, vendeu mais de um milhão de cópias, e, de repente, com essa mescla de medicina e espiritualidade aprimorada com a inclusão de termos científicos, Chopra estava se tornando o principal nome oriental, em meio a um fascínio ocidental cada vez mais intenso por todas as coisas orientais.

Em meados dos anos 1990, ele fundou o Centro Chopra para o Bem-Estar, em La Jolla, Califórnia. Sendo ele mesmo uma celebridade internacional requisitada para palestras, seus livros posteriores foram muito bem recebidos, por um público que havia sido habilmente preparado. E apesar dos muitos artigos escritos por médicos e cientistas muito qualificados, que questionaram e até mesmo ridicularizaram abertamente as declarações de Chopra, o que quer que ele diga continua sendo aceito, de maneira inquestionável, por seu grande número de seguidores, a ponto de que não podemos deixar de nos maravilhar com a sua credulidade. Mas não se engane: Deepak Chopra não está apenas promovendo remédios orientais; ele é um homem de negócios perspicaz que se beneficiou muito da nova espiritualidade, combinada com a sua marca de artimanhas e habilidade. A sua declaração resume de forma sucinta a sua crença no bem-estar:

A cura quântica é a cura do corpo e da mente em um nível quântico. Isso quer dizer um nível que não se manifesta no nível dos sentidos. O nosso corpo, em última análise, são campos de informação, inteligência e energia. A cura quântica envolve uma mudança nos campos da informação de energia, de modo a proporcionar uma correção em uma ideia que não funcionou bem. Assim, a cura quântica envolve a cura de um modo de consciência, a mente, para proporcionar mudanças em outro modo de consciência, o corpo.[1]

Tenho certeza de que foi útil. Foi um médico que, certa vez, me disse o quanto estava aborrecido com o diagnóstico que seu médico lhe havia feito a respeito das estranhas dores e sensações que ele tinha na perna direita. O médico lhe disse: "Você sabe, é uma perna de setenta anos". Depois de um momento de reflexão, meu amigo disse: "Eu sei, mas a perna esquerda também tem setenta anos. Por que a direita dói, e a esquerda não?"

Alterando a informação em um nível de consciência, podemos curar as outras áreas de consciência. Cada recipiente murmura os mesmos termos e conceitos, e supõe que o ouvinte agora entende, plenamente, essa cura. Enquanto milhões de pessoas, na terra natal de Chopra e na minha, vivem em imensa escassez de alimentos, o centro em La Jolla está aqui, para prometer a cura quântica para os ricos. Mas não há razão para reclamar nem se sentir "enganado". Além de todas as armadilhas, o que ele defende é, na verdade, muito claro para quem queira vê-lo. Chegaremos a esse ponto daqui a pouco, e apresentarei meus desafios filosóficos pessoais a este sistema nesse ponto.

Durante a sua associação com MT (Meditação Transcendental) e depois o seu próprio empreendimento independente, houve relatos de algumas questões de divergência, que indicavam quais eram, de fato, as tensões. As origens de alguns de seus ensinamentos e escritos foram questionadas nos tribunais. Forneci links de internet para aqueles que desejarem aprofundar o estudo desses temas. Sinceramente, agora estou mais interessado no conteúdo daquilo que ele está ensinando do que em descobrir quem estava certo e quem estava errado no tribunal, ou quem o promoveu primeiro, mas isso revela a realidade "não tão pura" que está por trás da cena.

Toda a conversa de esplendor pacífico e buscas nirvânicas mascara as usuais sessões de disputas, processos judiciais e competição. É interessante, você não acha, que um Deus que descreve o seu amor sacrificial, por cada um de nós, como um amor zeloso, mereça rejeição, mas os demagogos zelosos do sucesso, uns dos outros, que se envolvem em infâmia e processos judiciais, são considerados decentes e pacíficos.

Mais grave, por enquanto, é o propósito por trás da terminologia supostamente científica de Chopra: declarar, falsamente, a existência de uma conexão entre física quântica e "consciência". Entre suas declarações, estão as que afirmam que a "cura quântica" pode vencer o processo de envelhecimento, que a mente pode ser curada harmonizando ou equilibrando o "corpo mecânico quântico", e que, concentrando a sua consciência na fonte de sua dor, você pode orientar a cura para que inicie o seu processo, porque, segundo ele, o corpo envia, naturalmente, energia de cura na direção em que você dedica a sua atenção. Ou, como ele também afirma, você pode criar moléculas felizes, tendo pensamentos felizes. Como escreve um autor, "Este 'misticismo quântico' não tem nenhuma base na física ou na biologia, e representa um salto da imaginação metafísica".[2]

Esse mesmo autor vai além, para desafiar e contradizer essa suporta mistura de ciência e misticismo. Ele atribui os ensinamentos de Chopra à publicação popular da obra de Fritjof Capra, *The Tao of Physics: An Exploration of the Parallels Between Modern Physics and Eastern Mysticism* (1975), e descreve o esforço de Capra, naquele livro, para conectar religiões antigas e a física moderna, como um "fracasso profundo".[3] Segundo ele, foi isso o que influenciou Chopra e outros defensores da medicina de energia da Nova Era a afirmar que a física quântica prova a realidade de tudo, desde chi e prana a ESP, apesar da rejeição da maioria dos físicos e cientistas. Apesar das declarações de Chopra e outros colegas de que a mente pode controlar doenças como o câncer, a evidência de estudos científicos diz outra coisa. É verdade que há evidências científicas de que os otimistas vivem mais que os pessimistas, mas não é necessário incluir a física quântica para explicar o motivo.

Chopra, e outros como ele, afirmam que a física moderna valida a antiga metafísica indu, uma afirmação que é veementemente rejeitada por cientistas sérios, que insistem que não existe nenhuma conexão entre as descobertas da física moderna e as afirmações metafísicas de Ayurveda. Na verdade, o físico Heinz R. Pagels, autor de *The Cosmic Code: Quantum Physics as the Language of Nature*, chega ao ponto de dizer: "Nenhum físico de qualidade que eu conheço afirmaria encontrar tal conexão, sem cometer, de modo consciente, uma fraude".[4]

Físicos como o Dr. Pagels negam a existência de qualquer conexão entre a física moderna e o "campo de consciência" de Chopra, afirmando que a sua declaração de que "um grande número de pessoas em meditação pode reduzir o número de crimes ou evitar a guerra, criando um "campo unificado de consciência"[5] é pura tolice, e que a apresentação da física que tão voluntariamente distorce a verdade científica para apoiar tais ideias só pode ser vista como uma intenção deliberada de enganar aqueles que não têm conhecimento.

Segundo Chopra, o estado de nossa saúde é uma questão de escolha pessoal: ao tomar o seu pulso, ele consegue identificar o seu *dosha* e se ele está ou não desequilibrado. Ele pode curar as suas alergias tratando dos seus problemas digestivos; reverter ou prevenir catarata, enxaguando seus olhos com uma mistura de saliva da escovação dos dentes, raspas da língua e água; e reverter ou retardar o envelhecimento, reorientando a maneira como o seu corpo "metaboliza" o tempo. E, naturalmente, ele também promove a aromaterapia, com base na fisiologia metafísica Ayurveda e vende os óleos e as especiarias necessárias.

Em resumo, o que ele e outros médicos "alternativos" estão realmente vendendo aos crédulos é a esperança de cura e a esperança de viver para sempre. Mas é uma esperança baseada em misticismo, imaginação e bons talentos de marketing, e não em ciência.

Aqui, eu não consigo resistir a uma palavra pessoal sobre duas experiências em nossa própria família, que relatei em outro lugar. Quando eu era um rapaz, lembro-me de como meu pai sofria de asma. Ele foi aconselhado, por um médico Ayurveda, a ir à cidade de Hyderabad, durante três anos seguidos, em determinada época do ano. Ele tinha que se levantar antes do amanhecer e ficar em uma fila com outras pessoas que também esperavam tratamento. Ao primeiro sinal do amanhecer, um sacerdote colocava um pequeno peixe, preparado com um conjunto de especiarias, na boca do doente, que ficaria curado de qualquer doença que o estivesse afligindo. A combinação do gráfico astrológico com as ervas da natureza e a administração de um sacerdote propiciaria a cura. É importante saber que meu pai não era nenhum ignorante crédulo. Ele havia estudado na Nottingham University, na Inglaterra, e era vice-secretário no Ministério do Interior do governo da Índia. Lembro-me de que ele sempre dizia, lutando para respirar durante uma crise de asma, que não desejaria essa doença ao seu pior inimigo. A intensidade da sua dificuldade respiratória o levou a uma cidade, a mais de 1.600 quilômetros de distância, durante três anos consecutivos. Isso o curou? Não fez nenhuma diferença. Quando ele chegou ao Canadá, aos seus cinquenta e poucos anos, a identificação de suas alergias e o ar mais puro o livraram de sua condição de asmático, de uma vez por todas. Lembro-me de que ele disse que um corretivo tão simples para uma doença tão grave lhe fora negado durante anos, por outros métodos que nada haviam feito por ele.

O meu amigo mais íntimo, que vivia na Índia, era filho de um médico homeopata e o mais rigoroso vegetariano, que frequentemente me repreendia por não ser vegetariano também. Nos seus cinquenta e poucos anos, ele sofreu um forte ataque cardíaco e morreu. Seu pai também morreu jovem.

Conto essas histórias para advertir as pessoas de que a medicina é multifacetada. Fazer da medicina Ayurveda ou homeopática ou ocidental, com frequência chamada alopática, o que tudo cura é absurdo e simplesmente contrário aos fatos. Que desserviço esses disseminadores da medicina metafísica realizam, em um esforço para vender a sua filosofia! Eles brincam de deus, e criam deuses, enquanto nos negam a nossa humanidade essencial. Eles adotam a visão pragmática e fazem dela a visão total. Eles tomam a visão antiga e fazem dela a melhor. Isso se aproxima, perigosamente, de fraude e distorção. Considere essas filosofias pelo que elas são, e deixe que aquele que busca a verdade descubra se as ideias que estão por trás delas são coerentes ou incoerentes.[6]

Na realidade, posso falar da perspectiva da minha própria busca de bem-estar e cura, como o resultado de graves problemas de coluna, que fazem com que eu viva com um grau de dor inacreditável. Em minhas viagens à Índia, tentei várias curas medicinais para aliviar a dor. Nada é tão envolvente, na mente de uma pessoa que sente dor, que o desejo de aliviá-la. Eu ouvi, de profissionais médicos, que o maior desafio no controle da dor é o custo emocional que a dor exige. Tentei os métodos não invasivos e terapêuticos, que incluem uma avaliação onde eles falam sobre o Vata, Pitta, Kapha, e assim por diante, seguida por uma prescrição de massagem e dieta. Do lado meditativo desses tratamentos, não preciso. Os meus ancestrais deixaram essas práticas quando se tornaram seguidores de Jesus Cristo. Mas fiz os tratamentos com massagens e óleos, apenas para aliviar a dor.

Há uma perigosa meia-verdade nas afirmações da medicina Ayurveda. Alguns dos seus óleos realmente funcionam; alguns são apenas um jogo psicológico. Essa é a declaração mais gentil que sou capaz de fazer. Mas a verdade é que vi médicos que praticam a medicina oriental se desesperando para ir ao ocidente, para se submeterem a um tratamento com a medicina ocidental, quando estavam diante de suas próprias doenças debilitantes. Vi massoterapeutas que passam a vida toda usando esses óleos, sem encontrar nenhum alívio quando são feridos ou quando estão fatigados pelo uso excessivo de seus músculos. Esta é a verdade pura e simples.

Pode haver, às vezes, alívios paliativos com o uso de vários desses métodos, sem a invasão de algum remédio ocidental. Mas qualquer efeito positivo sobre meus problemas ósseos e genéticos, para mim, pessoalmente, tem sido um sonho impossível. A mesma coisa é verdade para muitas outras pessoas que conheço. Sem o cuidado de médicos, aqui no ocidente ou os do oriente que são altamente treinados em medicina ocidental, eu não estaria andando, a esta altura. Como acontece com tudo, há um equilíbrio. É claro que devemos reunir a sabedoria dos séculos, mas há muito mais a ganhar se usarmos a sabedoria do presente também.

Infelizmente, a atração do dinheiro e do poder, a influência dos meios e o esforço do coração humano nos faz buscar essas coisas e, no fim, discutir sobre quem tem o direito da cura, quando o coração e a mente estão separados da verdade suprema. Qual é a força que impulsiona esses esforços? A resposta está em uma única palavra: *dor*. Seja a dor emocional de alguém como Oprah, ou a dor física que acompanha alguma doença, é a dor que nos espreita e nos impulsiona nessa busca de espiritualidade. As soluções simplistas de Deepak Chopra não consegue resistir aos sublimes e profundos ensinamentos de Jesus Cristo. Por mais bem intencionadas que possam ser as pessoas como Chopra, as promessas que são feitas nesses centros de saúde e os custos pelo que quer que seja oferecido lá nos deixam incrédulos. Quando começamos com uma indução problemática, por meio de uma redução inescapável, há uma redução inevitável e, no final, uma falsa dedução. Aqui está a dedução de Chopra a respeito do *quem* e do *o que* da humanidade:

> O sucesso na vida poderia ser definido como a contínua expansão de felicidade e a realização progressiva de objetivos dignos... Mesmo com a experiência de todas essas coisas, continuamos insatisfeitos, a menos que guardemos *as sementes da divindade* dentro de nós. Na realidade, nós somos a divindade disfarçada, e os deuses embrionários que estão contidos em nós procuram ser plenamente materializados.[7]

(grifos do autor)

Chopra diz que escreveu a primeira parte de seus pensamentos sobre o sucesso em seu livro: *Criando Prosperidade: Consciência da Fartura no Campo de Todas as Possibilidades*. No livro *As Sete Leis Espirituais do Sucesso* ele revela as diretrizes que estão por trás de todo sucesso. Por que eu acho que já ouvi isso antes? Não é uma versão diferente do evangelho da prosperidade? Evidentemente, o evangelho da prosperidade não está restrito aos televangelistas; o mesmo objetivo agora é oferecido em um caminho diferente. O que diz o velho adágio?

"Engane-me uma vez..." Você sabe o resto. A única diferença entre os dois é o fato de que os televangelistas representam inapropriadamente a divindade. Esse grupo faz melhor, e nos diz que eles *são* a divindade.

Na ocasião em que escrevo este livro, a Índia acaba de conquistar o campeonato mundial de críquete. Adoro esse esporte. Mas aqui está o comentário de um autor sobre a vitoriosa equipe índia: "Esses rapazes vestidos de azul não são apenas rapazes. São homens. Não são apenas semideuses. São deuses". Como é fascinante que ele tenha se esquecido de que alguns dos deuses da equipe do Paquistão foram desqualificados para o jogo porque foram acusados de manipular o resultado em outras competições. Assim, temos deuses suficientes que estão aqui hoje, e amanhã desaparecem. No entanto, são as mesmas vozes que durante terremotos e catástrofes naturais querem saber onde Deus está.

É fácil ver como e por que os ícones do entretenimento e esses gurus espirituais e celebridades se uniram. Uma pessoa pensa que eles são deuses, e a outra lhes diz que ela está certa; não apenas isso, nós também somos deuses. Vêm-me à mente as palavras de Reinhold Niebuhr: "Nenhuma dose de evidência do contrário parece abalar a grande opinião que o homem tem de si mesmo".

Lembro-me de ter lido a respeito de um homem de negócios que havia ido a Las Vegas para encontrar ali algo que o satisfizesse e gratificasse. Ele tirou a sua própria vida, em seu quarto de hotel, e deixou um bilhete de uma linha, que dizia: "Aqui não há respostas". Os desejos supremos do coração humano, toda a terminologia, todas as reivindicações de bem-estar e saúde, e toda a terminologia supostamente científica somente deixam você com a profunda convicção de que "aqui não há respostas". Deixo a última palavra para Deepak Chopra:

> Na verdade, eu não acredito na existência do tempo.
> Esta é uma coisa que tenho a lhe dizer, e a outra é que não levo a sério nem a mim mesmo nem o que estou fazendo.
> Eu não acredito em nada sobrenatural.
> A esperança é um sinal de desespero.
> O cinismo é um fator de risco para a morte repentina, por uma doença cardíaca prematura.[8]

Esperto... mas que maneira de construir um império.

Uma coisa é observar as pessoas em fase de criação, e ver como elas acabam vendo a si mesmas. É igualmente fascinante que, apenas porque uma pessoa traz algumas credenciais no campo da saúde, aceitemos como igualmente genuínas as suas declarações sobre filosofia. O marketing bem-sucedido de um produto com frequência é confundido com a essência do produto. Tanto a saúde quanto a filosofia lidam com o campo espiritual; mas, inadvertidamente, deixam claro que a maior doença na vida é a do coração, como Jesus a descreveu.

Seja na competição dos negócios, seja no grande negócio que a espiritualidade se tornou, as palavras de Jesus fazem a verdade ressoar. O coração da humanidade está repleto de soberba, avareza e luxúria... insistindo em nos dominar. Não temos as sementes da divindade. Esta é a sedução suprema. Sem o Salvador nós não somos nada. Somente em suas respostas encontraremos a esperança suprema para o coração humano. Este é o esforço deste livro.

## Capítulo 6

## VÁ PARA O OCIDENTE, JOVEM

Existe um ditado irônico no idioma hindu: "*desi murghi pardesi chaal*". Ele se refere sarcasticamente a uma pessoa local que volta do exterior considerando-se importante, como se agora estivesse acima das outras pessoas locais. Uma tradução literal seria "uma galinha local com um andar estrangeiro". Muito da Nova Espiritualidade que testemunhamos no Ocidente é o oposto desse ditado; é uma galinha estrangeira com um andar local. Não há nenhuma intenção de indelicadeza aqui, mas ver este híbrido tão brilhantemente comercializado e aceito no Ocidente surpreende a nós, que somos do Oriente. Gosto de chamá-lo de Espiritualidade "Ociriental" por causa da capacidade de combinar o materialismo ocidental com a espiritualidade oriental.

    Anos atrás, a realização máxima da espiritualidade oriental foi representada por "sadhus" ossudos, ou homens santos, que caminhavam quilômetros empoeirados todos os dias e achavam abrigo à noite em uma "dharamsala", ou pousada. Você ainda consegue vê-los ao longo da estrada desde Délhi até Mathura, com seus cajados nas mãos e uma trouxa colocada sobre um dos ombros. Eles conseguem sua magra refeição diária de arroz e lentilhas de qualquer pessoa que se mostre disposta a partilhar sua comida com eles, e travam uma conversa com qualquer pessoa que se mostre disposta a ouvir enquanto eles fazem a sua exposição sobre os benefícios da alma não viver para o corpo. Depois de um banho cerimonial e seu tempo de puja e bhajans (seu canto de hinos), eles se acomodam, durante a noite, em um piso de cimento.

A espiritualidade oriental é representada de forma muito diferente na América hoje. Aqueles cujos livros são mais citados e que aparecem nas listas dos mais vendidos no *New York Times*, figuras de primeira linha no movimento, estão geralmente na cabeceira dos impérios muito ricos. Nenhuma ligação excessiva ao distanciamento está em evidência. Embora hoje em dia as nossas roupas possam ter a etiqueta "Made in China" (feito da China), não há dúvida de que a nova forma de espiritualidade é "Made in India" (feito na Índia). Há tanto uma explicação para isso, como, no entanto, uma falta de explicação quando pondero sobre o "Ocirientalismo". No início do século passado, o famoso livro do missionário E. Stanley Jones recebeu o título de *The Christ of the Indian Road* (O Cristo da Estrada Indiana). Não irá demorar muito para que surja uma publicação intitulada *Krishna of the American Road* (Krishna da Estrada Americana). Melhor ainda, *Dharma of the American Road* (Dharma da Estrada Americana).

Há, na verdade, algum sarcasmo muito sério nos contínuos debates entre os praticantes indianos sobre isso. Deepak Chopra gosta de imaginar a sua religião como desvencilhada do hinduísmo, e em vez disso a chama de "Sanatan Dharma", ou a "Religião Eterna". Mas alguns apologistas hindus não estão felizes com essa rejeição ao hinduísmo. Desconfio que sei o motivo de Deepak não querer esse rótulo de hinduísmo no que ele está ensinando: Rejeitando o rótulo ele pode reter as suas crenças, e um público americano muito crédulo não é capaz de ver o que está realmente em ação aqui. Além disso, essa rejeição o libera convenientemente de ter que defender qualquer coisa que seja embaraçosa naquele sistema de crença. Mas o pensamento de Chopra e de outros como ele, tais como Eckhart Tolle, é geralmente edificado sobre a obra do menor dos grandes exponentes desse pensamento panteísta. "Three Gurus Who Changed the Face of Spirituality in the West" (Três Gurus que Mudaram a Face do Espiritualismo no Ocidente) é o título de um artigo muito recente publicado no *Huffington Post* e escrito por Philip Goldberg, o autor de *American Veda*. O título diz tudo.

## Lar É onde o Coração Está

Assim diz o truísmo familiar. Mas a mente tem que estar de acordo com o que o coração acredita. Este é um tópico sobre o qual é difícil eu escrever, porque ele está muito próximo do lar. Como já declarei, é triste que sempre que alguém como eu questiona as principais ideias da religião dominante que está entrelaçada com a cultura do local onde nasci corra o risco de ser visto como traidor. Um traidor de quê? — eu pergunto. Se a minha descrença em relação à religião que formou a minha cultura é algo tão horrível, por que os ocidentais estão sendo encorajados a se tornarem traidores do Ocidente e da visão mundial que formou o Ocidente? Por que quando um ocidental se volta para o Oriente em seu pensamento está fazendo uma coisa boa, mas o contrário é uma traição? A declamação contra Chopra, feita por Assem Shukla, um urologista de profissão, da Universidade de Minnesota e da Fundação Americana Hindu, diz respeito à resistência de Chopra em chamar o seu tipo de espiritualidade pelo seu nome de direito — o que Shukla insiste ser hinduísmo. Se esta é uma demonstração do tipo de punição que uma pessoa enfrenta por acreditar na mesma coisa, mas dando um nome diferente, imagine a hostilidade para com um compatriota que não acredita na mesma coisa.

Algum tempo atrás, um famoso historiador indiano de nome S. D. Jha escreveu um artigo em um dos principais jornais da Índia sobre a prática pré-védica e a prática védica inicial do consumo de carne bovina e outros tipos de carne. Ele reuniu uma riqueza de estudiosos em sânscrito, além de linguistas e historiadores da religião, para mostrar que isso vinha de fato (e não só isso, eu poderia acrescentar), de sacerdotes hindus, mas também do próprio Buda. O Sr. Jha é um historiador altamente respeitado e qualificado. A virulência que o artigo gerou e a correspondência de ódio que ele recebeu foram inacreditáveis.

Não é possível ser honesto no que uma pessoa diz sem ser vista como atacando as raízes de alguém? Não é possível expor uma falsidade e ainda amar a cultura de nascimento de alguém? Eu sou inteiramente indiano... por nascimento, por amor, por admiração por tudo o que esta grande cultura derramou em minha alma. Na Índia nós temos o termo "*dharti kay admi*", que significa "uma pessoa do solo". Eu sou de solo indiano. Mas tenho que fazer perguntas onde a verdade absoluta é reivindicada, para poder encontrar respostas razoáveis. Os grandes filósofos da Índia concordam com este ponto de vista. É isso que estou tentando fazer aqui e, pelo meu amor tanto à Índia como ao Ocidente, demonstrar que a metafísica que mudou a espiritualidade ocidental é baseada em uma epistemologia imperfeita.

Alguns anos atrás, quando a antiga União Soviética ainda estava sob o domínio da Guerra Fria, visitei o país com alguns amigos. Certo dia, depois de termos terminado o almoço, a garçonete educadamente nos perguntou:

— Vocês gostariam de alguma sobremesa?
— Sim, gostaríamos — respondemos. — O que vocês têm?
— Sorvete — foi a doce resposta.
Nós esperamos. Logo ficou evidente que não viria nada além disso.
— Então, nós vamos querer sorvete — dissemos.
— Que sabor vocês gostariam? — ela perguntou.
— Que sabores vocês têm? —indagamos.
— Baunilha — veio a resposta educada.

Nós esperamos. Nós nos entreolhamos. Era isso. Concluímos que ela só queria realmente saber se gostaríamos de sorvete de baunilha como sobremesa, mas nos perguntou com uma graça charmosa que nos fez sentir que era a sobremesa de nossa preferência, entre inúmeras opções.

Esta é precisamente a doce conversa da Espiritualidade "ocidental" contemporânea. "Escolha a religião de sua preferência... desde que você inclua os nossos fundamentos. Se não, nós chamaremos você de fundamentalista." Chopra nunca hesita em usar essa descrição de um modo pejorativo para aqueles que aceitam a Bíblia como a Palavra de Deus. Os provedores dessa Nova Espiritualidade são brilhantes em jogar o jogo de parecerem muito generosos, embora sejam na verdade muito limitadores. Este é o mesmo jogo que o relativismo joga: Dizem a você que não há absolutos, mas se você entrar em conflito com os relativistas, o castigo que se segue não conhece fronteiras e o fanatismo manifestado não conhece limites. Chopra quer que acreditemos que essa Nova Espiritualidade não é dogmática e se acomoda a tudo. Mas a verdade é que o seu alicerce está na visão mundial hindu/panteísta e as implicações do ensino védico estão em sua raiz. Quanto a isso não há equívoco.

Todos os capítulos do livro de Chopra intitulado *As Sete Leis Espirituais do Sucesso* começam com uma citação das escrituras hinduístas ou de um panteísta. A última citação é de Einstein, e isso completa o seu cenário de panteísmo casado com a ciência. O Dr. Aseem Shukla repreende Chopra corretamente por jogar com as palavras. Aqui está como ele declara isso na periódica troca de farpas que realizam no *Washington Post*:

> [Deepak] Chopra é o emissário perfeito para disparar uma salva contra minha afirmação de que desvincular o hinduísmo das suas célebres contribuições ao diálogo espiritual contemporâneo — yoga, meditação, cura ayurvédica, a ciência da autopercepção — transmite aos seus adeptos uma rica tradição estéril e irreconhecível...
> Um escritor prolífico e um comunicador talentoso, Chopra talvez seja o mais proeminente expoente da arte de "Como Desconstruir, Reembalar e Vender a Filosofia Hindu sem Chamá-la de Hindu!"...
> A controvérsia de que o alicerce da yoga está "somente na consciência", precedendo assim o hinduísmo, é uma triste demonstração de até que ponto Chopra e outros aproveitadores filosóficos hindus irão para se desassociarem do hinduísmo... O hinduísmo e a yoga estão intimamente interligados, e a prática dedicada da yoga é absolutamente uma prática hindu... O hinduísmo, sendo reconhecidamente pluralista, não requer nenhuma associação, afiliação ou juramento de lealdade para tomar emprestado, e, sim, se beneficiar, de sua sabedoria sagrada... De uma forma frustrante também, Chopra toma o caminho hipócrita de impugnar uma agenda "fundamentalista" às minhas argumentações... Mas a culpa

de plágio não leva nenhum prazo de prescrição, e os hindus são espertos quanto às maquinações dos mentirosos.[1]

As idas e vindas entre Chopra e Shukla contribuem para uma fascinante exposição da hostilidade que existe entre eles. Não há nenhum sorriso beatífico demonstrado aqui, nenhuma paz meditativa iluminada; apenas uma clara virulência polissilábica. Acho fascinante que Shukla, loquaz e rico em terminologia filosófica, ingênua ou tendenciosamente chame o hinduísmo de "reconhecidamente pluralista" quando todos os fundamentos do hinduísmo estão em clara contradição com os fundamentos das religiões monoteístas. Todos os estudiosos hindus gostam de perpetrar essa ilusão de pluralismo dentro do hinduísmo. Mas tome emprestado qualquer um de seus pontos de vista, e eles obstinadamente exigirão que você identifique esse pensamento "reconhecidamente pluralista" como sendo exclusivamente deles. É bastante engraçada, na verdade... a velha história de "tudo o que é seu é meu e tudo o que é meu é meu".

Independentemente de concordarmos ou não com as nossas visões mundiais, é preciso que aprendamos a viver em paz com as nossas diferenças. Swami Vivekananda costumava dizer: "Não só a tolerância, mas a aceitação". É uma intenção nobre, mas pergunto o que exatamente nós devemos aceitar, a crença ou a pessoa? Eu gostaria de acrescentar que a tolerância à crença é a coisa benevolente a fazer; a aceitação da pessoa é a coisa amorosa a fazer. Mas amar uma crença que viola o ponto de partida de nossa própria crença é a coisa hipócrita a fazer.

No fim a verdade triunfará, gostemos ou não. Soar grandioso e magnânimo, dizendo "eu aceito todas as religiões", na verdade, é violar todas elas ou violar a razão, ou ambas. Todos nós temos o direito de proclamar o que acreditamos sobre as coisas irrevogáveis. Mas isso não significa que todas as coisas que acreditamos sejam certas. A pessoa racional deve honestamente pesar a evidência e chegar à conclusão certa. Forçar qualquer pessoa a acreditar em pontos da verdade transcendente é violar a própria natureza dessas verdades. Chopra não é reticente em se referir às "igrejas vazias" e às necessidades não atendidas do americano que busca a verdade. Posso dizer a ele a mesma coisa sobre milhares de jovens e empresários indianos, aqueles que estão em evidência e os líderes na Índia que vêm fazer perguntas sobre o evangelho porque a sua fome espiritual não é satisfeita na metafísica do panteísmo e no assim chamado Sanatan Dharma.

É irônico que a igreja de crescimento mais rápido do mundo em nossos dias esteja na China. Eles tiveram a sua porção de professores antigos e filósofos panteístas. Eles tiveram que engolir, à força, o ateísmo imposto pela vontade de ferro de um demagogo. Na verdade, tendo incendiado os seus seminários e banido as reuniões em igrejas, os líderes comunistas estavam certos de que a religião em geral, e particularmente o cristianismo, estariam eliminados para sempre da memória chinesa. Agora, na China, eles estão se voltando para Jesus Cristo, literalmente aos milhões. Já fiz palestras lá e me encontrei com alguns dos seus estudiosos. Um professor cristão que leciona em uma das mais prestigiadas universidades dali disse-me que um de seus colegas fez um comentário surpreendente a ele: "A despeito do que quer que você queira dizer sobre o comunismo, você deve ser grato por uma coisa: ele deixou a alma vazia, e é isso que possibilita que você encontre estudantes que ouçam avidamente quando você lhes fala a respeito de Jesus Cristo".

Então, por que Jesus e nenhum outro? Quais são as razões? Antes de chegarmos lá, deixe-me voltar para aqueles formadores da espiritualidade ocidental moderna que está baseada na visão mundial panteísta do Oriente. Mais uma vez, deixe-me dizer que o cristianismo não é nem oriental nem ocidental. É a visão mundial que está por trás dele que é diferente dessas outras religiões.

### Acompanhando a Família Jones

E. Stanley Jones nasceu perto de Baltimore, Maryland, em 1884. Após estudar tanto Teologia quanto Direito, e manter uma cadeira universitária como professor nos Estados Unidos, ele se tornou missionário na Índia. Ele amava muito o povo indiano e se tornou um amigo íntimo de Mahatma Gandhi. Suas conversas com Gandhi, registradas em um de seus livros, tornaram-se uma inspiração para o Dr. Martin Luther King Jr. Na Índia, Jones é considerado um desbravador em virtude de seu enorme esforço em dar ao cristianismo uma aparência oriental; não para *torná*-lo oriental, mas para retorná-lo às suas raízes orientais sem distorcê-lo. Parece que qualquer coisa que seja vista como "americanizada" é castigada por aqueles que não gostam da América ou consideram a América filosoficamente imatura. Reverter o processo e remover o preconceito é algo muito difícil. Na Europa, o cristianismo sofreu um grande abuso quando foi usado em favor do poder político; na América ele sofreu um grande abuso ao ser usado em favor do poder econômico. E hoje ele sofre um grande abuso por parte dos seus detratores que negam o seu poder e o removem de qualquer posição de autoridade moral. Esses detratores vivem sob a ilusão de que ele é a única fé que reivindica absolutos. O preço pago por essas distorções tem sido enorme. Gandhi criticou severamente o cristianismo que ele viu praticado à sua volta e aconselhou E. Stanley Jones dizendo que, se a mensagem do cristianismo fosse fazer qualquer incursão na Índia, ele teria que se parecer mais com Jesus do que com os seus seguidores. Esta é, eu receio, uma crítica muito legítima até o dia de hoje, e não só na Índia. Eu ficaria muito curioso por ter ouvido os seus pensamentos sobre como a espiritualidade oriental tem sido promovida e demonstrada no Ocidente. O que muitos "consumidores" da espiritualidade oriental no Ocidente têm perdido é que muitos dos mesmos métodos de distorção que foram usados para promover a espiritualidade ocidental estão sendo usados para impingir a espiritualidade oriental.

A lista de tratamentos de massagens e as ofertas nos centros de Chopra fazem os curandeiros do "velho país" parecerem principiantes. Como um cético amigo meu costumava dizer: "Há grandes somas de dólares na raquete de Deus". Dê uma olhada no centro de bem-estar de Chopra e se pergunte honestamente se isso é ou não é comercialização em seu apogeu, tudo em nome do bem-estar e da consciência. Desculpem o trocadilho, mas o rei está nu, e há poucos dispostos a dizer a verdade. Estas palavras podem ser fortes, mas é a resposta legítima às reivindicações que são empiricamente tão extremas.

O desafio de E. Stanley Jones era imenso, visto que ele enfrentava uma cultura religiosa cujas opiniões sobre o evangelho haviam se tornado muito distorcidas em relação à realidade de Jesus e seus ensinamentos. Mas Jones teve êxito. Sua personalidade gentil, sua vida e seu estilo de vida ganharam a admiração de todos. O desafio, como eu disse, era imenso porque ele não tinha a vantagem da comunicação visual de massa. No entanto, desconfio que se ele tivesse, os perigos teriam sido proporcionais. Seu apelo foi tanto para os proscritos (porque ele era do Ocidente e bem instruído), como também para os intelectuais indianos. Tive o privilégio de ouvir E. Stanley Jones em uma ocasião em que ele se dirigiu a um grande público, pouco antes de morrer. Ele falou por quase uma hora e meia, sem uma única anotação diante dele, enquanto intelectuais indianos e líderes do governo ouviam com uma atenção extasiada. O lado místico e espiritual da fé cristã estava começando a se enraizar na Índia porque era atraente à mentalidade indiana. Alguns dos cristãos místicos mais famosos na Índia foram, na verdade, dois sikhs que se converteram ao cristianismo e foram contemporâneos de E. Stanley Jones: Sadhu Sundar Singh e Bakht Singh. Convertidos do sikhismo são raros. Mas tanto Sundar Singh como Bakht Singh fizeram um profundo compromisso com Jesus após os seus primeiros anos de hostilidade para com a mensagem cristã.

O cristianismo veio para a Índia pela primeira vez sob o ensino do apóstolo Tomé. Vários estudiosos indianos apoiam a opinião de que Tomé primeiro chegou às praias de Kerala ao sudoeste, na Índia, e que ele causou um poderoso impacto sobre os sacerdotes indianos. Kerala é costuma ser considerada o bastião intelectual do ensino védico da Índia. O famoso filósofo indiano Shankaracharya veio de Kerala. O melhor da medicina ayurvédica está em Kerala. Desconfio que os óleos que Deepak Chopra usa em seus centros de bem-estar sejam trazidos de lá. Foi para Kerala que Tomé foi primeiro, e então para Tamil Nadu, na costa sudeste.

Após a conversão de sete sacerdotes naquela região e de uma mulher da nobreza, Tomé foi assassinado enquanto estava orando. Que ironia a de que um homem que não queria depositar a sua confiança em Cristo até que tivesse visto e sentido os furos dos pregos nas mãos e o furo da lança em seu lado, no final ter sido, ele mesmo, morto por uma lança! Uma história fascinante das atividades de Tomé na Índia está registrada por vários escritores. Antigos historiadores, tais como Venerável Bede, Clemente de Alexandria e Gregório de Nazianzo, como também vários historiadores indianos, todos fazem referência a Tomé na Índia. A mais antiga denominação cristã na Índia hoje recebeu o nome de Tomé: a Igreja Marthoma.

O Cristo da estrada indiana que E. Stanley Jones apresentou à Índia demonstrou que os valores e os padrões dos ensinamentos de Jesus haviam sido esquecidos na ocidentalização do cristianismo.

Ideias cristãs como a meditação sobre a bondade e a graça de Deus, o isolamento na oração, e o compromisso com a comunidade e com a família são todas parte do evangelho de Jesus Cristo. Jones também escreveu um livro notável chamado *Christ at the Round Table* (Cristo na Mesa Redonda); ele o chamou assim porque queria incentivar o diálogo e abrir uma discussão. Jones começou vários "ashrams", ou retiros, na Índia, lugares que poderiam conduzir à meditação e à oração, onde o evangelho era a mensagem, e Jesus, o foco. Ele fez tudo para reter a "indianidade" da expressão de fé em Cristo sem perder a essência da mensagem.

É importante tomar nota disso. Já havia vertentes de teísmo dentro da grande abrangência do hinduísmo. O Gita fala mais de devoção, adoração, da necessidade de um sacrifício e assim por diante. O famoso filósofo indiano Radhakrishnan disse: "Você pode ser um cristão, um muçulmano, um ateu, e ainda ser um hindu". É desnecessário dizer que ele se equivocou sobre os outros termos, mas claramente quis dizer que vertentes de outras crenças podiam ser encontradas no hinduísmo. Portanto, a mensagem de um Deus supremo, transcendente e pessoal não era completamente estranha ao pensamento indiano.

Em contraste, quando Vivekananda e Yogananda trouxeram os seus ensinamentos para o Ocidente, o seu objetivo era trazer uma visão mundial completamente diferente daquela na qual a América foi fundada, uma visão mundial que, se levada a sério, arrancaria pela raiz, e por completo, as crenças básicas do Ocidente sobre a natureza de Deus, a humanidade e o destino humano.

Se você fosse à Índia hoje e perguntasse a uma pessoa comum qual é o maior problema da Índia, provavelmente ela lhe diria: "a corrupção". Se você perguntasse o que leva muitos deles para o Ocidente, é provável que ouviria: "Para ter uma boa chance de ser bem-sucedido". Não é acidental nem sem relação que os dois principais tipos de instituições iniciados por missionários cristãos na Índia tenham sido escolas e hospitais. Estou escrevendo esta porção do livro na Índia. É interessante ver os hospitais e os ambulatórios cheios de pacientes que estão sendo tratados com remédios ocidentais, por médicos que foram treinados no Ocidente.

O próprio Chopra estudou em uma escola fundada por missionários. Isso é verdade em relação à maioria dos proeminentes filósofos na Índia. Na verdade, o *Statesman*, que foi o primeiro jornal da Índia e que ainda existe até hoje, foi iniciado pelo missionário britânico William Carey (1761-1834) como uma voz para o povo indiano na Índia britânica. A luta para erradicar a prática do *suttee*, na qual se esperava que uma viúva cometesse suicídio atirando-se sobre a fogueira funerária de seu marido, foi liderada por William Carey, em parceria com um famoso indiano chamado Raja Ram Mohan Roy.

Com frequência tenho me perguntado se pessoas como Chopra e Shukla — que falam tanto sobre a busca védica e argumentam se creditam as suas crenças ao hinduísmo ou a algo que o precedeu — alguma vez pararam para perceber que a crença no valor igual da vida de cada pessoa é um legado que só foi trazido pela fé cristã. A aceita desigualdade da vida e a luta vitalícia por poder no Oriente é um legado do estratificado sistema de castas que assombra as visões mundiais do Oriente, explícita ou implicitamente. É por isso que o próprio Gandhi discordou de alguns ensinamentos védicos. Sei que apologistas hindus não gostam de levantar questões como esta. É um tipo de doutrina que eu desconfio que Chopra esteja evitando ter que defender, ao dar à sua crença um nome que não seja hinduísmo. Shukla, apenas pelo movimento de uma caneta — referindo-se aos "males sociais *percebidos*" do hinduísmo — gosta de se livrar da crítica em vez de confrontá-la, criticando aqueles que têm criticado quaisquer aspectos negativos do hinduísmo.

Contudo, quando milhões vivem sob o calcanhar dessa crença, o que ele espera? Por que milhões das "castas inferiores" deixaram o hinduísmo para procurar valor em outra fé? Talvez os apologistas védicos tenham se esquecido de que Gautama Buda também rejeitou a autoridade védica e o sistema de castas, deixando o seu palácio e o seu lugar de privilégios na busca de outra verdade. Tragicamente, não posso deixar de me perguntar se nós agora abandonamos a verdade para voltarmos para o palácio, e em vez de nos sentarmos sozinhos debaixo de uma árvore esperando uma revelação, gravitamos em torno do entretenimento em massa, sob as luzes que procuram oferecer a ignorância em massa.

## A Busca Nirvânica

Em um de seus livros, E. Stanley Jones escreve sobre o desafio de enfrentar perguntas difíceis. Para cada reivindicação espiritual, ele disse, há três desafios: (1) É nova? (2) É verdadeira? (3) É você? As lutas de um *versus* muitos, de permanência e mudança, de o *eu* e o *você* não são novas. Filósofos gregos também lutaram com essas ideias e tentaram resolvê-las em termos puramente seculares. A longa jornada para dentro da espiritualidade autônoma também não é nova. Na questão de Deus, há apenas um punhado de possibilidades. O panteísmo, que é o termo filosófico que define a divindade de todas as coisas, tem lutado no coração humano por séculos. Já houve sombras de diferença, às vezes maiores do que aparece na superfície e às vezes menores. Das diversas variedades de panteísmo — hinduísmo, budismo, jainismo e sikhismo —, a ideia principal de que o divino permeia tudo na vida, juntamente com as suas doutrinas concomitantes de karma e reencarnação, faz parte de um imenso cenário filosófico, que é o motivo de não ser fácil colocar todas elas sob uma única categoria. Ideias como a yoga e a *iso-meditação* estão enraizadas na mesma metafísica. Chamo de iso-meditação porque a ideia de meditação não é exclusiva ao panteísmo, mas a ideia de que o ser isolado é tudo o que há, tanto como o objeto quanto o sujeito da meditação, *é* panteísta. Voltemos alguns séculos atrás e veremos que tudo já foi experimentado e testado antes.

Alguns anos atrás eu estava em Atenas, Grécia, e enquanto minha mulher e eu caminhávamos em frente ao famoso Areópago, ou Colina de Marte, onde o apóstolo Paulo entregou a sua mensagem histórica. Lembro-me de ter parado para observar aquele local histórico, olhando desde a estrada principal até embaixo. Não é possível estar nesses ambientes e não passar algum tempo permitindo que a sua mente absorva tudo... as colunas antigas e em ruínas do Partenon, o caminho sinuoso que leva para o topo da colina e a placa de bronze fixada em uma grande rocha, na qual está gravado o texto do brilhante discurso de Paulo para os atenienses — céticos, filósofos, panteístas, politeístas, ateus — todos reunidos para ouvi-lo.

Esta era Atenas em sua maior preocupação... sempre debatendo ideias de significado irrevogável. O próprio Paulo tinha sido um judeu devoto. A sua conversão na estrada para Damasco mudou a história do mundo. De um fanático religioso, determinado a destruir o cristianismo, ele se tornou o seu maior expoente, disposto a pagar com a própria vida para levar o evangelho para a Europa.

O mais fascinante é a resposta inicial que sua mensagem recebeu em Atenas. Ela foi misturada, na melhor das hipóteses, e foi esparsa em termos de impacto. Enquanto eu olhava para a colina e continuávamos nossa caminhada, descendo a rua para cruzar o semáforo de trânsito, notei o nome da estrada na qual estávamos andando: Na placa se lia em grego: "Dionísio, o areopagita". Parei imediatamente e chamei a atenção da minha esposa para o nome. Dois mil anos atrás, Dionísio, o areopagita, foi uma das duas pessoas mencionadas no livro de Atos que responderam à mensagem de Paulo; a outra foi uma mulher chamada Dâmaris. Então aqui estávamos nós, quase dois mil anos depois, em pé em uma rua principal em Atenas que recebeu o nome de um homem que tinha respondido à mensagem do apóstolo Paulo. Dizem que Dionísio perseverou em sua fé, vindo, posteriormente, a se tornar o Bispo de Atenas.

A Grécia foi o berço do pensamento esotérico e do pensamento que tenta definir a alma. Uma pequena excursão para dentro daquele mundo nos ajudará a ver que a espiritualidade atual não é nova, mas já foi experimentada, testada e rejeitada. Ela nem mesmo é exclusivamente oriental. Platão ensinou que a alma é pré-existente e eterna. Foi ele quem nos deu a metáfora da caverna: Em uma caverna nós podemos apenas ver a sombra da realidade. A essência ou o *numenal* é conhecido como se fosse visto através de uma sombra, não sendo a própria realidade. Nesse estado nós estamos restritos aos fenômenos e restritos em relação aos "númenos". De alguma maneira, nessa caverna chamada tempo, a alma deve abrir o caminho de volta para a essência pura, e no final alcançar aquele estado de alegria divina a fim de conhecer o seu estado transcendente e original.

Plotino, que veio depois de Platão e cujo pensamento recebe o termo de neoplatonismo, subiu a escada da abstração ainda mais. Deus estava além de qualquer definição ou descrição, o "Um". Este "Um" define e desafia a redução da linguagem — é sem forma e está além do tempo, do lugar, do intelecto e, sim, até mesmo da alma. Este "Um" é a fonte da "mente e da consciência", da qual surge a psique individualizada que nos dá a sugestão e a ligação deste mundo material transitório para o pensamento e a mente finais. Voltando-nos para dentro, "os uns", podem descobrir o processo através do qual a Única realidade final, impessoal e consciente pode ser atingida. Este Um é a Única mente dentro de si mesmo. Buscar este Um através da purificação, separação, reflexão e contemplação trará finalmente a libertação e a absorção. É como ele escreveu:

> A alma está ansiosa para ser livre, para que possamos nos ligar [Àquele], pela plenitude do nosso ser; nenhuma parte dela toca em Deus. Então será possível para a alma ver tanto a Deus como a si mesma divinamente, e ela verá a si mesma iluminada, cheia de uma luz inteligível; ou, antes, ela será a própria luz — pura, irrestrita, ágil, e se tornará um deus ou, antes, sendo um deus, e totalmente acesa.[2]

Quando você acrescenta a isso os debates múltiplos sobre a natureza do tempo, a alma, a bondade, a política, e assuntos da permanência e impermanência da filosofia ocidental tradicional, você tem todos os ingredientes necessários para uma espiritualidade sofisticada.

Você se lembra dos outros três — Parmênides, Heráclito e Crátilo? Segundo Parmênides, tudo o que existe, existe. Heráclito foi melhor: Tudo o que existe, está mudando; você nunca entra no mesmo rio duas vezes. E Crátilo foi ainda melhor que isso: Você não somente não entra no mesmo rio uma vez. Não é só o rio que está fluindo; você também está. Isso significa que, ao entrar no rio, você está em um fluxo e não é o mesmo "você" que sai do rio.

A ironia de todo este pensamento é que o *eu* e o *você* foram sublimados na mistura da metafísica, enquanto a única maneira de justificar o fluxo e a aleatoriedade foi achar a justificativa para a mistura. Sobre os ombros de outros filósofos, séculos mais tarde surgiram pessoas como Fritjof Capra, que em *The Tao of Physics* tentou fazer toda essa metafísica parecer científica. Chopra, um retardatário, então, apareceu em cena para alavancar a quântica. E quanto maiores se tornaram os egos ao exporem tudo isso, mais eles pregaram um mundo isento do ego.

Mais uma vez, volte um passo atrás — é uma trilha impressionante; ela começou com uma indicação falsa e formou um impasse. Dionísio, o areopagita, veio a conhecer Jesus através da pregação de Paulo. Anos mais tarde, um fragmento foi encontrado e creditado a um homem chamado Dionísio, o areopagita, cuja teologia parece muito similar àquela que os místicos iriam desenvolver nos anos por vir. "A fala de Deus", ele disse basicamente, foi mais significativa em negações do que em afirmações, embora ele não tenha descartado por completo a afirmação. Porém, uma vez que este palco estava montado para esse tipo de pensamento, você pode ver para onde ela foi completamente direcionada. Ele basicamente jogou com linguagem e filosofia, e o equívoco era o nome do jogo. Uma pessoa nem poderia dizer "Deus é bom", porque a definição de Deus de *bom* seria diferente da nossa. Finalmente, ele opinou que uma pessoa tinha que ir além de Jesus para "o Deus, perfeito e completo" em seu ego transpessoal: Jesus foi apenas uma revelação imperfeita de um ser perfeito. Esse ensino de Dionísio se espalhou e encontrou ouvintes prontos na Atenas de seus dias. Os gregos sempre tiveram uma inclinação por colocar definições finais em ideias, em vez de enraizá-las no âmbito pessoal.

É interessante observar que, à medida que a pesquisa prosseguia, foi percebido que esse Dionísio da filosofia grega não era Dionísio, o areopagita da Colina de Marte; ele tinha apenas tomado o seu nome emprestado para que outros o notassem e lessem o que ele estava escrevendo... um achado adequado para uma teologia impessoal.

Esse ego constante e livre de qualquer flutuação tem sido o objeto de estudo para as ciências, para os místicos e para aqueles que buscam um entendimento da nossa essência. Por isso, mais perto do nosso tempo e da Nova Espiritualidade, todos eles têm tido êxito em enlamear as águas quando se trata do ego e da nossa essência. Marianne Williamson delicia os seus ouvintes com palavras de ciência que ela extrapola em pronunciamentos metafísicos. Ela cita Gary Zukav ao descrever como o mundo quântico nos provê com o modelo de "formas transitórias que brilham dentro e fora da existência". Ela segue com seu próprio gracejo, dizendo que embora você não lisonjeie exatamente ninguém quando cumprimenta alguém com "Olá, forma transitória, flutuando dentro e fora da existência", isto é quem nós de fato somos. O público ri. Discurso divertido, tentando compensar um vácuo maior do que o mundo quântico.

Lembro-me agora de uma ocasião em que eu ainda era um cristão novo convertido. Lembro-me de entrar em uma igreja no Canadá e ouvir um hino que nunca tinha ouvido antes, um hino intitulado "Himself" (Ele mesmo):

Certa vez era a bênção, agora é o Senhor;
Certa vez era o sentimento, agora é a sua Palavra;
Certa vez eu os seus dons, agora possuo o Doador,
Certa vez eu buscava a cura, agora somente a Ele mesmo.[3]

Esse hino foi escrito pelo famoso religioso e teólogo Albert B. Simpson (1843-1919). A primeira vez que o ouvi, pensei: *Que profundo! Que hino centrado em Deus, e como é reconfortante que a jornada espiritual deva mover alguém do foco sobre os benefícios da fé para o grande romance e beleza de conhecer o Autor e Doador da Vida!* Céu, se isso significa alguma coisa, significará estar na presença do Ser Supremo, não em *ser* o supremo.

Na verdade, a espiritualidade de hoje reverteria os pensamentos para:

Certa vez era o Senhor, agora é a bênção;
Certa vez era a sua Palavra, agora é o sentimento;
Certa vez eu conheci o Doador, agora eu possuo os dons;
Certa vez eu buscava a Ele mesmo, agora é somente a cura e o meu "ego".

Por trás de divulgadores como Chopra estão os verdadeiros metafísicos da alma. No próximo capítulo lidarei de forma breve com esses três que foram os criadores da espiritualidade oriental que veio para o Ocidente.

# Capítulo 7

# Os três Gurus

## A Ligação Hindu

Swami Vivekananda, de longe o mais proeminente e respeitado nome no pensamento védico da safra recente, nasceu em Shimla Pally, Calcutá, em 12 de janeiro de 1863. O seu verdadeiro nome de nascimento era Narendranath Dutta. Seu pai, Vishwanath Dutta, era advogado em Calcutá e tinha a reputação de ser um homem com um espírito generoso, que era muito progressista e liberal em suas opiniões religiosas. Sua mãe era conhecida por sua rigorosa e disciplinada piedade e prática. Dizem que ela orou a Shiva por um filho, e, segundo a lenda, viu em um sonho Shiva se levantando no meio das suas próprias meditações para prometer-lhe que a sua oração seria respondida.

Há inúmeras histórias a respeito da vida de visões e sonhos de Vivekananda, nas quais ele costumava ver Buda; ele tinha um fascínio pelos ascetas nômades e pela vida dos monges meditadores. Ele estudou os textos sagrados do hinduísmo e também era bem versado em música clássica indiana, tanto vocal como instrumental. Vivekananda era muito eclético em seus interesses e estudou uma variada gama de assuntos em filosofia, religião, história, ciências sociais, artes e literatura.

Muito cedo em sua juventude, ele questionou a validade dos costumes supersticiosos que ele via ao seu redor e a discriminação baseada em castas. Ele se recusava a aceitar qualquer coisa sem primeiro sujeitá-la a testes pragmáticos para obter provas racionais. Quando seu pai levou a família para viver em Raipur em 1877, Vivekananda foi mais ou menos educado em casa, pois não havia nenhuma escola aceitável em Raipur, e ele apreciava longas discussões sobre tópicos espirituais. Somando à sua habilidade em bengali, em Raipur ele aprendeu hindu e pela primeira vez em suas próprias deliberações, surgiu a questão da existência real de Deus. Dizem que em uma ocasião ele entrou em um transe de êxtase, coisa que não é incomum para professores venerados naquela cultura ainda hoje.

Depois de dois anos em Raipur, a família voltou para Calcutá, mas aqueles dois anos em Raipur foram os mais formativos para ele, espiritualmente falando; e esta é a razão de Raipur ser mencionada com frequência como o local do nascimento espiritual de Swami Vivekananda. Foi em Raipur que Narendranath Dutta se tornou Swami Vivekananda, um professor para outros.

## Faculdade e Brahmo Samaj

Vivekananda era um estudante inveterado do pensamento religioso. Ele fez questão de estudar a lógica ocidental, a filosofia ocidental e a história das nações europeias. A sua pesquisa incluiu os escritos de David Hume, Immanuel Kant, Johann Gottlieb Fichte, Baruch Spinoza, Georg W. F. Hegel, Arthur Schopenhauer, Auguste Comte, Herbert Spenser, John Stuart Mill, e até mesmo Charles Darwin. Ele ficou fascinado com os antigos teoristas em evolução e com as obras de Herbert Spenser, tanto que ele traduziu o livro *Education*, de Spenser, em bengali e o publicou.

Juntamente com seu estudo dos filósofos ocidentais, Vivekananda estava totalmente familiarizado com as escrituras indianas em sânscrito e com muitos outros escritos em sua língua nativa, o bengali. Foi considerado um prodígio pelos seus professores. O Dr. William Hastie, diretor da Scottish Church College, onde Vivekananda estudou durante 1881-1884, o descreveu como um gênio, um aluno do tipo que ele jamais tinha encontrado antes, mesmo nas universidades europeias nas quais ele havia ensinado.

As crenças iniciais de Vivekananda foram formadas por conceitos de Brahmo, que são contra a adoração de ídolos e inclui uma crença em um Deus sem forma. Tornando-se um maçom, ele fez parte de uma facção separatista do Brahmo Samaj, liderada por Keshab Chunder Sen. Ele nunca ficou satisfeito com o seu conhecimento de filosofia, e começou a questionar se Deus e a religião poderiam ser interiorizados através da meditação. Ele até mesmo ficou conhecido por percorrer Calcutá perguntando a moradores proeminentes se eles já tinham estado "face a face com Deus", mas nunca recebeu uma resposta que lhe parecesse convincente. (Aqui pode se ver facilmente um esboço do pensamento de Chopra. Vou me aprofundarei mais sobre isso.)

O ponto crucial para Vivekananda foi ter sido apresentado a Ramakrishna Paramahamsa em 1881. O assunto de uma palestra de literatura na faculdade foi o poema de William Wordsworth, "The Excursion", e a afinidade do poeta com o misticismo da natureza. Na tentativa de explicar a palavra *transe* no poema, o professor disse aos seus alunos que se eles quisessem realmente entender a palavra, deveriam visitar Ramakrishna de Dakshineswar. Após suas horas de reflexão e fascínio pelos santos homens nômades, Vivekananda decidiu conhecer Ramakrishna. É a partir desse ponto que traçamos as visões teológicas de Vivekananda. Sobre esse dia, o próprio Vivekananda posteriormente disse:

> Ele se parecia exatamente com um homem comum; não havia nada notável nele. Ele usou a linguagem mais simples, e eu pensei: "Pode esse homem ser um grande professor?" [Eu] me aproximei dele e lhe fiz a pergunta que vinha fazendo a muitos outros por toda a minha vida: "O senhor acredita em Deus?" "Sim," ele respondeu. "O senhor pode provar?" "Sim." "Como?" "Porque eu o vejo da mesma forma que vejo você aqui, apenas em um sentido muito mais intenso." Isso logo me impressionou... Comecei a visitar aquele homem, dia após dia, e na verdade vi que a religião poderia ser dada. Um toque, um vislumbre, podem mudar uma vida inteira.[1]

Como se pode ver, inicialmente Vivekananda não aceitou Ramakrishna como seu professor. Ele não nutria uma simpatia pelas visões, êxtases, e sonhos de Ramakrishna, que considerava como meras invenções da imaginação ou alucinações. Além disso, como um membro de Brahmo Samaj, ele se revoltou contra a prática de Ramakrishna de adoração de ídolos e a crença no politeísmo, em particular sua adoração a Kali, uma deusa especialmente tenebrosa e sedenta de sangue no panteon hindu. Ele com frequência ridicularizava a crença de Ramakrishna em uma identidade com o Absoluto (*Advaita Vedanta*), classificando-a como blasfêmia e pura bobagem.

Mas nos cinco anos seguintes, Vivekananda passou a aceitar totalmente Ramakrishna como seu professor, e as crenças do professor se tornaram plenamente as suas próprias crenças quando ele se declarou pronto a renunciar todas as outras coisas em sua busca pela "percepção de Deus". Como ele mesmo disse:

> O toque mágico do Mestre... trouxe uma mudança maravilhosa à minha mente. Fiquei espantado por descobrir que realmente não havia nada no universo, senão Deus!... Tudo o que vi pareceu ser Brahman... Percebi que devo ter tido um vislumbre do estado *Advaita*. Então me ocorreu que as palavras das escrituras não eram falsas. Portanto, eu não poderia negar as conclusões da filosofia *Advaita* [identidade com o Absoluto].[2]

Essa crença na identidade com o Absoluto também está no centro da filosofia de Chopra. Ela está no canteiro da espiritualidade que o Ocidente tem absorvido agora, embora sem entender todo o texto ou o contexto. É um movimento filosófico brilhante de crer no divino e de ser divino, de refletir e ser o refletor, de ser tanto o sujeito como o objeto da meditação de uma pessoa. Voltamos a nos questionar se somos o sonho ou o sonhador.

Em 1885, Ramakrishna foi acometido de câncer na garganta. Não houve nenhuma cura Ayurvédica para o seu caso, eu receio, e não muito tempo depois, ele morreu. Nenhuma das suas disciplinas e primeiras práticas foi capaz de poupá-lo desta terrível provação. Mas durante os seus últimos dias de instrução a Vivekananda, este supostamente experimentou o *Nirvikalpa Samadhi* (uma felicidade livre de pensamento e de conceito), e com outros discípulos, recebeu de Ramakrishna as túnicas monásticas de cor ocre, tornando-se parte da primeira ordem monástica de Ramakrishna. Pouco antes de morrer, Ramakrishna pediu que Vivekananda cuidasse dos outros discípulos monásticos e pediu a estes que aceitassem Vivekananda como seu líder. A saúde de Ramakrishna piorou gradualmente e ele morreu nas primeiras horas da manhã de 16 de agosto de 1886. De acordo com os seus discípulos, ele havia alcançado *Mahasamadhi*, a realização final de unidade com o Absoluto.

Vivekananda não era apenas místico. Era um forte defensor da educação e de dar aos indianos o seu lugar de direito no mundo. Ele protestou vigorosamente contra o domínio britânico e incentivou a Índia a desenvolver uma mentalidade mais militante a fim de resistir aos britânicos. Atacando a glorificação da pobreza e o que ele sentia ser uma ênfase excessiva sobre o espiritualismo por parte da maioria dos indianos, ele perguntou por que era necessário que trezentos milhões de pessoas fossem afundadas na selvageria e na fome, para que cem mil pudessem alcançar a verdadeira espiritualidade. Ele não estava interessado em um Deus, disse ele, que lhe daria a felicidade eterna no céu, mas que não pudesse lhe dar pão aqui na terra. Não, a Índia deveria ser levantada, os pobres deveriam ser alimentados, a educação deveria se tornar disponível a todos e o "mal" do sacerdócio deveria ser removido. Em resumo, a falta de sacerdócio significaria a falta de tirania social; mais pão significaria mais oportunidade para todos.

Vivekananda estava ciente de que os seus discursos e escritos eram sediciosos e se perguntava por que os britânicos nunca o prenderam. Ele estava preparado para ir às últimas consequências para introduzir a revolução que ele julgava necessária, e às vezes até expressava um grande desejo de ser preso e tomar um tiro; ele acreditava que quando a notícia de sua morte corresse pela terra como um incêndio, significaria o início do fim do domínio britânico na Índia. Fica muito claro que embora ele tivesse renunciado ao mundo e se tornado um monge, não poderia ficar sentado assistindo seu país ser "estuprado" por invasores. Ele sentia que sua tarefa imediata era derrubar o domínio britânico. Em seu esforço, ele defendia a agressão — espiritual, material e até mesmo física, se fosse necessário. Um estudo da sua correspondência mostra que embora ele estivesse colocando as bases para uma revolução por meios pacíficos, ele não se opunha a usar métodos militares, e estava preparado para usar a força se surgisse necessidade. Em *Swami Vivekananda, Patriot Prophet*, Bhupendranath Datta escreve que após o seu segundo passeio pelo Ocidente, Vivekananda disse a um professor indiano: "O que a Índia precisa hoje é de uma bomba".[3]

Ao ler o diário particular de Surendra Nath Sem, ficamos sabendo que quando foi salientado a Vivekananda que talvez, em vez da força agressiva, ele devesse considerar o caminho de "radha" (amor), defendido por Chaitanya, ele replicou:

> Olhe para essa nação e veja qual tem sido o resultado dessa tentativa! Através da pregação desse amor... toda a nação se tornou efeminada... A totalidade de Orissa se transformou em uma terra de covardes; e Bengal, correndo atrás de Radha-prema, nestes últimos quatrocentos anos, quase perdeu todo o senso de masculinidade![4]

Em 1893, ao chegar ao Parlamento das Religiões Mundiais em Chicago, ele caracteristicamente disparou a primeira rajada. Seu discurso naquela ocasião, do qual se segue um trecho, mudou para sempre o diálogo religioso no Ocidente:

> Irmãos e irmãs, nós que viemos do Oriente temos nos sentado aqui na plataforma dia após dia e temos sido informados de uma maneira padronizada que deveríamos aceitar o cristianismo porque as nações cristãs são as mais prósperas. Nós olhamos ao nosso redor e vemos a Inglaterra, a nação cristã mais próspera do mundo, com o seu pé no pescoço de 250.000.000 de asiáticos. Olhamos para trás na história e vemos que a prosperidade começou com a invasão do México. O cristianismo ganha a sua prosperidade cortando a garganta se seus companheiros. Por um preço assim, os hindus não terão prosperidade. Sentei-me aqui hoje e ouvi o ápice da intolerância. Ouvi os credos dos mulçumanos serem aplaudidos, mesmo que hoje a espada mulçumana esteja levando a destruição para a Índia. Sangue e espada não são para os hindus, cuja religião é baseada nas leis do amor.[5]

"A Espiritualidade 'Ociriental'" já chegou. As portas do Ocidente foram escancaradas para ela. Se Oprah estivesse em evidência naquela época, Vivekananda teria sido um nome familiar em minutos. Garantido. Ele teria se tornado o guru de Oprah. Acho que ele teria tomado o Ocidente como um tsunami, não só como uma tempestade, se tivesse tido acesso à televisão.

## Yogananda

O segundo dos três gurus é Paramahansa Yogananda. Eu já disse que o ensinamento da Nova Espiritualidade no Ocidente ainda é jovem e que o rancor, as divisões, os problemas relacionados ao dinheiro, ao controle e ao poder acabarão surgindo. Isso já foi evidenciado como resultado da morte de Yogananda.

Paramahansa Yogananda fundou uma organização chamada Self-Realization Fellowship (SRF), ou Associação da Autopercepção. Após a sua morte, imediatamente surgiram divisões seguidas por processos judiciais. O poder exerce uma imensa influência, e ninguém mostra mais veneno ao proteger ou ganhar o poder do que aqueles que invocam a religião para defendê-la. De certo modo, isso é compreensível: A religião gera convicções; o dinheiro e o poder atraem a inveja; a convicção sem amor leva a abusos hediondos, justificados pela conversa sagrada. A história está repleta de exemplos disso por parte de todas as religiões. Todas as principais religiões são culpadas disso... A espiritualidade oriental não é exceção.

O inimigo da SRF é outra organização, simplesmente chamada de Ananda. A Ananda foi fundada por Swami Kriyananda, um discípulo de Yogananda. Mas a SRF se recusa a dar a Ananda direitos a qualquer material de Yogananda. (Tenho certeza de que você notou *ananda* surgindo em todos esses nomes. A palavra em si significa literalmente "alegria".) Cada um acusa o outro de distorção, ações erradas, e tentativa de monopólio, e há pouca alegria aparente nessas acusações autodestrutivas. O que tudo isso significa é que onde há religião existe uma propensão a haver conflitos. Mas onde há religião e dinheiro existe uma propensão a haver processos judiciais e amargura, exatamente o oposto do que a verdadeira fé deveria produzir.

Quem foi Paramahansa Yogananda? A citação a seguir é uma amostra do seu ensinamento:

A sua religião não consiste dos pensamentos e crenças dos quais você se cerca, mas da veste de luz que você tece em volta do seu coração. Descubra quem você é, por trás das aparências exteriores, e descobrirá quem foi Jesus, e Buda, e Krishna. Porque os mestres vem à terra com o propósito de mostrar a todo homem um reflexo de seu Eu mais profundo e eterno.[6]

Eckhart Tolle apresenta esta matéria, idêntica, quase literal. Yogananda basicamente ensinou uma mistura de ensino religioso chamado Kriya yoga, que é outro ponto de vista sobre yoga. Embora usasse uma cruz em torno do pescoço, ele claramente acreditava na divindade dentro de cada pessoa e ensinou que cada alma precisava sondar esse santuário interior do ego e descobrir a sua unidade com o divino. A ironia dos instintos mais vis que agora caracterizam a guerra territorial pelo seu ensino, mostra que os seus próprios discípulos nunca descobriram muito bem o ser divino dentro de si mesmos, evidenciando, em vez disso, muito mais do ego interior quando confrontados pelos bens exteriores.

Yogananda foi um contemporâneo de Vivekananda e também era de Calcutá. Ele nasceu em Mukunda Lal Ghosh em 1893 e morreu em 1952. Porém, ele escolheu um guru diferente de Ramakrishna e deu à sua yoga uma inclinação diferente. A yoga tem suas raízes na ideia de união com o divino e não é simplesmente uma disciplina física. Os seus ancoradouros metafísicos a tornam tecnicamente uma prática espiritual. Quando uma pessoa deixa o lado espiritual da yoga e se concentra apenas nos aspectos físicos, isso não é mais estritamente yoga.

Há muitas analogias que podem ser extraídas disso. É irônico que os apologistas hindus, que insistem que a yoga não pode ser separada de sua essência espiritual, estejam muito confortáveis em separar o texto do ensinamento de Buda do contexto de sua rejeição quanto a alguns dos seus próprios textos sagrados, e muito habilmente também usam mal as instruções de Jesus. Eles são adeptos da deturpação textual, parecendo ser muito generosos em seus espíritos. A cruz que Yogananda usava em torno do seu pescoço e a sua professada reverência a Jesus não o impediram de misturar os ensinamentos do que ele chama de "os Mestres", a espiritualização indiana no seu melhor. Ironicamente, cada um dos seus discípulos reivindicou direitos exclusivos de ensinar a mensagem inclusiva dele.

Yogananda também viajou extensivamente pelos Estados Unidos e Europa, levando sua mensagem através do mundo ocidental. Ele foi honrado por onde quer que passou. Tinha uma aparência muito distinta e um charme notável. Suas longas e leves mechas de cabelo se tornaram a marca de qual deveria ser a aparência de um swami. Ele também era bem versado em muitos idiomas, como muitos indianos.

## Maharishi Mahesh Yogi

Maharishi, com sua técnica de Meditação Transcendental, é provavelmente o mais conhecido dos três gurus. Embora Vivekananda e Yogananda tenham formado a base do pensamento filosófico, foi Maharishi que o embalou para o Ocidente. A sua fama foi catapultada graças aos Beatles, e quando ele morreu, em fevereiro de 2008, o *Times* de Londres divulgou a sua morte e recordou o encantamento inicial dos Beatles com ele, antes de se decepcionarem com as suas supostas e inapropriadas investidas sobre a amiga deles, Mia Ferrow. (Foi isso que inspirou a música de John Lennon "Sexy Sadie", que fala sobre um charlatão que "fez todos de bobo".) Dizem que nos anos 70, mais de cinco milhões de pessoas estavam praticando a Meditação Transcendental, ou MT, por vinte minutos toda manhã e toda noite. Não temos dados que nos diga quantos estavam praticando a "levitação" — ou pairar no ar na posição de lótus, que também é parte do ensinamento de Maharishi.

Nos anos 80, ele tinha estabelecido escolas em todo o mundo, fundou o Partido da Lei Natural, e construiu um império de negócios multimilionário que incluía uma concessionária de propriedades e uma empresa que vendia remédios e cosméticos ayurvédicos, tudo financiado basicamente por doações e pela taxa de 2.500 dólares por pessoa para aprender MT. Ele mudou a sua sede para um antigo mosteiro franciscano, no vilarejo de Vlodrop, no sul da Holanda, do qual controlava o seu movimento denominado País Global da Paz Mundial enquanto vivia recluso em um pavilhão, comunicando-se através de uma conexão de vídeo.

Em 2002, Maharishi anunciou que com 1 bilhão de dólares ele poderia treinar quarenta mil mediadores especialistas e combater o terrorismo e a guerra. Foi severamente ridicularizado pelo seu plano de levantar 10 trilhões de dólares com os quais ele acabaria com a pobreza, patrocinando a agricultura orgânica nos países pobres. Naturalmente, Maharishi não é o único espiritualista da Nova Era que já anunciou a cura para o terrorismo através da meditação. Em seu blog sobre terrorismo, a espiritualista da Nova Era Marianne Williamson declarou:

> Com os seus pensamentos, você pode ajudar a construir um sistema de quarentena espiritual para terroristas e supostos terroristas. Você não tem que saber quem eles são. O Criador sabe. Faça apenas isso. Por um mínimo de cinco minutos todos os dias, medite da seguinte maneira: Ore para que qualquer pessoa que esteja pensando em cometer um ato terrorista... seja cercada por um imenso ovo de ouro. A casca do ovo é feita do equivalente espiritual do titânio... é impenetrável. Qualquer pensamento malévolo, odioso ou violento que emanar da mente do terrorista não conseguirá atravessar a casca do ovo. Antes que o pensamento violento possa se transformar em uma ação violenta, ela será interrompida pela força desse campo meditativo. Energeticamente, o terrorista estará em quarentena. Dentro da casca de ovo, veja uma chuva de luz dourada sendo derramada da casca do ovo para dentro do coração e da mente do terrorista. Ore pelo seu irmão perdido. Veja-o curado pela força do Amor divino, envolto nos braços dos anjos, lembrado de quem ele verdadeiramente é. Cinco minutos. Todo dia. Conte isso a todas as pessoas que você conhece.[7]

Deixando isso de lado, Deepak Chopra foi rápido em se levantar em defesa de Maharishi, dizendo que ele, Chopra, certa vez tinha encontrado Mia Ferrow em um aeroporto e que ela lhe pediu que mandasse o seu amor a Maharishi. Isso supostamente afasta qualquer acusação de que ele a tivesse assediado sexualmente. Maharishi causou um grande impacto com o seu ensinamento. As empresas começaram a dar aos seus funcionários um tempo de pausa para fazerem esse treinamento. Uma das pessoas impactadas por ele foi Deepak Chopra. O tributo de Chopra após a morte de Maharishi le-

OS TRÊS GURUS — 121

vanta muitas questões, e a resposta a isso não foi isenta de reivindicações variantes por parte de alguns dos seguidores de Maharishi. Chopra afirma que em certa ocasião Maharishi foi declarado clinicamente morto após um aparente ataque cardíaco, mas foi mantido vivo com a ajuda de aparelhos, devido à intervenção do pai de Chopra, e que dentro de trinta e seis horas ele se recuperou o suficiente para que os aparelhos fossem desligados. Segundo Chopra, Maharishi exibia nesse momento "tanto as qualidades demasiadamente humanas encontradas em todo homem santo, quanto as outras qualidades que são associadas com os super-humanos... Foi fácil acreditar que outros discípulos, em outras épocas, tenham sentido a mesma coisa na presença de Jesus ou de Buda".[8]

Chopra relata que durante a sua recuperação Maharishi pediu uma transfusão de sangue e que na ocasião Chopra era o único compatível. No entanto, Maharishi se recusou a aceitar o sangue de Chopra até que este lhe garantisse que, na transfusão de sangue, o seu carma ruim não seria transferido para ele, Maharishi, porque os glóbulos vermelhos não contêm nenhum DNA e somente a hemoglobina seria transferida. No final, Maharishi aceitou as garantias de Chopra e seu sangue.[9]

Por favor, não perca a sutileza aqui. O pupilo está instruindo o guru sobre a transmissão de carma. Essa pequena incursão na composição do sangue tem como objetivo, mais uma vez, mostrar o conhecimento que Chopra tinha, e que permitiu que ele até ensinasse o professor. Este é Chopra no melhor do seu trocadilho duplo.

## *Ensinamentos e Crenças*

Pode-se escrever até enjoar sobre os ensinamentos desses três gurus e seus predecessores. Grossos volumes enfeitam as estantes de livros e estão agora disponíveis, principalmente online. O mais importante é saber o que reside no coração de todas essas técnicas meditativas e como elas na verdade acabam pervertendo outras religiões para provar a sua questão. A filosofia vedanta é baseada na filosofia upanishádica e em reinterpretações neo-hindus, e vem dos Upanishads, juntando vários elementos básicos importantes.

Em primeiro lugar está a essência final de todas as coisas, encapsulada em um ser absoluto impessoal ou divindade chamada Brahman. O termo que costuma ser usado para descrever esse estado é *Sat-chitananda* (existência, conhecimento e felicidade absolutos). Em segundo lugar está a existência do Ego transcendental, *atman*, como uma manifestação microcósmica de Brahman. Atman é o centro de toda e qualquer entidade individual.

Mas assim como uma fruta leva à semente e a semente leva à essência invisível da fruta, os vedantistas acreditam que o potencial para a divindade está dentro do próprio ser, e quando se atinge essa essência do "nada", do qual primeiro vem a semente, depois a fruta, e finalmente surge a árvore, a famosa afirmação, *Tat tvam asi* — "Tu és isto!" — é descoberta. Quando o ego, ou atman, atinge *moksha*, ou libertação, a pessoa atingiu o ponto de "o atman é o Brahman".

Segundo os vedantistas, existem quatro caminhos para a libertação: *karma* yoga (o caminho do serviço altruísta para remover o seu carma); *bhakti* yoga (o caminho da devoção); *jnana* yoga (o caminho do conhecimento); e *raja* yoga (o caminho da meditação formal). Nos primeiros anos do movimento, jnana yoga — o caminho do conhecimento — era o mais popular entre os seguidores cultos. Bhakti yoga — o caminho da devoção ou da adoração — era um meio popular para as massas alcançarem a libertação; a tendência irresistível do coração na direção da adoração sempre atrai um grande grupo de seguidores.

Através da adoção do *Shakti* (o poder da consciência e da evolução espiritual que geralmente está associado com as mulheres), a adoração de deusas femininas se tornou bastante prolífica. Uma posição comum entre os vários expoentes destas técnicas meditativas é enfatizar a aceitação de diferentes credos religiosos. Ramakrishna é visto como um reformador hindu que sincretizou todas as religiões, supostamente até ao ponto de se tornar mulçumano por alguns dias. Essa tentativa de acomodar todas as religiões, entre outras coisas, tem levado à redefinição do cristianismo e à teoria de que Jesus foi, na verdade, um jovem aspirante em busca do nirvana, uma teoria muito claramente cooptada por Chopra.

Há muitos anos, li uma história em quadrinhos de "Dennis, o Pimentinha", na qual Dennis é visto em pé, ao lado de uma banca de limonada que ele montou. Em letras grandes e destacadas, lê-se em uma placa: "Tudo o que você pode beber por 10 centavos".

Na cena seguinte há um garoto parecendo confuso, segurando um copo com apenas um quarto de limonada, e Dennis dizendo para ele: "Sou eu quem digo que isso é tudo o que você pode beber por dez centavos".

Quando se percebem os fundamentos filosóficos dos escritos de Deepak Chopra, temos a mesma sensação. Isso também acontece com relação aos maharishis e os swamis que estão determinados a fazer de todas as religiões apenas uma. Richard Niebuhr disse certa vez que em todas essas teorias e expressões religiosas, o que estamos realmente procurando parece ser "um Deus sem ira que levou o Homem sem pecado para um reino sem justiça através de ministrações de um Cristo sem uma cruz". Uma maneira diferente de dizer a mesma coisa é que nós deificamos tanto o homem e humanizamos tanto a Deus que mal podemos distingui-los.

Aqui, por exemplo, está uma declaração de Sri Sri Ravi Shankar:

> A divindade não é manifestada, mas o homem tem um desejo inato de perceber o Divino na criação que é manifestada ao seu redor. Ele cria ídolos, deposita sua fé neles e pede que a divindade esteja presente nos ídolos por algum tempo para que ele possa adorar, expressar o seu amor e se colocar junto com o divino. Ao término de sua adoração, ele pede que a Divindade volte para dentro do seu coração, de onde ele é manifestado. Isso está presente em todas as práticas pújá. As pessoas na verdade não adoram os ídolos, mas em vez disso adoram a Divindade não manifestada que possui todas as qualidades Divinas. Assim, os adoradores de ídolos do Oriente não são os mesmos que foram descritos na Bíblia, porque eles não estão simplesmente adorando deuses diferentes e ídolos diferentes; eles estão adorando uma divindade única de muitas formas diferentes.[10]

Há, aqui, níveis de verificação e entendimento que inconscientemente refletem o mundo quântico. Em relação ao mundo subatômico, afirma-se que se você sabe o que uma partícula está fazendo, não sabe onde ela está; e se você sabe onde ela está, não sabe o que ela está fazendo. Isso explica muito bem o híbrido epistemológico do argumento do tipo de Chopra. Se um cientista se prende em seu uso inapropriado da física, ele muda para a medicina. Se um médico questiona as suas reivindicações da medicina, ele muda para as escrituras Vedas ou para alguma história misteriosa não verificável, mas supostamente verdadeira. Assim, com efeito, independentemente de qualquer reivindicação da verdade, você não tem certeza de qual lógica ele está usando para apoiá-la, e se você entender a lógica, não saberá o que exatamente está sendo reivindicado.

O debate de Chopra com o Sr. Shukla é um clássico. Era evidente que Shukla estava tentando fazer com que ele se definisse sobre a sua metafísica gelatinosa que ele se recusa a chamar de hindu. Aceitar um termo puro e ao mesmo tempo usar os Vedas para sustentar as suas reivindicações místicas mais rigorosas requer nada menos que um mestre com palavras que podem rebatizar qualquer coisa à vontade. Tudo o que se precisa fazer é ler o livro de Chopra intitulado *How to Know God* (Como Conhecer a Deus). Tais jogos de nomes podem ter sérias consequências. Mas não importa o quanto venhamos a dissecá-lo, a base monística do panteísmo hindu está no centro de seu ensinamento.

A Nova Espiritualidade, porém, como praticada no Ocidente, engloba mais que o hinduísmo. No próximo capítulo olharemos para as outras principais influências orientais nesse movimento.

# Capítulo 8

# SORRINDO EM MEIO A DESCONCERTOS

## A Conexão Budista

O hinduísmo e o budismo não são ensinamentos idênticos. Mas não é possível entender a Nova Espiritualidade sem entender também algumas das doutrinas cardeais do budismo. As conexões do capítulo anterior são com o neoplatonismo do pensamento grego e com o panteísmo hindu, rebatizado de Sanatan Dharma. Embora Chopra e seus críticos hindus possam discutir se ele está ou não promovendo o hinduísmo aos ocidentais, a ascensão do hinduísmo e o crescente interesse que ele recebe dão à Nova Espiritualidade dupla força, uma vez que mudam todos os métodos de raciocínio. O budismo é o ramo principal de onde vêm muitas das suposições fundamentais da Nova Espiritualidade, mais especificamente, o ramo do budismo conhecido como Zen.

    O budismo original se originou de seis princípios fundamentais. Seria necessário um grande espaço para estudarmos as complexidades do budismo e seus desdobramentos. A clássica obra sobre o Zen foi escrita há muitos anos, por D. T. Suzuki. Um texto mais recente e primoroso sobre o Zen é de autoria de Heinrich Dumoulin, *Zen: Enlightenment: Origins and Meaning*.

Quatro nobres verdades — a verdade do sofrimento, a sua causa, o seu fim e o caminho de oito partes — são os mais populares conceitos do budismo, e os mais frequentemente comentados. Mas isso está longe de entender o seu sistema intensamente complexo. A partir desses preceitos básicos, desenvolveram-se imensos ensinamentos, especialmente na lei da casualidade, também chamada origem dependente, e a eliminação final do sofrimento. Da concepção à reflexão, ao pensamento, à ação, às aparências, há a explicação da ideia ilusória de um ser e suas percepções do mundo físico, e a interconexão das causas, que faz com que tudo seja emergente e circular.

Quando o budismo deixou a Índia e se expandiu para o resto da Ásia, essa religião se desfez, e o número de seitas e subseitas que se desenvolveram faz estremecer a mente. Quando entrou na China, o budismo sofreu uma modificação dramática no seu caráter, como também aconteceu quando ele entrou no Japão. Provavelmente Buda não o teria reconhecido. As principais divisões tiveram início pouco depois da morte de Buda, quando seus seguidores se dividiram em duas seitas, o budismo *Mahayana* (Grande Veículo) e o *Hinayana* (Pequeno Veículo). Os líderes do budismo Mahayana consideraram um caminho mais curto em direção ao nirvana, quando sentiram que mais pessoas seriam capazes de alcançar esse estado pelo Mahayana do que pelo Hinayana. O Mahayana, então, se dividiu em seis derivações — *Zen, Tian-Tai, Huayan, Fa-xiang, Clear Earth* e *Mi*.

O budismo Hinayana chegou ao século IV a.C., e depois declinou pouco a pouco. A escola Hinayanista afirmava que apenas um pequeno número de pessoas realmente entendia e seguia o verdadeiro ensinamento de Buda. Embora eles o declarassem seu professor, devido ao fato de que ele alcançara o nirvana, não mais o consideravam um mero homem. Do endeusamento implícito de Buda até os seus três estados corpóreos e suas trinta e duas aparências, os numerosos e variados ensinamentos que fazem parte de Hinayana são divididos, subdivididos e microdivididos. Hinayana é dominante no Sri Lanka, Burma, Tailândia, Camboja e Laos, porém mesmo nessas regiões há divisões e subdivisões. A versão tailandesa não ordena monjas, de modo que a primeira monja tailandesa foi ao Sri Lanka para ser ordenada, e retornou como monja à Tailândia. Tive um encontro com ela, pouco depois da sua ordenação, e tive uma longa conversa com ela em Bangcoc. Foi uma ocasião fascinante. As respostas que ela forneceu às minhas perguntas foram muito intrigantes. Mas vou deixar para comentar esse tema em outro dia e outra ocasião.

Vou abordar agora outra ideia essencial, contida em muitas das escolas budistas de pensamento. Os dois poemas abaixo, do famoso Nagarjuna, indicam o âmago do ensinamento de quatro subcategorias no Mahayana:

*Às causas e efeitos nasceu o controle*
*E para mim, não há nada, exceto o vazio,*
*Embora o seu nome seja justiça,*
*Para mim, o seu nome é falso.*
*Eles não nasceram;*
*Eles não estavam mortos;*
*Eles não apareciam frequentemente,*
*Mas aparecem.*[1]

Podemos ver para onde tudo isso vai, tomando as palavras-chave *nada, vazio, aparecer* e aquele momento "aha!" de descoberta, quando a mente esclarecida alcança a realidade suprema.

A principal exposição no Mahayana é a da palavra *rupa*, que significa, literalmente, "uma forma" ou "um corpo". Aqui está o principal verso: *"Rupa é o vazio; o vazio é Rupa"*. Dessa ideia depende todo o resto. Assim, embora para Salomão a falta de sentido se tornou correr atrás do vento (versão ARA), para os Mahayanistas qualquer coisa física se tornava correr atrás do vento. Forma e substância eram duas coisas diferentes, de modo que, embora estejamos preocupados com a forma, no final, não é nada mais que mera aparência. A vida acaba se tornando uma página de palavras cruzadas, onde o mistério, a contradição, as pistas e as respostas propostas como perguntas, tudo tem a sua função.

A mais fascinante história sobre como as perguntas do tipo "o que é real" são tratadas pelo budismo Mahayana vem de dois episódios no desenvolvimento do budismo chinês. Em um incidente, Shun-zi, o imperador da dinastia Qing, perguntou a um monge, chamado Yu Lin, do ramo Zen: "Quando olho para o meu império, meus pensamentos me vêm. Quando olho para ele outra vez, meus pensamentos desaparecem. Tenho um império ou não?" Yu Lin respondeu: "Senhor, é como o sonho. Está ali e não está ali".

Como, então, todo esse fenômeno à nossa volta é explicado no budismo Mahayana se tudo é vazio e etéreo, ali e não ali, ao mesmo tempo? Isso se explica pelo *coração* dos seres humanos. Este, na verdade, é chamado de ponto de vista "apenas coração" em uma das seitas do budismo. Muita coisa pode ser dita aqui. Deixe-me apenas resumir isso com a maneira como é traduzida na transição de seus sucessores. E esta é a segunda história.

Hong-ren, o quinto sucessor, da sub-ramificação Zen, informou seus discípulos que iria escolher seu sucessor por meio de um teste. Ele pediu que seus discípulos competissem, escrevendo um poema que pensassem que o agradaria muito. Um dos discípulos, Shen-xiu, que parecia ser o herdeiro natural, escreveu:

*O corpo é como uma figueira,*
*O coração é como um espelho.*
*Eles devem ser limpos frequentemente,*
*Para que a poeira não se agarre a eles.*

Hong-ren olhou para o poema, e pensou sobre ele durante um momento, e então disse que não era bom o suficiente. Um segundo discípulo, Hui-neng, um trabalhador que era apenas um servente no templo, resolveu arriscar, e escreveu:

*A figueira não é, na verdade, uma árvore,*
*O espelho também é uma proteção.*
*Tudo é nada, exceto vazio.*
*A que a poeira pode se agarrar?*

Depois de ler isso, Hong-ren escolheu Hui-neng como seu sucessor. Ele havia entendido: se, no fundo, tudo é nada, como a poeira poderia se acumular? Como uma observação paralela, é importante observar que, depois que Hui-neng foi nomeado sucessor, apressadamente fugiu para outra cidade, e mudou de nome, para não ser encontrado, e os outros discípulos que não haviam sido escolhidos defenderam a sua substituição. O seu *rupa* teve que escapar, para que outros *rupas* não encurralassem o seu *rupa* e verdadeiramente fizessem com que o que parecia existir, desaparecesse. Mas a história continua. Quinze anos depois, Hui-neng, o sexto sucessor, foi a Guangzhou, onde entrou em um templo. Ele contemplou silenciosamente uma faixa que o vento agitava. Alguns afirmaram que o vento a estava movendo, e outros disseram que não era o vento, mas que a faixa estava se movendo sozinha. Hui-neng os corrigiu, dizendo: "O vento não está se movendo. A faixa também não está se movendo. O coração das pessoas está se movendo".[2]

Isso lança a fundação para determinarmos o que é real e o que é apenas aparente. Tem tudo a ver com os filtros da pessoa que tenta perceber a diferença e a realidade. Não é, realmente, o vento. Nem é a faixa. É a proteção no coração que pode, apenas pragmaticamente, ser chamada de espelho. Este é o caminho da reflexão, introspecção, intuição e de minimização do mundo *rupa*. "Toda solidez era, em última análise, nada".

Não consigo deixar de acrescentar que se o Sr. Chopra desejasse um estudo de palavras, este seria o lugar para isso, e não na mutilação que ele fez de textos bíblicos em seus assim chamados estudos de palavras. Como mencionei acima, a palavra *rupa* significa "uma forma" ou "um corpo"; algo sólido. Mas, na verdade, toda *rupa* é ilusão, e não essencial. Aqui está um ponto curioso, para o qual quero chamar a atenção. A moeda da Índia é a *rúpia*, em inglês *rupee*, ou, às vezes, *rupaiyah,* que é como a moeda é chamada na Indonésia. A etimologia de algo que não é nada, mas que é empregada para tudo o que define valor, tudo em nome da verdade espiritual, só isso comporia um livro. Não quero revelar muita coisa aqui, mas você verá essa propensão quando Chopra chega ao seu estudo de alguns textos muito profundos da Bíblia, enquanto parece deixar de perceber o óbvio. Mas com respeito a isso, podemos ver, com um sorriso, que a vida tem seus momentos materiais mesmo quando examinamos o vazio. Muito interessante, na verdade.

Uma conexão muito importante do Zen na Espiritualidade "ocidental" é o *koan*. O que é um koan? A budista americana Ruth Fuller Sasaki, que é casada com um mestre Zen japonês, diz, no prefácio de *The Zen Koan*:

O koan não é uma charada a ser resolvida por uma inteligência sagaz. Não é um recurso psiquiátrico verbal para chocar o ego desintegrado de um estudante e levá-lo a certo tipo de estabilidade. Não; em minha opinião, é sempre uma declaração paradoxal, exceto para aqueles que o consideram de fora. Quando o koan é solucionado, percebe-se que é uma declaração simples e clara, feita do estado de consciência que ele ajudou a despertar.[3]

Em qualquer ocasião em que você vir algo muito importante definido com uma série de declarações do que isso não é, pode ter certeza de que a pessoa não sabe, na verdade, como lhe dizer o que é. Aqui está um exemplo de um koan em ação:

Certo dia, depois que Yuan-wu havia assumido o lugar mais alto na sala de conferências, ele disse: "Um monge perguntou a Yun-men: 'De onde vêm todos os budas?' Yun-men respondeu: 'O monte leste anda sobre a água'. Mas se alguém perguntasse a mim, eu não responderia dessa maneira. 'De onde vêm todos os budas?' Uma brisa fragrante vem, por si só, do sul, e no pavilhão do palácio, há um frescor refrescante". Depois de ouvir essas palavras, Ta-hui despertou, repentinamente, para o esclarecimento. Ele se tornou o sucessor Dharma de seu mestre Yuan-wu.[4]

Isso tudo é tão crítico para entender, se desejarmos compreender todo o mistério e, sim, as várias contradições na Nova Espiritualidade. Estas são as ideias que ajudaram a formar a atual Espiritualidade "ocidental". Aqui, por exemplo, estão as palavras de Elizabeth Lesser, uma devota contemporânea da Nova Espiritualidade:

Se o propósito da meditação é aceitar a maneira como as coisas já são, como justificaremos qualquer busca? Quando me envolvi com a meditação Zen, fiquei muito confusa com este dilema. O conceito de alcançar "esclarecimento" é uma parte importante do budismo Zen. Mas não tem aspiração ou busca. Então, o que é?... A resposta, e esta é a resposta a muitos dos koans Zen, é as duas coisas. Eu acabei inventando um slogan que resolveu o problema para mim: "Não ou-e-ou, mas as duas coisas, e ainda mais"... E, sim, o tipo de trabalho que é necessário para alcançar esclarecimento parece uma forma apaixonada de não fazer nada.⁵

Quando li isso, não pude deixar de pensar sobre um amigo meu, que se aposentou há pouco tempo. Ele me disse que estava gostando de não fazer nada. "Quando minha esposa me pergunta, o que fiz neste dia, respondo 'nada'. No dia seguinte, quando ela me pergunta quais são meus planos para o dia, eu lhe digo que vou terminar o que fiz ontem".

Há muitos anos, o *Reader's Digest* publicou uma historieta escrita por um colaborador que estava fazendo um curso de voo. O instrutor descreveu, com detalhes, as etapas para aterrissar um avião, quando o motor falha, em uma noite escura, terminando com "Se você gostar do que vê, aterrisse". O aluno perguntou o que deveria fazer caso *não* gostasse do que visse, e depois de uma pausa, o instrutor lhe disse: "Apague as luzes do avião".

Quando você tem um koan para explicar o que é a vida, não é a pista de aterrisagem que você está esperando; deixe de lado o seu raciocínio natural, e celebre a escuridão, até que a luz se acenda no interior. Como isso irá acontecer, depende da escola de pensamento a que você pertence.

Há algo verdadeiramente muito triste a respeito de tudo isso. É interessante que a espiritualidade japonesa e também a chinesa tiveram que pagar pelo que fizeram em seu clima político. Atos terríveis são cometidos quando as religiões éticas proporcionam somente pontos de referência própria para o comportamento e koans para manter o misterioso como dogma, para obscurecer o que é claro. Sem a perspectiva transcendente, o espelho realmente distorce a imagem. Na verdade, uma parede de espelhos pode causar estragos à realidade.

Esta conexão Zen do koan e a principal conexão budista do rupa estão incluídas no tecido da Nova Espiritualidade. Contradições sistemáticas se escondem sob o disfarce de "ambos e mais", aparências são equivocadas para adequar ao koan, e o koan é levado a respaldar a contradição. Todo este esforço deve definir algo como "nada", e "nada" como tudo.

## O Yin e o Yang

"Há uma conexão final que desejo fazer aqui. Muitos outros sistemas de fé foram introduzidos, e influenciam a mentalidade da Nova Espiritualidade, e poderiam ser trazidos à discussão, incluindo a doutrina da origem dependente.[6] Mas eu penso que, se ignorarmos a conexão taoísta, seremos injustos com todo o panorama da Nova Espiritualidade.

O taoísmo realmente pode e deve ser interpretado no contexto da luta da China para encontrar harmonia e pensamento moral. Entre os extremos de usar "lei" e "amor" e o redemoinho político que sempre marcou a sua história, parece que o confucionismo teria a última palavra no pensamento ético chinês. O confucionismo procurava colocar a moralidade além de uma base, utilitária e impulsionada por motivos, para fazer as coisas, porque eles são certos de si mesmos e em si mesmos. Isso era essencial no confucionismo. O que você faz, faz porque é a coisa *certa* a fazer. É quase Kantiano, no sentido do imperativo ético e do senso de dever. Os debates a respeito de várias descrições do que é essencialmente bom constituem uma parte importante da filosofia chinesa.

O taoísmo foi uma das principais escolas, e divergia significativamente do confucionismo sobre como trazer a sociedade de volta a um caminho ordenado. Há muito que pode ser dito aqui a respeito do taoísmo, mas quero apenas enfatizar algumas ideias taoístas que foram incluídas na Nova Espiritualidade.

Uma ideia essencial do taoísmo é a de que as palavras não têm significado absoluto. Elas são consideradas enganosas, limitadas e, na verdade, ilusórias. Cada palavra pode ser entendida apenas no contexto de outras palavras, e cada conceito é entendido apenas no contexto de outros conceitos. Em outras palavras, as palavras são incessante e ciclicamente relacionadas às palavras. Elas não conseguem apresentar um quadro completo e são, portanto, relativas. A linguagem acaba sendo um jogo e pode ser um desvio, mas não a tendência principal da transmissão da realidade. (Naturalmente, essa ideia está expressa em palavras). Isso é um pouco como o que Nietzsche propôs, mas, no fim, teve que concordar que ele também adorava diante do altar cujo nome é "Verdade".

Um segundo conceito importante do taoísmo, que foi adicionado à mistura da Nova Espiritualidade, é o de que a vida *não* tem nenhum propósito claro. Os eventos podem ter causas, mas não têm propósito imediato. Isso levou a histórias inteligentes de o homem ser a medida de todas as coisas ou se há alguma ordem transcendente por trás de tudo. O ciclo da cadeia alimentar revela uma natureza incessantemente cíclica. O homem come o animal, e então o animal come o homem, de certa maneira como o que disse Voltaire, quando afirmou que a infelicidade de cada um constitui o bem de todos. A realização própria, um ceticismo da linguagem e o agnosticismo de qualquer propósito final constituem uma perspectiva que acreditava que encontrar o "caminho" para interpretar a vida, ou o Tao, é como se equilibrar na corda-bamba da vida.

O ceticismo a respeito da linguagem, da moral e do governo emerge de uma visão que o Caminho (o Tao) não pode ser captado pelo intelecto. O universo se origina, e se move, e faz o que faz. Mas não é possível captá-lo intelectualmente, nem expressá-lo em palavras. Não é possível descrevê-lo. O caminho da natureza, então, deve ser o modelo para o modo de vida apropriado. Leis, governo e instituições, tudo isso são criações pouco naturais, que fazem exigências pouco naturais às pessoas. O universo não é uma máquina; é um conjunto orgânico.

O Tao Te Ching ainda ensina que as duas forças que controlam o universo são o yin e o yang; o yin se expressa por meio da feminilidade e do que é terreno; o yang, pela masculinidade e atividade. O yin é representado pela água; o yang, pelo fogo. Depois que tudo foi dito e lido, chegamos a várias conclusões:

1. Não pode haver uma verdade absoluta. Cada ideia empresta algo da ideia contrária.
2. Toda moralidade é relativa. Tudo ganha apenas explicação momentânea.
3. O propósito e o significado são vagos e indistintos.

Há uma fascinante história taoísta que exemplifica essas conclusões. É sobre um fazendeiro, cujo cavalo fugiu do celeiro. Ele foi falar com o vizinho, que disse: "Oh, isso é mau". O fazendeiro respondeu, estoicamente: "Quem sabe o que é bom ou mau?"
Mas no dia seguinte, o cavalo voltou, e trouxe consigo seis cavalos selvagens. O fazendeiro foi falar outra vez com o vizinho, que

disse, "Oh, isso é tão bom!", ao que o fazendeiro respondeu, secamente: "Quem sabe o que é bom ou mau"?
No terceiro dia, o filho do fazendeiro tentou montar um dos cavalos selvagens, e quebrou a perna. O vizinho, ao saber disso, balançou a cabeça negativamente, e murmurou: "Oh, isso é mau". O fazendeiro balançou a cabeça e respondeu: "Quem sabe o que é bom ou mau?"
No dia seguinte, soldados do príncipe vieram procurando rapazes saudáveis que pudessem se alistar. Eles ignoraram o filho do fazendeiro, por causa de sua perna quebrada. O vizinho disse: "Isso é muito bom". "Quem sabe o que é bom ou mau?", suspirou o fazendeiro.

Observe, cuidadosamente, que, embora nenhuma das situações seja um evento moral, elas recebem uma avaliação moral... boa ou má. Aqui, também, há águas enlameadas e uma confusão de categorias. Que argumentação moral fez com que o cavalo fugisse? Os eventos aconteceram sem qualquer moralidade, mas uma explicação moral para eles é necessária. Poderia ter sido considerado apenas sorte ou uma bênção, mas os eventos recebem significado moral e exigem uma resposta moral.

As respostas que estão faltando são deixadas aos koans. O que os livros espirituais não conseguem explicar, os poetas têm que explicar... quando a razão falha, deixe o assunto para os poetas. Dois poemas resumem a resignação no taoísmo com relação ao que quer que a vida traga; o primeiro, do Tao Te Ching, diz tudo:

*Primeiro, havia o Tao*
*Depois, houve o Yin e o Yang*
*E então, houve palavras.*
*Oh, se os homens tivessem deixado as coisas como estavam.*[7]

O outro poema é de um antigo estudioso de Confúcio, que deixou o ensino e foi viver no interior:

*Eu arranco crisântemos da cerca oriental,*
*E olho para as colinas distantes no verão,*
*O ar da montanha é fresco, ao amanhecer,*
*Os pássaros retornam voando, dois a dois*

*Nestas coisas há profundo significado;*
*No entanto, quando desejamos expressá-lo, as palavras*
*repentinamente falham...*
*Que tolice passar a vida como uma folha caída,*
*Presa sob a poeira das ruas!*
*Durante muito tempo, eu vivi em uma prisão,*
*Agora, retornei,*
*Pois é preciso que cada pessoa volte,*
*Para cumprir o propósito de sua própria natureza.*[8]

Pensaríamos que isso foi escrito nos anos 1960, por um professor que se tornou hippie nos Estados Unidos. Ou que era o precursor de livros como *The Celestine Prophecy*. Essas ideias foram incluídas na mistura da Nova Espiritualidade. Expressões como "yin e yang" referências[9] "ônticas" sem sentido na linguagem, pássaros voando em um padrão, como um presságio, a própria vida dominando o caminho da natureza, se encaixam bem na mistura de "Que a força esteja com você".

Como diz o antigo adágio, "no entanto... no entanto..." De alguma maneira, embora tudo isso possa proporcionar um anestésico para situações mais simples, as complexidades da vida pesam nos ombros da realidade. A pessoa normal sabe que precisa de ajuda para encontrar esperança em meio às tragédias e desapontamentos da vida. E essas ideias não trazem nenhuma esperança.

## *A Fuga Final*

Já contei esta história em outras ocasiões, mas vale a pena repeti-la. Conheci uma jovem que era uma pessoa equilibrada, bem-sucedida e que trabalhava em um emprego público. Anos antes, ela havia se apaixonado por um rapaz, mas os pais dela não lhe deram permissão de se casar com ele, porque ele vinha de uma casta inferior. Depois de muita meditação, o casal fugiu, e foi para uma cidade diferente, onde ninguém conhecia suas castas. Ambos foram repudiados por suas famílias.

Um ou dois anos depois, devido ao seu trabalho, ela foi transferida para outra cidade, e só conseguia voltar para junto de seu marido para visitas. Pouco a pouco, as visitas se tornaram cada vez mais escassas, e ele começou a temer que a estivesse perdendo. Então, ele viajou à cidade onde ela estava trabalhando, e descobriu que ela havia iniciado um relacionamento com outro homem. Com o coração partido, ele implorou que ela voltasse para casa. Ele expressou o quanto a amava, e disse que queria que o casamento deles desse certo. Mas independentemente do que ele dizia, ela insistiu que havia tomado a decisão de deixá-lo.

Por fim, ele foi ao banheiro durante alguns minutos, voltou para junto dela e fez um último apelo, antes de deixá-la. Ele disse: "Você sabe, eu abri mão de tudo por você, porque a amo. Você me faria um último favor? Prometo que não vou colocar a mão em você, só peço que me deixe colocar a cabeça no seu colo, e me deixe ficar assim por meia hora. Apenas meia hora, com a minha cabeça no seu colo, é tudo o que eu peço, e prometo que sairei da sua vida para sempre". Ela sentiu pena dele, e por isso concordou. Em alguns minutos, ele começou a ter convulsões no colo dela. Aterrorizada, ela gritou, pedindo ajuda, mas depois de poucos momentos, ele estava morto. Ele havia ingerido veneno enquanto estava no banheiro.

Isso a deixou completamente chocada. Culpa, trauma, noites de insônia, tudo o que você pode imaginar que alguém sentiria nesse tipo de situação. Finalmente, ela visitou um guru que a ajudasse a entender tudo isso. Depois de passar algum tempo com ela, estudando o seu mapa astral, e outros sinais que ele usou para examinar o passado dela, o guru chegou a uma conclusão. Em uma vida anterior, disse ele, este homem a havia violentado, quando ela era uma menina. Era o carma dela que ela se tornasse o meio para que ele reparasse essa dívida cármica, pelo mal que lhe havia feito anteriormente, e por isso ela não precisava sentir nenhuma culpa.

Essa jovem profissional bem-sucedida agora se vangloriava de que havia sido completamente libertada de toda a culpa anterior pelo acontecido. O guru havia feito seu trabalho. A absolvição havia acontecido.

A mente dela estava livre de quaisquer pensamentos negativos. O carma a havia exonerado, porque era a hora do acerto de contas com ele. Na verdade, o homem traído no amor se havia envenenado, em um triunfo do bem sobre o mal, e a mulher que o havia traído foi apenas um instrumento para o acerto de contas.

O rei Davi diz, em Salmos 115.2-8.

*Por que dirão as nações:
Onde está o seu Deus?...
Os ídolos deles são prata e ouro,
obra das mãos dos homens.
Têm boca, mas não falam;
têm olhos, mas não veem;
têm ouvidos, mas não ouvem;
nariz têm, mas não cheiram.
Têm mãos, mas não apalpam;
têm pés, mas não andam;
nem som algum sai da sua garganta.
Tornem-se semelhantes a eles os que os fazem
e todos os que neles confiam.*

A tragédia de uma perspectiva que se baseia em uma mescla de metafísica, física, espiritualidade e medicina é o fato de que, no fim, ela viola as mesmas disciplinas para justificar o "autoendeusamento", que é o fim. Isso é *tornar-se* o Absoluto, em vez de *ter comunhão com* o Absoluto. Quando você lê Chopra e outros autores de sua classe, lê que Deus tem um grande plano para você. Mas quanto mais você lê Chopra, percebe que Deus não está visível em nada que ele tenha escrito. As conclusões de Chopra são de que você é Ele... o divino está em você. Ah! Mas aí está o problema. Para convencê-lo disso, ele teve que mutilar todas as outras teorias que defendem o contrário. Como ele faz isso, sem parecer desrespeitoso com os outros? Aqui está o maior truque. Em primeiro lugar, ele toma seus textos e os despe de seus contextos.

Em seguida, ele cita as próprias "autoridades" desses autores, como se eles não cressem em seus próprios textos. E, por fim, dedica sua teoria a todos que desejam uma crença diferente. Essa fórmula mágica faz com que ele pareça pacífico e agradável, e então ele pode aparecer nos programas de entrevistas como a cola que junta todas as religiões. Ele propicia espiritualidade sem nada de absoluto e, ao mesmo tempo, ridiculariza quaisquer declarações contrárias. Qualquer outra pessoa pode seguir o exemplo dele, e citar outros textos fora de contexto, mas não devem ousar citá-lo fora de contexto, a menos que desejem encontrá-lo em um tribunal.

Esta é, verdadeiramente, a imagem do provérbio dos quatro cegos que sentem um elefante pelo tato; cada um descreve o que sente, e dá sua própria perspectiva, excluindo as outras perspectivas. Se você lançar luz sobre um capítulo da Nova Espiritualidade, ele quase pode parecer-se com o cristianismo. Mas quando você lança luz sobre outro capítulo, tem certeza de que é budismo, então hinduísmo, e então taoísmo. Esse brilho está em ação em uma cultura de fomes espirituais e uma aversão pelo dogma.

Se, quando estou inquieto, desejo que houvesse um Deus, por que não trocar isso por uma crença que me diz que, quando estou meditando, eu *sou* Deus, e que as excursões momentâneas na humanidade não são nada além de ilusão? É bastante irônico que muitos dos fundadores desses caminhos espirituais tenham julgado o ocidente como o lugar ideal para essa discussão franca e aberta. Uma pessoa arriscaria sua carreira, se não a sua vida, nos berços de algumas dessas outras perspectivas com que esses fundadores brincam se ali houvesse as mesmas liberdades.

Da mesma maneira como a acusação de hipocrisia é o cumprimento não intencional que o vício presta à virtude, também este é um sutil cumprimento que é prestado à perspectiva que lhes permite o privilégio de atacar as mesmas fundações de fé que possibilitaram a liberdade de crer e promover perspectivas contraditórias. Tal é a glória do cristianismo. Tentar redefinir a verdade à nossa maneira sempre resulta na redefinição de tudo. A primeira tentação no jardim do Éden foi brincar de Deus, com um vocabulário diferente, em vez de tomar as palavras de Deus a sério.

É isso que a Nova Espiritualidade faz de melhor. Mas ainda paira sobre nossa cabeça o fato de que o relativismo deve pagar o que deve, na moeda da realidade.

Há uma antiga história sobre um homem que propôs uma aposta a seu amigo:

— Primeiramente, vou fazer uma pergunta a mim mesmo, e se eu puder respondê-la, você me paga um refrigerante.

— Que tipo de aposta é essa? — rebateu seu amigo.

— Mas isso não é tudo. Depois que eu tiver feito uma pergunta a mim mesmo, e a tiver respondido, você fará uma pergunta a si mesmo, e se conseguir responder, eu lhe pagarei um refrigerante. Continuaremos fazendo isso, até que um de nós faça uma pergunta e não consiga responder.

— Aposta estranha — comentou o amigo —, mas vamos lá.
Assim, o homem fez a si mesmo a primeira pergunta:
— Como pode um coelho abrir um buraco na terra, sem jogar terra do lado de fora? A minha resposta é, ele deve começar a cavar o buraco por dentro.
— Como ele pode fazer isso? — foi a resposta imediata do amigo.
— Eu não sei — disse o homem. — Esta é a sua pergunta.
Entre os koans e as sutilezas, as ofuscações e obscuridades, há um sorriso no rosto de Buda. Pode não ser o sorriso do esclarecimento. Pode ser que a pessoa que pergunta seja enganada e levada a crer que as perguntas sejam as respostas.

## Capítulo 9

# VOCÊ REALMENTE QUER VIVER?

"Você poderia vê-la, Ravi? Mas prepare-se para um choque." Com estas palavras, pediram-me que eu fosse visitar uma jovem de dezessete anos, cuja história é trágica e, de certa forma, terrível. Mas é, ao mesmo tempo, a história triunfante de um espírito humano que derrotou uma indignidade prolongada. Seus pais são europeus. Ela é uma jovem chinesa, que tem um problema de nascença extremamente raro, conhecido pelo nome médico de ictiose arlequim.

A ictiose arlequim é um grave problema genético de pele. As crianças que sofrem dessa enfermidade nascem com pele muito grossa cobrindo a maior parte do corpo. A pele forma grandes placas em forma de diamante, que são separadas por profundas fissuras. Essas anormalidades na pele afetam a forma das pálpebras, nariz, boca e orelhas, e limitam o movimento de braços e pernas. Como o nome sugere, a pele fica parecida com as escamas de um peixe, e como a pele é produzida em uma velocidade anormalmente alta, a constante escamação lhe dá um tom vermelho rosado. Combinada com os traços desfigurados, a visão pode ser bastante aterrorizante.

Quando eles entraram no saguão do hotel, encontrei-me com o adorável casal que adotou essa menina quando ela tinha apenas três anos de idade. Eles estão escrevendo um livro com a história dela. É uma das situações mais incríveis que já vi com meus próprios olhos. Nós todos sabemos que cada vida é uma história. Às vezes, a história tem voltas e reviravoltas bizarras. Raramente escolhemos que uma história trágica faça parte de nossa vida, e, quando o fazemos, com frequência subestimamos quão profunda pode ser a angústia.

A nossa vida é moldada por outras, literalmente, desde o nascimento, e até mesmo as melhores intenções podem resultar nos sofrimentos mais inesperados. Cada um de nós começa com um mínimo de entendimento e precisando do máximo de informações. Pouco a pouco, chegamos ao estágio médio da infância, em que as informações que recebemos vêm dos outros e também de dentro de nós mesmos. Processamos de maneira mais inteligente todas as insinuações de realidade, tanto de nossos próprios estímulos como de nossa própria experiência. Finalmente, tornamo-nos adultos, com uma vontade soberana e a impressionante responsabilidade de tomar nossas próprias decisões. Mas de vez em quando nos ocorre um estranho pensamento: Somos, realmente, a nossa própria pessoa, ou fomos condicionados de maneiras além de nossa própria imaginação?

Durante muito tempo, pensei sobre a questão do motivo por que as pessoas se voltam para Deus. Lembro-me de uma mulher da Romênia que me disse que foi criada em um ambiente incondicionalmente ateu. Eles não podiam nem mesmo mencionar o nome de Deus em sua casa, porque alguém podia ouvir e toda a sua educação poderia ser negada. Depois que ela foi para os Estados Unidos, aconteceu que fui paciente dela quando me recuperava de uma cirurgia nas costas. Quando tive o privilégio de orar com ela, certo dia, ela disse, enxugando as lágrimas: "No fundo do meu coração, sempre acreditei que havia um Deus. Eu apenas não sabia como encontrá-lo".

Esse sentimento se repete dezenas de vezes. Há pouco tempo, tive o grande privilégio de encontrar duas pessoas importantes em um país reconhecidamente ateu. Depois que terminei de orar, uma delas disse: "Eu nunca orei, em toda minha vida, e nunca ouvi ninguém orar. Esta é uma situação nova para mim. Eu agradeço por me ensinar como orar". Foi um momento emocionante nas três horas de nossa noite, e ficou óbvio que até mesmo a fome espiritual que foi suprimida durante toda uma vida permanece em evidência quando a pessoa se encontra em uma situação em que é possível saciá-la.

Embora eu concorde que o problema da dor possa ser um dos maiores desafios para a fé em Deus, ouso sugerir que é o problema do prazer que nos leva com mais frequência a pensar em coisas espirituais. A sexualidade, a avareza, a fama e emoções momentâneas são, na verdade, as atrações mais precárias do mundo. A dor nos força a aceitar o fato de que somos finitos. Ela pode gerar cinismo, cansaço e fadiga, apenas por viver. A dor nos envia em busca de um poder maior. Introspecção, superstição, cerimônia e votos, tudo pode vir como resultado da dor. Mas o desapontamento no prazer é algo completamente diferente. Embora a dor com frequência possa ser considerada como um meio que leva a um fim maior, o prazer é visto como um fim em si mesmo. E depois do prazer, uma sensação de desânimo pode penetrar na alma da pessoa, uma sensação que pode levar à autodestruição. A dor pode ser temporária, mas o desapontamento no prazer traz o vazio... não apenas por um momento, mas pela vida toda. Pode parecer que a vida não tem uma razão, um propósito configurado previamente, se até mesmo o prazer não traz satisfação duradoura. A verdade é que conheço pessoas que, no auge de seu sucesso, voltaram-se para Deus, e conheço outras que, afogando-se na dor e na derrota, buscam a Deus por uma resposta. As duas situações extremas deixam perguntas angustiantes. Somente Deus sabe como responder a elas.

Essa luta entre a dor e o prazer, creio, dá espiritualidade a um objetivo mais definido. As pessoas em sofrimento podem buscar consolação e explicações. As pessoas desapontadas com o prazer buscam propósito. Dostoyevsky define o *inferno* como "a incapacidade de amar". Acho que é uma descrição bastante acertada. Mas é onde, acredito, o Ocidente perdeu o seu caminho e tropeçou na Nova Espiritualidade. Nós tínhamos o que nos levava a ter prazer, mas, no fim, o que sentimos nos tirou o que tínhamos, em termos de valor. O prazer desapontou no Ocidente e, no nosso tédio, continuamos buscando uma fuga, no estranho ou no distorcido, em vez de olhar para o que Deus revelou claramente, nos fundamentos da fé cristã, que apontam para a pessoa de Jesus Cristo.

Quando nos permitimos o prazer a ponto de destruir os valores que há dentro de nós, os fins em cuja direção seguimos tanto espiritual como pragmaticamente nos levam à areia movediça de nossas próprias buscas. Olhar o rosto de alguém que nasceu com uma deformidade pode provocar em nós o medo ou a comoção, e o desejo de desviar o olhar; mas o prazer roubado, a ponto de criar a deformidade espiritual na alma, faz com que fujamos de nós mesmos. Sabemos tão pouco como definir os propósitos da vida, porque buscamos o prazer pelo prazer, e saímos vazios da experiência.

## O Núcleo da Mensagem Cristã

"A verdade é mais estranha que a ficção, porque criamos a ficção de modo que nos fosse conveniente".[1] Assim disse G. K. Chesterton, que também declarou: "O que necessitamos não é uma religião que seja correta onde somos corretos, mas que seja correta onde somos errados".[2] Essas duas advertências nos manterão em boa situação, enquanto tentamos entender por que realmente buscamos respostas espirituais.

Em Salmos 8.4, Davi pergunta: "Que é o homem mortal para que te lembres dele? E o filho do homem, para que o visites?"

Que é o homem mortal? Que é a humanidade? Essa pergunta está por trás de todas as nossas buscas e necessidades. Se não temos a resposta à pergunta sobre que é o homem, não temos o direito de resposta a nenhuma outra pergunta. Estamos em nosso núcleo divino ou não? São essas as duas únicas opções? Há uma canção indiana muito comovente, que, traduzida literalmente, diz: "Eu não sou um Deus, nem sou Satanás... sou apenas um ser humano".

Não é fascinante como as canções rasgam a realidade da mortalha do sofisma em que tentamos nos enterrar? Quero examinar como os assuntos da dor e do prazer apontam da unicidade da fé cristã para a Nova Espiritualidade.

## Extraindo o Sentido da Essência

Praticamente três milênios antes de John Lennon, viveu um homem conhecido pela sua sabedoria. O seu nome era Salomão. Ele escreveu mais cânticos e provérbios que qualquer homem antes dele, e provavelmente mais que qualquer pessoa depois dele. Tenho fortes suspeitas de que, se ele tivesse vivido na nossa época, teria sido dono da maioria das emissoras de televisão. Ele adorava as artes. Também imaginava um mundo sem o céu acima, ou o inferno abaixo. Ele disse isso, de maneira muito obscura, no livro de Eclesiastes, quando usou a expressão "debaixo do sol", que quer dizer, literalmente, "sem nada que venha do alto ou de baixo". Ele se vangloriou de que "debaixo do sol" havia realizado cada sonho e esperança, cada paixão e indulgência, cada busca estética e intelectual que uma pessoa de sua época poderia conhecer. Ele viveu como se não houvesse céu a aspirar, ou inferno a temer. E a sua conclusão foi de que tudo era como correr atrás do vento... tudo era sem sentido.

Salomão estava certo. Não consigo imaginar um assunto com que é mais difícil lidar, que não seja o prazer. Todas as culturas exploram algum segmento da sociedade para amenizar necessidades, sejam particulares, sejam públicas. Todos nós buscamos o prazer, e o que nos dá prazer é uma revelação de nossos valores. Não é sempre que alguém ouve o assunto em questão, exceto como um fenômeno sociológico ou uma descrição psicológica. Em uma sociedade em que a pornografia se tornou uma indústria de bilhões de dólares, é evidente que o prazer é buscado na venda e depois dela. Mas lá no fundo, sempre está a pergunta ardente: Como podemos definir o que é legítimo e o que é ilegítimo? Uma Nova Espiritualidade que se centra em si mesma e reflete sobre si mesma não tem respostas a fornecer, grande parte dela se baseia, na verdade, na teoria psicológica, e se a psicologia é tudo o que temos para responder a essa pergunta, temos graves problemas.

Muito recentemente, Paul Bloom, professor de Yale, escreveu um livro sobre o prazer, *How Pleasure Works: The New Science of Why We Like What We Like*, em que afirma que deve haver alguma crença que fundamente o valor do que alguém está fazendo ou comprando para sentir prazer. Se alguém crê que está comprando algo que pertenceu a John F. Kennedy, o quociente de prazer é maior. Naturalmente, não é preciso ser formado em psicologia para saber disso. Mas o argumento que Bloom introduz remove o prazer de sua dimensão sensorial e o eleva à sua dimensão "essencial". Até aqui, tudo bem. Ele realmente tem razão. A essência de um ato é o seu fator determinante. Não é apenas o tato, ou o som, ou o sabor, que deve trazer prazer, a essência do ato deve determinar a intensidade do prazer. Ou seja, a essência de um ato, da maneira como o participante *crê* no ato, é a fonte do prazer. Isso nos tira da posição racionalista de "Penso, logo existo", e nos leva a "Penso, logo sinto". É a filosofia utilitária do prazer, a la Bentham e Mill (que desenvolveu uma válvula de prazer) na era pós-moderna.

Mas quando lemos essa explicação do prazer de um ponto de vista psicocientífico, o que acontece quando a matéria entra no espiritual e se reserva o direito de definir o espiritual fica rapidamente evidente. É uma variação copérnica na maneira como definimos os nossos próprios sentidos e, para mim, é precisamente a armadilha em que caem os adeptos da Nova Espiritualidade, apesar de seus objetivos e esperanças mais sublimes. Faça a si mesmo a seguinte pergunta: *Quem eu deveria temer mais, uma pessoa cuja deformidade me envia à ciência e à fé, em busca de respostas para a sua doença, ou uma pessoa que usa a ciência para promover o comportamento sadomasoquista, para deformar ainda mais a humanidade?* Os acadêmicos com frequência deixam de perceber o problema maior.

A razão por que buscamos a essência não é psicológica nem ancestral; é o fato de que somos projetados e estruturados espiritualmente, com o objetivo de sondar a natureza suprema de tudo o que é real. *É* uma questão espiritual. Nós temos uma fome de prazer, que vai além do aspecto físico porque, em última análise, somos seres espirituais. Este é o perigo que corre a Nova Espiritualidade; perverter a física e a psicologia para tentar explicar o espiritual nos deixa vulneráveis aos sadomasoquistas, que reivindicam a essência e possivelmente culpam a sua área psíquica pela maneira como pensam.

Esta é uma declaração muito importante, que estou fazendo. Quando ateus estridentes como Richard Dawkins difamam a fé cristã como algo irracional, fazem isso porque não estão de acordo com a metafísica de qualquer que a defenda. Quando zombam dos Deepak Chopras deste mundo por construírem um império espiritual supostamente obtido através de jargões científicos, eles o refutam por causa do uso inadequado, ou até mesmo pelo uso excessivo da física.

A vida é a busca do espiritual. Quer na agonia da dor, quer no desapontamento do prazer, buscamos uma essência que está além do físico. Deixe-me dar-lhe um exemplo. Suponha que você tivesse que criar uma criança, e dar-lhe tudo o que ela necessitasse... amor, abrigo, educação, sustento, todo o tempo, até que ela se tornasse uma pessoa adulta. Vamos chamar esse menino de Jason. Um dia, alguém bate à porta de Jason, e uma pessoa mais velha pede para falar com ele. Depois de alguns minutos de conversa, o visitante lhe dá a notícia de que é o pai biológico de Jason. Se esta for a primeira vez em que Jason tem a informação de que é adotado, o que você acha que irá acontecer? Você acha que ele lidará bem com isso? As suas emoções sensoriais o destruirão por dentro. "Por que nunca me disseram isso antes?", ele perguntaria aos pais adotivos. "Onde você estava quando eu precisei de você?", perguntaria ao pai biológico. A essência é muito mais que a fé. A essência se baseia no ser intrínseco da pessoa. Esta é a fome do espírito, por trás de meros componentes sensoriais e de fé.

É por isso que acredito que a mescla de dor com prazer está na raiz do dilema humano. Esses extremos de sentimentos, de um lado ou de outro do espectro, que a maioria de nós deseja evitar, mesmo quando somos atraídos para eles, são as realidades gêmeas que ajudam a moldar a nossa busca. Queremos encontrar a felicidade. Queremos evitar a dor. Queremos saber o que somos. Nós nos preocupamos com a nossa origem e a nossa essência. O prazer e a dor se tornam indicadores, por toda a nossa vida, que nos levarão ao nosso destino, e estamos arraigados na questão da nossa origem.

Não é suficiente dizer coisas agradáveis, como "Todas as religiões dizem a mesma coisa". Ninguém, e quero dizer ninguém mesmo, acredita realmente nisso. Se dizem que acreditam, você pode ver que estão mentindo, expondo a soberania preconcebida que exercem, avaliando uma religião como melhor que outra, uma soberania com a qual chegaram à conclusão de que todas as religiões levam ao mesmo destino, embora todas as religiões digam coisas diferentes. Como alguém pode fazer tal declaração? Nem mesmo em categorias amplas, elas não dizem a mesma coisa. O próprio Buda rejeitou o hinduísmo, por causa de alguns dos dogmas dessa religião. E poucos dias — literalmente — depois da sua morte, o budismo começou a se fragmentar em uma série de diferentes crenças budistas. Alguns até mesmo buscaram esconderijo, temendo ser mortos pelos desafios que estavam propondo à liderança. E pouco depois da morte de Maomé, sangue foi derramado sobre o seu possível sucessor. Dos cinco califas do Islã, três foram assassinados — embelezar tais fatos com delicadeza não faz favor nenhum a ninguém.

Essas divisões aconteceram por motivos religiosos? Oh, sim, é o que dizem. Foi por razões de essência, mas os defensores dessas crenças não conseguem entender a natureza essencial de suas crenças. Os sistemas de fé devem justificar a si mesmos. Se não puderem fazê-lo, exigiremos que algo ainda mais bizarro nos traga o mesmo nível de satisfação. Vamos falar sobre isso novamente. Por enquanto, deixe-me apresentar três coisas — relacionamento, administração e adoração – que devem definir a vida, para que entendamos a busca espiritual com a sua relação com o prazer e com a dor. Essas definições, então, constituem uma perspectiva, uma visão de mundo.

Capítulo 10

## Os laços que prendem

*Relacionamento*

Na perspectiva judaico-cristã, todo prazer é considerado, em última análise, da perspectiva do que tem valor e definição eternos. Sempre penso naquele dia em que os astronautas foram os primeiros a dar a volta no lado escuro da lua. Eles tiveram uma bela visão do "nascer da Terra" no horizonte da lua, envolta em uma magnífica mistura de azul e branco, e adornada pela luz do sol, contra o vazio escuro do espaço. Era algo que os olhos humanos nunca tinham visto antes. Não é fascinante que nenhum poema ou verso tenha vindo em auxílio do comandante, emprestando-lhe palavras para expressar esse minuto de assombro e reverência? Em vez disso, as palavras que vieram à sua mente foram as palavras iniciais do livro de Gênesis: "No princípio, criou Deus..."

Há momentos como esse, em nossa experiência, em que nada pode remover o milagre da vida humana. Nenhuma quantidade de tempo pode explicá-la. Nenhuma meditação pode satisfazer tudo o que o momento exige. Há algo extraordinário aqui. Não é apenas o milagre da vida, é o milagre da vida imbuído de um valor particular. A identidade da criança é tão importante quanto o fato de que ela existe. Todos nós sabemos disso. A Nova Espiritualidade distribui vida na generalidade da "consciência" e perde a particularidade do relacionamento pessoal. Assim, não é meramente sobre o tempo que estamos falando aqui, ou algum lago de consciência em que todos nós mergulhamos e de onde emergimos. Na perspectiva judaico-cristã, cremos que cada "pessoa" é, realmente, criada à imagem de Deus, pelo fato de que o próprio Deus é uma pessoa, e cada pessoa tem prioridades *relacionais* que são implicitamente embutidas, não pela natureza, mas pelo desígnio de Deus.

Considere novamente a tragédia do terremoto e do tsunami no Japão. Mesmo naquela cultura estoica, onde a comunidade está acima de todo o resto, cada pessoa que chorou estava pranteando a perda de seus entes queridos. Eles não estavam apenas lamentando a perda total da vida, mas também a sua perda pessoal. Isso é real, não é imaginário. Nós ficamos diante das sepulturas individuais das pessoas a quem amamos com mais frequência do que diante de uma sepultura de modo geral.

Mas, além disso, a condição de ser humano transcende o mero DNA. Há *valor* essencial em cada pessoa.

Recentemente, em um programa de competição na TV, um computador (chamado Watson, o mesmo nome do fundador da empresa IBM) derrotou com facilidade dois adversários humanos em um concurso de conhecimentos. Isso havia acontecido antes, quando o computador Deep Blue derrotou o campeão mundial de xadrez, Garry Kasparov. Os computadores são mais rápidos e melhores em cálculos e xadrez, mas o que um artigo diz é interessante: neste caso, em que a linguagem estava envolvida, a vitória de Watson sobre seus dois computadores humanos sugeria o plano da IBM de tornar a humanidade obsoleta. Eu acrescentaria que a vingança suprema seria que Watson negasse que os humanos existem, ou que eles "o" haviam criado. Você percebe, para criar um computador que fizesse tudo o que Watson fazia era necessária uma inteligência brilhante. Como disse David Ferrucci, o principal investigador da tecnologia da Watson DeepQA no centro de pesquisas da IBM:

> Quando lidamos com a linguagem, as coisas são muito diferentes. A linguagem é ambígua, é contextual, é implícita. As

palavras se baseiam, na realidade, apenas na cognição humana — e aparentemente, há um número infinito de maneiras de expressar o mesmo significado na linguagem. É um problema incrivelmente difícil para os computadores.[1]

Foi precisamente a codificação dessa "humanidade" em Watson que exigiu o esforço de 25 dos melhores cientistas em pesquisas da IBM, e eles fizeram isso com uma mistura de algoritmos e pura tecnologia de computação. "Watson é alimentado por 10 conjuntos de servidores IBM Power 750 com 2.880 núcleos de processadores e 15 terabytes de memória RAM; ele é capaz de operar à velocidade assombrosa de 80 trilhões de cálculos por segundo. Com esse tipo de capacidade de computação, Watson é capaz de... examinar os 200 milhões de páginas, aproximadamente, de conteúdo armazenado nele — o equivalente a um milhão de livros — e encontrar uma resposta confiável, em menos de três segundos".[2]

A pergunta é: "O que Watson está pensando ou fazendo agora?" A pergunta é reduzida a uma questão: O que quer dizer consciência? Quando agrupamos expressões como "consciência", "indivíduo", "certo", "errado", "bem" e "mal", estamos no caminho para o modo de pensar espiritual. Apenas a matéria ou o emprego do quantum não criam pensamento espiritual. Chopra pode escrever o quanto quiser, sobre um corpo eterno e uma mente atemporal, mas quando você perde um filho, perdeu algo que não poderá ser substituído — ainda que você tenha outro filho — e nunca poderá ser explicado pela filosofia de Chopra. Nunca.

O que isso quer dizer é que a nossa essência é, ao mesmo tempo, compartilhada e particular — uma verdade que é judaico-cristã em sua concepção. Isso me leva à noção crítica e limitadora da essência e sua conexão com o relacionamento. Ela deve ser definida antes que o prazer possa ser derivado, de modo legítimo ou não, conforme a essência daquilo que traz o prazer. Assim, não é meramente a essência do objeto de que estamos desfrutando que importa; é a essência da pessoa que está sentindo prazer que legitima ou não a experiência.

Existe uma clara e inequívoca declaração na fé judaico-cristã de que Deus nos criou para os seus propósitos, para cumprir a natureza sagrada da vida na particularidade da vida de um indivíduo, em um relacionamento com Ele e a sua presença interior. Esta particularidade não compensa o fato de ser parte da grande comunidade de outros seres humanos. Ela não nos endeusa, nem nos menospreza. Ser um ser humano é ser alguém criado à imagem de Deus, que é o ponto de referência em todos os relacionamentos. Esta é a diferença entre o islã e o cristianismo. No islã, uma pessoa matará, supostamente para proteger a honra de Alá. Na fé cristã, Jesus sacrificou a sua *própria* vida, para honrar o amor de Deus Pai, da maneira como é revelado para toda a humanidade. No panteísmo, o "eu" sofre a morte de mil qualificações; daí o termo vazio, "dever", em Gita, ou até mesmo "dharma". Para o cristão, o "eu" é uma pessoa valorizada por Deus. Há um mundo de diferenças em relação a todas as outras religiões.

Em busca desse relacionamento, buscamos realidades espirituais, e sempre acabamos criando Deus à nossa própria imagem, quando deixamos de ver, ou talvez não gostamos de ver, o que é que Deus pretendia nos transmitir no seu amor. Não, isso não é a "relatividade" da física, especial ou geral, ou da teoria quântica, ou mesmo da metafísica. É o relacionamento de uma pessoa consigo mesma. É quem somos, não fragmentados, no acréscimo de tudo o que faz de cada um de nós um indivíduo. É por isso que nos referimos a nós mesmos como "indivíduos"... indivisíveis... com o significado de que não podemos ser divididos em partes.

Mesmo no panteísmo, não é possível estar satisfeito com a categoria gnóstica de "conhecimento". Nem no Zen podemos meramente dizer que *"Rupa* não é nada". E é aqui que os monistas e vedantistas e pensadores zen querem que estejamos. Assim, o hinduísmo tem o Gita, o mais amado dos textos hindus (não os Vedas), em que são abordados problemas de guerra, devoção, adoração e sacrifício. Esses são problemas relacionais. "Como posso ir à guerra e matar meus irmãos?" foi a pergunta que Arjuna fez diante de Krishna. Mas ele não sabia quem era Krishna, e por isso a realidade e a natureza da fonte das respostas lhe foram ocultas, nos primeiros estágios do texto. O que é bom e o que é mau? Qual é a coisa *certa* a fazer? É o que Arjuna quer saber. Isso se resume ao dever, em uma obra chamada *Life (Vida).*

O budismo suscita as questões da pobreza, dor, doença, morte, responsabilidade e as causas da infelicidade. Não são apenas idéias; são coisas que são evidenciadas nas pessoas ou na maneira como impactam as pessoas. De todas as religiões, o islamismo é a menos focada nos relacionamentos, embora tenha a aparência de ser uma comunidade. E o resultado é lei, autoridade e poder sobre a comunidade. Isso se tornou a lógica para o islamismo. Assim, não é de surpreender que a própria palavra islã signifique "submeter". E não é de admirar que seja, às vezes, chamado "panteísmo de força" onde a individualidade é sacrificada no altar da autoridade. Alguns muçulmanos com quem falei admitem que isso é o que o islamismo é, mas insistem que não pretendia ser assim. Como você debate sobre uma questão, se é levado a se calar, a discordar? Esse autoritarismo e essa submissão se tornaram o fim da comunidade. Qualquer comunidade que exista, existe apenas nos estreitos limites da fé. Elas costumam oferecer aos seus adeptos as justificativas para que sacrifiquem a si mesmos pela sua "fé". Para estes a fé, na verdade, renega a própria pessoa humana.

Tenho dois amigos muito especiais cujas vidas têm sido uma bênção a incontáveis crianças que já nasceram deformadas. Eles criaram um orfanato que lhes dá um lar e buscam ajuda médica para corrigir o que possa ser corrigido. A seguir, procuram famílias que possam adotar essas crianças. Um menino sempre foi ignorado para adoção, porque tem uma anomalia cerebral que é muito rara. Com frequência, seus pensamentos não são conectados. Por volta dos nove anos de idade, eu me lembro, ele estava ficando desanimado, porque via os seus colegas, um por um, sendo escolhidos por famílias e deixando o orfanato. Ele começou a perguntar, aos que cuidavam dele, por que ninguém o adotava. Por que ninguém o escolhia?

Em uma série incrível de eventos, um casal do Estado do Texas, que já havia adotado uma criança do mesmo orfanato, telefonou para saber se esse menino ainda estava ali. Graças à bondade no coração dos pais, e à generosidade do casal que fundou o orfanato, que concordou em arcar com todos os custos da sua adoção, foi marcado o dia em que esse garotinho seria levado à sua nova casa. A parte especial da emoção para ele é o fato de que ele ficará com um dos meninos que foi seu colega, em certa época.

O seu nome verdadeiro é bastante difícil de pronunciar, mas é um nome relativamente normal, em seu contexto nativo. Seus pais adotivos lhe enviaram o nome que queriam dar a ele — Anson Josiah, cujas iniciais são A. J. Agora ele anda pelo orfanato, esperando que seus novos pais venham buscá-lo, dizendo a todo o mundo, enquanto aponta para o próprio peito: "Pode me chamar de A. J. Meu nome é A. J.". Não é interessante que, mesmo com a incapacidade de ter pensamentos conectados, ele é capaz de agarrar a redentora emoção de relacionamento e valor particular evidenciada no seu novo nome? Um dos grandes poemas épicos do Oriente Médio é *Shahnama* (ou *Shanameh*), escrito pelo poeta e autor persa Abu ol-Qasem Mansur Firdawsi (aprox. 935-1020). Nele, o autor narra a história lendária dos antigos reis e heróis da Pérsia. Os leitores ingleses conhecem a obra principalmente por meio da versão de Matthew Arnold, escrita na metade do século XIX: *Sohrab and Rustum* (*Sohrab e Rustum*). Lembro-me de tê-la lido quando era um rapaz, em Nova Délhi. Rustum é um poderoso guerreiro, não há ninguém melhor que ele. A guerra é o seu modo de vida, e, com o desenrolar da história, embora ele tenha uma família da qual deveria cuidar, Rustum está constantemente longe de casa, enfrentando desafios. Certo dia, ele encontra um guerreiro ainda mais jovem, porém igualmente famoso, de nome Sohrab, que reluta em enfrentá-lo, porque sabe que Rustum é, na verdade, seu pai. Anos antes, quando era apenas um menino, Sohrab havia sido enviado para longe de casa por sua mãe, que desejava poupá-lo do modo de vida de seu pai, e Rustum havia sido enganado e levado a crer que a criança que fora tirada de casa era uma menina, nascida quando ele estava viajando.

Sohrab e Rustum acabaram travando um combate. Por duas vezes, Sohrab poderia ter desferido uma ferida fatal em Rustum, mas o poupa. Finalmente, Rustum consegue que Sohrab caia de costas, e vitoriosamente enfia sua espada no lado do corpo de Sohrab. Enquanto a vida se esvai de seu corpo, Sohrab conta a Rustum quem ele é e, quando desafiado, prova o que diz, mostrando um medalhão que sua mãe lhe dera. O resto da história é o pesar e o remorso que dominam Rustum, quando percebe que matou seu próprio filho, que lhe havia poupado a vida quando teve a vantagem.

Acho completamente fascinantes as histórias de profundos relacionamentos que estão entrelaçadas às histórias das variadas culturas, histórias que revelam a tolice de sucumbir à atração do poder e do prestígio.

Que tragédia destruir os nossos próprios filhos, negando aquEle que nos deu a vida. Não é onde estamos hoje, em nossas guerras geopolíticas e religiosas?

Os bons e decentes entre nós pranteiam os lares destruídos. Pranteamos vidas destruídas. Pranteamos sonhos destruídos. Celebramos uniões. Nós nos alegramos com os longos relacionamentos que resistiram à prova do tempo. Esta é uma indicação, uma imensa indicação de como a vida deve ser vivida. Somos designados, moldados e condicionados para termos relacionamentos de honra, e em nosso coração, desejamos ver esses relacionamentos triunfantes, acima de todas as outras seduções. Já faz quase quatro décadas que perdi minha mãe. Acho que não há um dia sequer em que não pense nela. Tudo isso não é uma indicação, que nos é dada por aquEle que nos criou, de que somos destinados a viver em relacionamentos, e encontrar a nossa maior sensação de valor, satisfação e realização nos relacionamentos?

Os relacionamentos são multidirecionais e multidimensionais. Por isso, a física, a química e até mesmo a psicologia são todas pontos de partida inadequados. O relacionamento deve se iniciar com a essência, não a essência dos outros, mas a essência de nós mesmos. É por isso que o prazer e a dor se tornam críticos. Não é psicologicamente necessário ensinar a alguém que seus pais são importantes. Nós sabemos disso, por intuição. A minha vida está cheia de exemplos de pessoas que desejariam poder encontrar aquele amigo ou aquele relacionamento. Não é acidental que na longa bibliografia no final de seu livro sobre a espiritualidade, que se baseia, de certa forma, na literatura cristã, Elizabeth Lesses ainda encontre lugar para mencionar o livro *Anatomia de uma Dor*, de C. S. Lewis, um vigoroso livro sobre a profundidade da tristeza do autor quando perdeu sua esposa Joy.

Como e por que isso acontece? No cristianismo, a essência de toda e qualquer pessoa, e a realidade individual de cada vida são sagradas. São sagradas porque um valor intrínseco nos foi dado pelo nosso Criador. O ateísmo é a forma extrema de colocar um valor supremo em um universo acidental. Para o ateu, o único relacionamento verdadeiro é entre cada pessoa e o universo. E isso é tudo. Não há nada além disso, seja voz ou revelação. Para tentar mascarar a solidão desta realidade, oferecemos universos paralelos, alienígenas ou quaisquer outras entidades, em algum lugar, que um dia certamente nos encontrarão se não as encontrarmos antes. Há uma obra teatral escrita há alguns anos, com o título *Esperando Godot*. O título era um jogo de palavras, a respeito dos habitantes solitários do mundo na peça, que esperam por um Deus que nunca aparece. A peça, para honrar as ciências, deveria se chamar *Esperando Logos*, o que significaria a espera por uma palavra, de alguém de algum lugar lá fora.

No panteísmo, que é a base de grande parte da Nova Espiritualidade, o "eu" está perdido na união desejada com o supremo Absoluto Impessoal; não há mais "eu e você". No renascimento, todo o relacionamento com o que o precedeu se perde, e somos encorajados a crer que existe um relacionamento essencial somente com as obras do passado. Nessa estrutura cíclica, ninguém jamais responde pelo que o indivíduo estava pagando em seu primeiro nascimento. Afinal, não podemos ter um número infinito de vidas para nosso crédito; se houvesse um número infinito de nascimentos, nunca teríamos chegado a este nascimento em particular.

Assim, retrocedendo, qual é a dívida que ficamos devendo ao nascermos na primeira vida? Como disse, certa vez, um de meus amigos hindus, depois que conheceu Jesus, "Até mesmo os bancos são mais gentis comigo. Pelo menos, o banco me diz quanto eu devo e quanto tempo tenho para pagar o que devo. No carma, eu não sei o que devo nem quanto tempo me será necessário para pagá-lo". Para que Deepak Chopra traga alívio a Maharishi Mahesh Yogi, dizendo-lhe que o seu sangue (o de Chopra) não levaria o seu carma até os limites Maharishi; uma situação patética... o aluno tendo que assegurar ao professor que o carma não era carregado pelo sangue. Em que ele é carregado, alguém poderia perguntar, em um corpo eterno e em uma mente atemporal?

Um *relacionamento* com Deus que é individual e, ao mesmo tempo, que deve ser refletido ao resto da humanidade, em um direito de primogenitura compartilhado, é o presente de Deus para nós.

## *Administração*

É na área da administração que eu acho que os cristãos fizeram muitas coisas, mas também falharam de uma maneira muito grave. A prioridade estava correta, mas não se alcançou o objetivo. Deixe-me explicar. O mundo sente grande necessidade. Há muita coisa que precisa ser feita. Faça a si mesmo esta pergunta: *Qual perspectiva alcançou o mundo, de maneira mais global?* Os números são assustadoramente desproporcionais. Lembro-me, no princípio, de minhas viagens, quando eu ia visitar instituições para leprosos. Você pode ir até a entrada do deserto de Saara, ou à ilha de Molokai, no Havaí, e ver as pegadas de missionários cristãos em ação ali. Olhe para os hospitais, em muitas partes do mundo, os orfanatos, os abrigos, o cuidado pelas viúvas. Olhe muito além do alcance da propriedade de cada um. Não é suficiente dizer que a América tem muito e, por isso, os americanos devem doar.

E o que dizer da riqueza nas nações ricas em petróleo? Quantos hospitais e universidades, orfanatos e abrigos foram construídos com esse dinheiro? Há tanta necessidade na Índia que as pessoas simplesmente se acostumam a ela, e andam por ali sem se preocupar. Alá deseja que bilhões de dólares sejam gastos em uma mesquita, enquanto milhões de pessoas vivem em terrível necessidade? Bangladesh, uma nação muçulmana, é uma das áreas mais pobres do mundo, onde centenas de milhares de pessoas vivem abaixo da linha de pobreza.

Em contraste, vá a Abu Dhabi, outra nação muçulmana, onde o xeque gastou mais de três bilhões de dólares para construir uma mesquita. Isso é administração? Isso é para a glória de Deus ou para a glória de um reino terreno, que se esquece de outras pessoas da mesma fé, que estão vivendo no limite? Mas os cristãos de hoje não podem se basear nas ações dos cristãos de gerações anteriores. Hoje, seria bom que fizéssemos a nós mesmos essa mesma pergunta, quando construímos nossas igrejas em instalações gigantescas, que muitas vezes se parecem mais com memoriais dedicados a ícones humanos do que com alguma coisa que eleve o coração das pessoas a Deus.

Não importa o que possamos dizer, somente os cegos e antissociais podem ignorar as realidades de um mundo desesperadamente em necessidade. Mas tenho que dizer que há uma área em que nós, como cristãos, fomos negligentes. Podemos ter um bom registro de alcance dos feridos do mundo... para construir relacionamentos com o mundo; mas, de modo geral, nos esquecemos de que existe um mundo natural que também deve ser protegido. Nós fomos negligentes em questões do meio ambiente, e apenas porque o meio ambiente não tem sentimentos pisamos nele. O panteísta endeusa o impessoal, e nós o ignoramos. Os dois extremos estão errados. A ordem criada deve ser cuidada.

Se a essência me deu a razão para os relacionamentos, a existência me deu a autorização para a *administração*. O mundo existe, em termos reais. Não é meramente forma, é também substância.

## Adoração

Em meu estudo em casa, tenho um velho banco anglicano para oração. É o meu local de refúgio. É onde caio de joelhos diante de Deus e abro o meu coração expressando as minhas lutas e necessidades mais profundas.

Se você me tivesse dito, quando eu era um jovem que ia à igreja, que um dia eu desejaria um banco para oração, eu teria me desesperado mais do que já me desesperei. Ajoelhar-me em oração e estar ciente de outras pessoas ajoelhadas ao meu lado não era exatamente o ponto alto da minha semana. Eu espiava, com o canto do olho, para ver o que as outras pessoas estavam fazendo. *Adoração* não era nada além de uma palavra, em meu vocabulário. Eu via a oração e a repetição de credos como nada mais que um efeito hipnótico que me induzia algum estado de espírito. Isso tinha pouco significado, exceto por ocasião de exames e em momentos de crise. Era um tipo de "Deus, se estás aí, por favor, ajuda-me". Agora, em meus anos como adulto, vi mais coisas acontecendo durante o meu tempo de oração do que em qualquer outro momento.

A fome de adoração é um dos maiores sinais na vida. Na Índia, os templos estão cheios de gente, e toda a experiência ritual de sacerdotes, cerimônias, cânticos, bênçãos, temores e superstições, tudo isso é parte da cultura. Você cresce sabendo e aceitando que a "religião" é uma parte vital da vida de uma pessoa. O interessante é que raramente fazemos as perguntas que deveriam ser feitas. Por quê? Parece que quaisquer cerimônias que nos sejam ensinadas se tornam parte de nossa cultura pessoal, um hábito do coração e uma expressão de nossa comunidade. É muito frequente que os ritos religiosos sejam realizados por medo ou superstição, e raramente são questionados ou examinados.

Ao crescer, eu percebia muitas coisas culturalmente significativas que meus amigos faziam. Uma delas era tocar os pés do pai da família, como sinal de respeito. Este era um ato admirável e muito bonito de se ver. Todas as vezes que o pai entrasse na sala, ou quando o filho ou filha se despedia de seu pai, antes de sair, inclinava-se e tocava os pés do pai, como sinal de respeito, e havia uma rápida bênção cerimonial, que o pai dava a seus filhos. Eu tinha um colega de classe muito querido que seguia esse costume com toda devoção, mas eu percebia algo. A cerimônia havia se tornado nada mais que isso, e não refletia nenhuma realidade verdadeira. Na sua vida privada, os seus valores eram qualquer coisa, exceto honrar seu pai. Ainda mais trágico foi um dia de que me lembro bem, quando esse jovem se ensopou com querosene e acendeu um fósforo junto ao seu corpo. Quando seus pais chegaram em casa, encontraram seu corpo queimado. Que mensagem isso transmitiu aos pais? O filho que havia tocado os pés de seu pai, em respeito, e o pai que dera sua bênção ao filho, na realidade não conheciam um ao outro, não sabiam o que o outro estava pensando. Toda a formalidade e cerimônia não havia significado nada.

Esta é a suprema violação à adoração. Todas as cerimônias do mundo, toda a reverência superficial, não compensam a adoração. A adoração que é apropriadamente entendida e executada é uma extensão da vida. Ela informa tudo sobre a vida, tudo o que fazemos, e tudo o que dizemos e pensamos. No seu âmago, está a sensação e o serviço a Deus. A adoração traz em confluência todas as perguntas e respostas que temos e que não temos. Para as respostas que não temos, um relacionamento com aquEle que as tem nos faz continuar. É a submissão de nossa vontade, coração e propósito à vontade soberana e à pessoa do Deus que nos criou e que nos ama. A adoração é um relacionamento do qual flui toda inspiração, e o relacionamento por cujo intermédio todas as nossas necessidades são satisfeitas. É conhecer, ainda que parcialmente, aquEle que nos conhece de forma plena.

A adoração do Ser Supremo é o que torna possível encontrar unidade na diversidade no mundo ao meu redor, permitindo que eu encontre, antes de mais nada, unidade e diversidade dentro de mim mesmo. A *adoração* é o ponto de partida.

Uma vez que você entenda a essência, a existência e a reverência, no contexto de um relacionamento expresso em administração e adoração, o propósito da vida fica claro. Disso resultam a beneficência e os imperativos. Então, o *amor* pode ser definido legitimamente; caso contrário, ele não passará de uma palavra que estará aberta à interpretação de cada pessoa, que se dará dependendo do contexto em que cada uma viver. É assim que o legítimo prazer pode ser definido; de outro modo, todo o prazer estará à disposição de quem queira dele se apropriar.

O propósito da vida, dado pelo meu Criador, é geral e também específico. É geral, pelo fato de que todos nós devemos ter o sagrado como ponto de partida, em tudo. Isso até mesmo quer dizer que a noção de verdade é algo sagrado, que nos foi confiado. E é específico, pelo fato de que o amor tem seus limites. Quando Oprah disse que não conseguia imaginar Deus sendo zeloso, revelou sua definição distorcida do amor. Deus não é zeloso porque Ele nos quer para si mesmo, como uma possessão privada; Ele é zeloso porque quer que tenhamos a experiência suprema do amor, que, contrária às implicações das religiões pluralistas, é exclusiva. É a natureza do amor prender a si mesmo. O amor não é livre. Alguém que realmente ama outra pessoa não pode deixar de ser zeloso pelo objeto de seu amor.

Há algum tempo, assisti a um programa especial sobre o progresso que está sendo feito no desenvolvimento de membros artificiais. Embora eu estivesse maravilhado pela incrível genialidade mecânica de dar a uma pessoa braços e pernas, havia algo mais que podia facilmente passar despercebido. Duas pessoas que haviam recebido essas próteses e conseguiam se levantar de suas cadeiras de rodas disseram algo que foi totalmente inesperado: "É tão maravilhoso poder abraçar e ser abraçado novamente!". Quem teria pensado nisso, exceto alguém que tivesse estado em uma cadeira de rodas, e tivesse sido incapaz de abraçar ou de ser abraçado, por causa da intromissão da cadeira?

Deus nos abraça com o seu amor e nos deu o privilégio extraordinário do amor e da sexualidade em um relacionamento de que Deus se isentou, porque Ele é "Espírito"; o seu amor por nós é tão grande, que Ele providenciou que tivéssemos prazer na nossa finitude material. E Ele faz desse mesmo corpo a sua morada, o seu templo.

É verdade, a Nova Espiritualidade se compraz em falar sobre o sagrado, ou sobre propósito e significado, mas o ponto de partida de um absoluto pessoal, sem nenhum dos atributos de Deus, exceto pela negação, não justifica a participação dos adeptos da Nova Espiritualidade nas categorias de que eles gostam de falar. Ao deixar Deus de lado e endeusar a si mesmos, na verdade eles acabam perdendo o seu "eu" pessoal. Nós estamos, na verdade, amputados, porque não há ninguém a abraçar ou que nos abrace. Estamos sozinhos em um mundo onde tudo é nada, e nós somos parte do divino. Da perspectiva judaico-cristã, a humanidade é a criação suprema de um Deus pessoal e amoroso. Esse ponto de partida permite valores e imperativos que encontram suas definições em um Deus pessoal.

## *Por que Tanta Dor?*

Se um relacionamento com Deus, como base do prazer, forma o primeiro componente, a explicação da dor forma o seguinte. A falta de lógica da dor representa uma questão espinhosa, sobre a qual muita coisa tem sido escrita. Por que os inocentes sofrem? Por que enfrentamos todas essas doenças? Por que o sofrimento de milhões de pessoas, devido a desastres naturais ou à tirania de demagogos? Um Deus que ama não pode existir em um mundo ímpio. Escrevi muito sobre isso em livros anteriores. Mas permita-me ressaltar algumas ideias que podemos aceitar:

- A dor é um fato da vida.
- É um fato universal da vida.
- Há dimensões morais na maneira como expressamos nossas perguntas a respeito da dor.
- Todas as religiões tentam, explícita ou implicitamente, explicar a dor.

O primeiro pensamento é este: Por que fazemos essas perguntas sobre o sofrimento, no contexto da moralidade? Por que misturamos o fato da dor física com a exigência de uma explicação moral? Quem decidiu que a dor é imoral? Praticamente todos os ateus ou céticos que você lê citam isso como a principal razão para a sua negação da existência de Deus. Dizem que a virtude na aflição e o vício no triunfo criam os ateus da humanidade. O acadêmico do Novo Testamento Bart Ehrman, que se converteu em cético, é uma pessoa que afirma que essa pergunta sem resposta precipitou o seu abandono da fé em Cristo. Charles Darwin disse que foi "a condenável doutrina da condenação eterna" que acabou com a sua fé em Deus. Muitas pessoas que sobreviveram ao Holocausto afirmam que, quando o tormento acabou, descobriram que haviam perdido a sua fé em Deus.

Sabemos que, na estrutura judaico-cristã, a dor está conectada à realidade do mal e às escolhas que a humanidade fez, no princípio do tempo. O problema da dor e o problema do mal estão inextricavelmente conectados. No entanto:

- Quando pressupomos o mal, pressupomos o bem.
- Quando pressupomos o bem, pressupomos uma lei moral.
- Quando pressupomos uma lei moral, pressupomos um legislador moral; mas é esse que o cético ou o ateu geralmente tenta refutar.

Por que pressupor uma lei moral precisa de um legislador moral? Porque cada vez que surge a questão do mal, é sobre uma pessoa ou por uma pessoa. E isso, implicitamente, pressupõe que a questão é digna. Mas é uma questão digna, apenas se as pessoas tiverem valor intrínseco, e a única razão por que as pessoas têm valor intrínseco é o fato de que elas são as criações daquEle que tem supremo valor. Essa pessoa é Deus. Assim, a questão se autodestrói, para o naturalista ou panteísta. A questão da moralidade do mal ou da dor é válida apenas para um ateu.

Somente no teísmo cristão o amor é preexistente na Trindade, o que quer dizer que o amor precede a vida humana e se torna o valor absoluto para nós. Esse absoluto é encontrado, em última análise, apenas em Deus, e é conhecendo-o e amando-o que enfrentamos a dor, sabendo da sua conexão com o mal e a sua destruição, no final, por aquEle que é absolutamente bom e Todo-amoroso, e que, na verdade, nos deu a base para as palavras *bom* e *amor*, tanto em conceito como em linguagem.

Perto de minha casa, vive uma jovem que nasceu com uma doença muito rara, chamada CIPA... é a insensibilidade congênita à dor com anidrose. Imagine ter um corpo que parece normal, e funciona normalmente, exceto por uma coisa: você não consegue sentir dor física. Isso parece uma bênção. Mas a razão por que não é uma bênção, e é um problema, é o fato de que ela vive sob a constante ameaça de se ferir, sem mesmo saber disso. Se ela pisasse em um prego enferrujado, que poderia infectar a sua corrente sanguínea, nem mesmo perceberia isso, pela sensação. Se ela colocasse a mão sobre a chama acesa de um fogão, não saberia que havia acabado de queimar a mão, exceto se olhasse para a mão. Ela precisa de vigilância constante, porque poderia ter um ferimento não tratado, que poderia tirar a sua vida ou provocar grave debilitação. Quando sua família foi entrevistada, há vários anos, o que eu mais lembro é a declaração final de sua mãe, que disse: "Eu oro, todas as noites, pela minha filha, para que Deus lhe dê uma sensação de dor".

Se essa declaração fosse lida em um vácuo, nós nos perguntaríamos que tipo de mãe é essa. Mas como, mais que qualquer outra pessoa, ela entende os riscos dessa estranha doença, não há oração melhor que possa fazer, além de pedir que a sua filha sinta dor e seja capaz de reconhecer o que a dor anuncia.

Eu lhe proponho esta simples pergunta: Se, em nossa finitude, podemos apreciar o valor da dor, em uma única vida, é tão difícil aceitar a possibilidade de que um Deus infinito possa usar a dor para nos mostrar uma doença maior? Nós vemos através de um vidro escuro, porque tudo o que queremos é estar confortáveis. Não conseguimos entender o grande plano de um Deus onisciente que nos traz para junto dEle pelo valor da dor ou do desapontamento com o prazer.

James Stewart, da Escócia, escreveu uma brilhante passagem em um de seus livros, para descrever como, em Cristo, somos capazes de vencer o mistério do mal:

> É uma frase gloriosa: "Ele levou cativo o cativeiro". Isso quer dizer que Ele usou os mesmos triunfos de seus adversários para a derrota deles. Ele fez com que as suas sombrias realizações servissem aos seus fins, não aos deles. Eles o pregaram a um madeiro, sem saber que, com esse mesmo ato, estavam trazendo o mundo aos seus pés. Deram-lhe uma cruz, sem saber que Ele faria dela um trono. Eles o levaram para fora das portas da cidade para morrer, sem saber que, naquele exato momento, estavam levantando as portas do universo, para permitir a entrada do Rei. Eles pensaram que estavam extirpando as suas doutrinas, sem entender que estavam implantando, de maneira imperecível, no coração dos homens, o mesmo nome que desejavam destruir. Eles pensaram que haviam encurralado Deus, que o haviam deixado indefeso, impotente e derrotado; eles não sabiam que foi o

próprio Deus que os prendeu. Ele não venceu *apesar* do sombrio mistério do mal; Ele venceu *através* dele.³

A mesma coisa que nos escraviza e nos prende se torna aquilo que indica a necessidade que temos de Deus, e aquilo que nos leva ao reconhecimento da nossa própria finitude e à graça redentora de Deus. A dor da dor agarra a mão salvadora de Deus e nos leva aos seus braços.

Na Nova Espiritualidade, "prazer" e "dor" se tornam termos que se autorrefletem, a partir de um espelho que engana e distorce. Na pessoa de Deus, o nosso Criador, revelado em Jesus Cristo, vemos o que é o prazer legítimo, e por que o mal inflige dor. Esses sentimentos ou experiências reais nos apontam o nosso valor essencial e o nosso chamado a um relacionamento íntimo com Deus. Esse relacionamento tem um alcance que vai além de nós, até os outros, e nos impõe uma vida de administração de toda a criação, culminando na adoração.

Voltaremos a abordar a questão da dor antes do final deste livro.

# Capítulo 11

# A BUSCA POR JESUS

Na década de 1980, assisti a uma palestra proferida em conjunto por Francis Schaeffer e C. Everett Koop, ex-cirurgião geral dos Estados Unidos. Naquela conversa, Schaeffer fez um comentário que me pegou de surpresa. Ele disse que nós, do Ocidente, estávamos nos aproximando do dia em que o nome de Jesus não seria reconhecido pelo jovem comum; e se fosse reconhecido, nenhum fato histórico sobre Ele seria conhecido. Na época, achei sua declaração um pouco difícil de engolir e me perguntei se ele havia dito isso apenas para ser provocativo. Porém, uma geração mais tarde, isso está parecendo ser bem verdade. Acho um tanto surpreendente o fato de o nome de Jesus ser profanado com muita regularidade — e isso não acontece apenas no Ocidente. Ninguém se atreveria a usar o nome de Maomé da mesma forma. E com certeza nenhum hindu que conheço usaria o nome de qualquer uma de suas divindades com tal desrespeito.

Por que Jesus encontrou essa resposta, especialmente em uma cultura que tem se beneficiado tanto de seus ensinamentos e que deveria conhecê-lo melhor? Hoje, a triste realidade é que parece haver pouquíssima compreensão de quem é Jesus e daquilo que Ele ensinou. Dizem que é melhor um preletor ficar calado do que se apresentar e ministrar uma conferência ruim. Assim é com o conhecimento: É melhor não ter nenhum conhecimento do que ter uma distorção ou uma perversão daquilo que é um fato. Nesse terreno escorregadio da Nova Espiritualidade, as numerosas vozes que contribuíram para a cacofonia criaram mais um mercado de pulgas do que um reservatório de conhecimento. Na verdade, se muitas das pessoas que pertencem ao movimento e estão sob a mesma bandeira tivessem que comparar suas crenças, destruiriam seus pressupostos mutuamente. Não é estranho pensar que essas pessoas, com toda a ênfase que dão ao poder do "agora", defendam os seus argumentos com a "sabedoria antiga"?

Da mesma forma, existem muitas versões de Jesus sendo oferecidas, e essas inúmeras possibilidades podem causar estranheza às pessoas. Se todas as tramas e maquinações que os escritores de ficção criam em suas versões da história de Maria Madalena fossem verdade, ela teria sido sobrenatural para que pudesse estar em todos os locais em que a colocaram ao mesmo tempo. O Jesus dos novos espiritualistas é o Jesus de um mito, não de um fato.

## Perdendo-o

O Jesus da história tem sido agredido pelas mãos dos críticos que querem mais do que tudo tirá-lo de sua singularidade e fazer com que o seu precioso nome seja esquecido. No entanto, afirmo que quanto mais eu olho para o Jesus da história, e quanto mais vejo o incentivo inspirador que Ele tem sido, maior é a minha convicção de que não há nenhuma mensagem tão linda e poderosa quanto a dEle. Se alguém que busca Jesus de maneira honesta se sentasse frente a frente com Ele e fizesse as perguntas que gostaria, estou convencido de que essa pessoa encontraria esperança para o presente e confiança no futuro nas respostas de Jesus. Jesus oferece respostas; os novos espiritualistas, na verdade, não têm respostas.

Na maior parte do tempo, eles promovem o silêncio, de forma literal e prescritiva.

Recentemente, eu estava ouvindo um grupo de místicos que falavam sobre como a vida é serena quando servimos à "Mãe Natureza".

Que irônico! Após o terremoto e o tsunami no Japão, ninguém questionou a "Mãe Natureza", nem questionou a responsabilidade dela em tudo isso. Afinal, a terra tremeu. Não é estranho pensar que aqueles que acreditam na Mãe Natureza culpam a Deus Pai quando a Mãe Natureza se comporta mal? Talvez esta seja a vingança final para as explorações de gênero que aconteceram no passado.

Mas talvez seja a chave para a espiritualidade da Nova Era. As respostas fornecidas são apenas os sentimentos que alguém quer gerar, totalmente à parte de qualquer raciocínio. Isso não acontece quando se trata do Jesus da história e do mesmo Jesus da experiência. Ah, se as pessoas ouvissem os ensinamentos de Jesus de maneira justa e imparcial... Mas no volume das palavras oferecidas hoje, a história está se repetindo.

Há pelo menos três cenas que eu gostaria de ressaltar a fim de demonstrar como as pessoas perderam o Jesus da história e o Jesus que nos oferece vida e esperança nos lugares menos esperados. Compreender isso nos ajudará a saber como e onde poderemos encontrá-lo.

## *Fácil de Acontecer*

Quando olhamos para trás, para o Antigo Testamento, vemos que apesar de toda a instrução sobre a adoração — uma instrução repetida com frequência — uma perda espantosa ocorreu. Os sacerdotes controlavam tudo o que podiam, e tudo aquilo que estava ao seu alcance. A seu favor, usaram tudo que as cerimônias poderiam controlar. Mas quando algumas pessoas seletas ou eleitas controlam e vendem a salvação, as pessoas comuns sempre são as vítimas. Nenhuma religião é poupada aqui. Alguém poderia pensar que essa Nova Espiritualidade trouxe um novo Éden, e que seus rios fluem de maneira pacífica e calma. Mas não é assim... Na verdade, nunca foi assim. Poucas arenas se prestam ao abuso e à perda como a arena da religião.

No enorme Templo que Salomão construiu para a adoração do único Deus verdadeiro, as cerimônias eram comuns. Tudo aquilo que brilhava era ouro. A generosidade representada era quase sem precedentes... o esplendor régio do Templo era proverbial. Adoradores faziam peregrinações ao Templo e celebravam momentos-chave na vida da família ali. Mas Salomão se perdeu, e em pouco tempo seu povo se tornou como ovelhas sem pastor. O Templo permaneceu ocupado; as cerimônias continuaram a ser celebradas; mas algo fundamental havia sido perdido.

Muitos anos mais tarde, Josias se tornou rei e ordenou uma limpeza completa do Templo. Veja só o que aconteceu! Em meio àquela purificação massiva, o Livro da Lei — a Palavra escrita de Deus para seu povo — foi encontrado enterrado na poeira em algum lugar em uma sala dos fundos. O Templo era o lugar onde o Livro da Lei havia sido valorizado e protegido. Mas ninguém sabia nem mesmo que ele estava lá. E o mais triste de tudo, as pessoas não sentiram sua falta. Isso significava que as pessoas ainda estavam indo ao Templo para orar, mas Deus não mais estava no meio delas e elas nem mesmo sabiam disso. Na prática, era como se elas estivessem falando sozinhas. Elas compareciam ao Templo para ouvir, mas o livro estava perdido, então não havia ninguém para falar com elas. Elas estavam sentadas em uma câmara de eco, ouvindo apenas a si mesmas. Não havia ouvido para ouvi-las e nem voz para falar com elas. Elas viviam suas vidas em um vazio, e realizavam as suas cerimônias e cultos nessa mesma condição.

É difícil imaginar como algo assim pode ter acontecido. Mas isso já aconteceu várias vezes ao longo da história. Alguém disse que o mais importante na vida é manter aquilo que é mais importante, o mais importante... porque sempre há várias opções que estão competindo para substituir o mais importante.

A Bíblia descreve o achado surpreendente em 2 Reis 22.8-10:

> Então, disse o sumo sacerdote Hilquias ao escrivão Safã: Achei o livro da Lei na Casa do Senhor. E Hilquias deu o livro a Safã, e ele o leu. Então, o escrivão Safã veio ao rei, e referiu ao rei a resposta, e disse: Teus servos ajuntaram o dinheiro que se achou na casa e o entregaram na mão dos que têm o cargo da obra, que estão encarregados da Casa do Senhor. Também Safã, o escrivão, fez saber ao rei dizendo: O sacerdote Hilquias me deu um livro. E Safã o leu diante do rei.

Imagine a cena. O depósito mais sagrado havia sido perdido... perdido no lugar que foi construído para guardá-lo. Ao encontrá-lo, o rei foi tomado pela emoção. Ele reuniu o povo em uma assembleia e leu o livro em voz alta. O tesouro há muito perdido havia sido redescoberto, e houve um tempo de arrependimento nacional diante de Deus. Uma coisa seria perder o Livro da Lei durante uma viagem, ou depois de escondê-lo em algum lugar para "guardá-lo com segurança"; outra bem diferente seria a localização de seu esconderijo ser esquecida durante anos. Mas... perdê-lo no próprio Templo?

A Palavra de Deus, que era chamada de Lei, havia sido a sabedoria e a luz que direcionavam geração após geração. Havia se passado pouco mais de 700 anos desde que o povo tinha voltado do cativeiro no Egito. O mesmo Livro da Lei foi lido para os israelitas à medida que eles adentravam sua pátria nos tempos de Josué. Eles eram constantemente lembrados de que deveriam ensinar o conteúdo do Livro a seus filhos e para as gerações que estavam por vir, de modo que nunca se esquecessem de como haviam sido resgatados por Deus contra todas as probabilidades e trazidos de volta do cativeiro. O Livro da Lei continha instruções de Deus para a vida do povo após sua libertação.

Não posso ignorar a necessidade de fazer uma observação aqui: Olhe para o mundo de hoje e observe quantas guerras estão sendo travadas por causa de disputas de fronteira. O interessante é que consideramos essas guerras como disputas legítimas, mas não queremos que Deus tenha a prerrogativa de estabelecer limites para nós.

Quando criança, eu sempre jogava bolinhas de gude com meus amigos. Havia um conjunto de regras para o jogo, mas um dos meus amigos introduziu uma nova regra, capturada em duas palavras: "Tudo meu!" A regra era que a primeira pessoa a gritar "tudo meu" tornava-se aquela que determinava que regras seriam aplicadas, e quando isso aconteceria. Até mesmo um jogo de bolinhas de gude perde a graça quando as regras são aplicadas de acordo com os caprichos de uma pessoa. Nosso mundo tem rejeitado a lei transcendente e está tentando jogar o jogo de acordo com a regra do "tudo meu". Mas quando dois "meus" colidem, nós nos encontramos andando através de um terrível campo minado.

No tempo que veio depois do governo de Salomão, cada pessoa começou a fazer o que era reto aos seus próprios olhos. Aquele foi de fato um tempo de "tudo meu". Aos poucos, o ensino da Lei foi perdido, e com a sociedade no caos total, foi necessária uma purificação maciça do Templo, liderada por um jovem monarca, para que esse documento fosse encontrado.

Nunca vou esquecer a primeira vez que visitei a Rússia durante os dias da Guerra Fria. Visitei uma igreja antiga e histórica na cidade de Leningrado, que agora é chamada São Petersburgo. Observei as pessoas entrando na igreja para participar do culto. A maioria delas era bastante idosa. Quando o pastor começou a falar, minha esposa e eu observamos a maneira como uma mulher idosa desdobrou cuidadosamente as camadas de um pano antigo que estava em seu colo, até que finalmente pegou uma Bíblia. Ela segurou aquela Bíblia com muita ternura, como o tesouro mais precioso e frágil. Ela era uma das poucas pessoas da igreja que tinham uma Bíblia. Isso aconteceu há mais de vinte anos.

Há alguns dias, falei a um auditório lotado em Moscou. O homem que me apresentou ao público disse: "Se você visitasse Moscou um tempinho atrás, é provável que a única Bíblia que veria estivesse em um museu. Hoje, há pelo menos mil Bíblias neste auditório. Que coisa grandiosa aconteceu no nosso país!" O público reagiu com aplausos estrondosos.

Sentei-me e pensei como os Estados Unidos de hoje seriam, caso tivéssemos estado sem a Bíblia durante 90 anos. O que forneceu o caráter distinto dos Estados Unidos da América foi o belo ensinamento da Palavra de Deus através do tempo. Foi essa Palavra de Deus que colocou uma canção no coração dos escravos durante seus dias mais sombrios. Foi essa Palavra de Deus que sustentou, encorajou e deu convicção a William Wilberforce para falar contra a escravidão, na longa luta que visava à abolição da servidão na Comunidade Britânica.

Foi essa mesma Palavra de Deus que inspirou Martin Luther King Jr. em sua busca pela liberdade civil. Mahatma Gandhi fez citações frequentes a partir do Sermão da Montanha pregado por Jesus e registrado na Palavra de Deus. E essa mesma Palavra de Deus tem transformado a vida de muitos que estão aprisionados, e de muitas outras pessoas que eu poderia registrar — algumas delas das partes mais escuras do mundo, lugares onde a luz da Palavra de Deus brilhou. Os novos espiritualistas fariam bem em ler a Palavra de Deus novamente sem preconceitos e encontrar nela o tesouro que Deus deu a todos nós.

Qualquer nação que negligencie o ensino da sacralidade da vida e da família o faz por sua conta e risco. Qualquer nação que sancione a remoção dos limites ordenados por Deus destruirá a si mesma.

Lembro-me de perguntar a um hindu e a um muçulmano no Canadá por que eles colocaram seus filhos em uma escola cristã em vez de colocá-los em uma escola pública. Ambos responderam à pergunta da mesma maneira: "Pelo menos na escola cristã eles aprenderão que os valores são algo muito sagrado e não serão ensinados de acordo com os valores seculares". "Preferimos direcioná-los ao Deus em quem acreditamos, do que provar para eles que Deus existe", disse um deles. Que abordagem interessante à falta de valores, ao secularismo sem Deus! Quando a Palavra de Deus se perde, a base do sagrado também se perde e tudo passa a ser tolerado.

Um dos livros mais grandiosos de todos os tempos foi escrito por John Bunyan. Acredito que, fora a Bíblia, esse livro foi traduzido em mais línguas do que qualquer outro. Refiro-me, naturalmente, à obra chamada *O Peregrino*. Nessa obra, o Peregrino luta pela vida carregando seu fardo, passando pela provação na Feira da Vaidade, no Pântano da Desconfiança, e assim por diante. O Peregrino só se livra de seu fardo quando chega ao pé da cruz no topo da colina. Mas a jornada não termina aí. Ele encontra os "Três Resplandecentes": O primeiro é o Anjo da Aurora, que o cumprimenta com as seguintes palavras: "Seus pecados estão perdoados". O segundo é o Anjo da Luz do Dia, que retira seus trapos e lhe dá novas roupas. O terceiro é o Anjo do Crepúsculo, que mostra ao peregrino o caminho do portão da Cidade Celestial. Esse terceiro anjo também coloca uma marca em sua testa e lhe dá um pergaminho para que ele possa ter um mapa que ajude a guiá-lo em seu caminho. O primeiro anjo atende sua necessidade espiritual, o segundo aborda suas necessidades físicas, e o terceiro envolve suas necessidades intelectuais e lhe dá ferramentas para ajudá-lo e instruí-lo ao longo da jornada.

A caminhada cristã envolve todas as três áreas da vida — a espiritual, a prática e a intelectual. Essas áreas não são mutuamente exclusivas. Deus é um Ser imensamente prático, mas também nos orienta com razão e sabedoria. A Palavra de Deus é o livro que foi nos dado para que sejamos informados, enriquecidos, ensinados, corrigidos e orientados, de modo que sigamos rumo à cidade celestial. Se perdermos essa Palavra, perdemos a luz que nos guia na jornada.

## Um Acontecimento Incrível

A segunda cena que quero trazer diante de nós está relatada no Evangelho de Lucas:

> Ora, todos os anos, iam seus pais a Jerusalém, à Festa da Páscoa. E, tendo ele já doze anos, subiram a Jerusalém, segundo o costume do dia da festa. E, regressando eles, terminados aqueles dias, ficou o menino Jesus em Jerusalém, e não o souberam seus pais. Pensando, porém, eles que viria de companhia pelo caminho, andaram caminho de um dia e procuravam-no entre os parentes e conhecidos. E, como o não encontrassem, voltaram a Jerusalém em busca dele. E aconteceu que, passados três dias, o acharam no templo, assentado no meio dos doutores, ouvindo-os e interrogando-os. E todos os que o ouviam admiravam a sua inteligência e respostas. E, quando o viram, maravilharam-se, e disse-lhe sua mãe: Filho, por que fizeste assim para conosco? Eis que teu pai e eu, ansiosos, te procurávamos. E ele lhes disse: Por que é que me procuráveis? Não sabeis que me convém tratar dos negócios de meu Pai? E eles não compreenderam as palavras que lhes dizia. (Lc 2.41-50)

Os pais de Jesus haviam passado por todas as exigências cerimoniais e estavam indo para casa. Para mim, é irônico pensar que esta era a época da Páscoa, a época em que os cordeiros eram sacrificados para que o perdão dos pecados fosse concedido; o prenúncio do sacrifício de Jesus. Fico imaginando que perguntas Jesus fez a esses intelectuais. A Bíblia nos diz que esses homens ficaram surpresos. Os pais de Jesus perceberam sua ausência antes do entardecer do primeiro dia de sua jornada para casa. Isso poderia ter acontecido facilmente. Eram tempos em que a família e os amigos viajavam juntos em caravanas, e aquele era um momento muito festivo para a nação. Podemos imaginar como Maria e José devem ter ficado deprimidos e agitados à medida que corriam de volta a Jerusalém. Eles só encontraram Jesus depois de três dias de uma busca cada vez mais desesperada. Jesus estava no Templo, que foi o lugar onde seus pais o tinham visto pela última vez.

A reação imediata dos pais foi repreendê-lo... Se você for pai ou mãe, tenho certeza de que pode entender como Maria e José estavam se sentindo. "E ele lhes disse: Por que é que me procuráveis? Não sabeis que me convém tratar dos negócios de meu Pai?" E a Escritura nos diz que José e Maria não entenderam exatamente o que Jesus disse sobre o ocorrido.

A pergunta que Jesus fez para seus pais foi surpreendente: "Não sabeis que me convém tratar dos negócios de meu Pai?" A tese defendida por Deepak Chopra, de que Jesus atingiu uma "consciência divina", é apenas um pensamento ilusório de sua parte. Nessa passagem fica evidente que Jesus sabia quem Ele era desde muito cedo. Quando foi batizado por João Batista; no casamento em Caná onde transformou água em vinho; à beira-mar onde chamou os seus discípulos; quando purificou o Templo expulsando aqueles que o profanavam; quando estava diante dos sacerdotes naquele julgamento simulado; ou diante de Pôncio Pilatos. Ele sabia muito bem quem era. Quando Jesus derrubou as mesas dos cambistas e dos vendedores ambulantes da religião que estavam usando o Templo como um local para ganhar dinheiro de maneira desonesta, explorando e enganando as pessoas através de uma mera cerimônia, Ele usou a seguinte expressão: "Casa de meu Pai" (Jo 2.16).

Ele não está se referindo a uma "consciência mais elevada". Este é um lugar literal e físico de oração e adoração que Jesus chama única e corretamente de "casa de meu Pai". É interessante observar que quando ensinou seus discípulos a orar, Jesus começou com "Pai Nosso", mas quando purificou o Templo se referiu ao local como "casa de meu Pai".

A espiritualidade da Nova Era continua a perder o verdadeiro Jesus porque o reduz a apenas outra voz e a apenas outro professor ou mestre. Nenhum outro demandante se referiu ao Templo na primeira pessoa do singular. Aquela era uma casa de oração para todas as nações. Mas também era o lugar onde Deus havia dito que se encontraria com eles como uma comunidade. Os pais do menino Jesus perderam-no no próprio local onde Ele foi encontrado. Comentarei isso mais tarde, e também falarei das falhas da cristandade como um todo em relação a essa perda tão grande e custosa.

## Isso Acontece o Tempo Todo

Primeiro, a ausência da Palavra; segundo, a ausência do Filho. Agora, em terceiro lugar, a ausência da Verdade. Há uma terceira cena. Este, dentre todos os cenários, ocorre quando os três fatores de autoridade religiosa, prática cultural e poder político convergem. No Evangelho de João, capítulo 18, mais uma vez é época da Páscoa. Jesus não é mais um menino. Ele é um homem adulto, e sua obra na terra está prestes a chegar ao fim. Os líderes religiosos estão no auge de seu poder e se comprazem em se impressionar consigo mesmos, à medida que lideram a nação na adoração cerimonial, nesse momento nacionalmente importante do ano. Expressões culturais entram em jogo, incluindo um costume que concedia uma graça especial a um prisioneiro, alguém culpado de crimes menores, de práticas que a cultura considerava uma violação de suas convicções ou até mesmo um criminoso culpado de crimes hediondos.

É durante esse período que Jesus é levado diante de Pilatos, que está envolvido em uma queda de braço entre César e as autoridades religiosas na Judeia. Esses líderes israelitas ameaçam agir com deslealdade a César caso Pilatos não faça com Jesus o que eles desejam. Se pudessem convencer Pilatos de que Jesus era sedicioso e um extremista religioso contrário à autoridade romana, poderiam alcançar seus objetivos de acabar com Ele, justificando sua morte com um raciocínio que pareceria politicamente razoável.

No final do capítulo 18 do livro de João, encontramos Jesus diante de Pilatos. Pilatos tenta envolver Jesus ao perguntar se Ele é realmente o rei dos judeus (v. 33). Jesus pergunta com perspicácia se a pergunta de Pilatos é genuína ou se foi previamente elaborada. Eu já disse em várias ocasiões que a intenção precede o conteúdo. Pilatos, um tanto irritado, diz que embora não tenha nada a ver com aquela prisão, o futuro de Jesus está nas suas mãos. Esta não é a arrogância com a qual alguns governantes políticos e especialistas de mídia vivem? Vemos artigos, especialmente na época de Natal e na Páscoa, perguntando: "Existe um futuro para Deus?" Esta também é a pergunta que Stalin e Mao fizeram e responderam de forma negativa. Ambos se foram, e a Igreja na China está mais forte do que nunca, enquanto grande parte do mesmo está acontecendo na Rússia.

A pergunta deveria ser se há qualquer futuro para a humanidade, caso esteja separada de Deus.

A resposta de Jesus à pergunta de Pilatos é profunda. "O meu Reino não é deste mundo", Ele diz (Jo 18.36). "Logo tu és rei?", surge a resposta triunfante de Pilatos (v. 37). Pilatos pode tirar vantagem desse diálogo.

Jesus responde: "Eu para isso nasci e para isso vim ao mundo, a fim de dar testemunho da verdade. Todo aquele que é da verdade ouve a minha voz" (v. 37).

"Que é a verdade?" Pilatos faz esta pergunta com desgosto, e vai embora (v. 38).

Penso que este é um dos momentos mais marcantes da Bíblia. Vamos dar uma pausa e colocar isso em contexto. Na profecia de Isaías, lemos: "Porque um menino nos nasceu, um filho se nos deu" (Is 9.6). Observe cuidadosamente que o Filho não nasce: O Filho existe eternamente.

Agora, note que Jesus diz: "Eu para isso nasci". A encarnação de Jesus não o criou; a encarnação o trouxe para dentro do contexto de nossa condição humana. Ele não precisava atingir a consciência de que era Deus; Ele era Deus em carne, a expressão encarnada de Deus. Ele não atingiu um auge ao fazer o que fez; Jesus fez o que fez por causa de "quem" Ele já era. De fato, no livro de Filipenses nos é dito que embora Jesus tivesse a forma de Deus, Ele "não teve por usurpação ser igual a Deus" (2.6). Aquilo que os novos espiritualistas procuram fazer de Jesus, afirmando que Ele foi um homem que alcançou a consciência de Deus (Chopra, em particular), é especificamente negado nas Escrituras. A Bíblia continua, e no primeiro capítulo de Hebreus nos é dito que em tempos anteriores Deus nos falou através de seus profetas, mas agora, nos últimos dias, falou-nos através de seu Filho: A "Palavra/Verbo de Deus" tornou-se "carne" e habitou entre nós.

As pessoas a quem a Palavra e os milagres de Deus foram dados se perderam no alvoroço da cerimônia. Seus pais perderam Jesus porque não entenderam completamente quem Ele era. Hoje o perdemos porque preferimos viver uma mentira ao invés de viver a verdade; preferimos acreditar que somos deuses, quando na verdade somos uma glória da criação que foi desvirtuada. Criamos um contexto de rebelião dentro de nós mesmos contra Ele.

Por essa razão, não estamos mais no lado da verdade. Jesus faz uma declaração completa dizendo que nossas verdadeiras intenções sobre a verdade ou a falsidade são reveladas por aquilo que fazemos com Ele.

Essa passagem da Escritura descreve com precisão o nosso desprezo moderno pela verdade, nosso apego ao poder e nossa entrega voluntária à cultura. O fato de nossas autoridades religiosas, nossos representantes políticos e símbolos culturais se unirem para crucificá-lo mais uma vez em nossos dias não é acidental. Barrabás foi libertado... uma prática cultural foi cumprida. "Nós temos uma lei"... aquilo que era politicamente correto foi imposto. "Segundo a nossa lei, deve morrer, porque se fez Filho de Deus"... tudo a mando e com a bênção da religião. A ironia é que Ele não quis ser propriedade de nenhum dos três: nem da cultura, nem da política, nem da religião.

É muito fácil perder Jesus na infinidade de práticas do Templo. É fácil perdê-lo na correria atarefada de nossa vida familiar. É fácil limitá-lo em nome de nossas leis. Esta é a acusação mais forte que faço contra a Nova Espiritualidade. Os novos espiritualistas deturparam o verdadeiro Jesus e o modelaram à sua própria imagem. Enquanto exaltam a si mesmos, eles denigrem Jesus. Contra o pano de fundo e a ética em evolução de uma cultura que está perdida, a Nova Espiritualidade tem manipulado o texto da Escritura, ignorado a história com redefinições de seus próprios desejos culturais para alavancar o seu próprio benefício. Considere os ataques culturais que os novos espiritualistas fazem contra o cristianismo, os quais lhes dão a atenção das pessoas que gostariam de rejeitar o cristianismo por causa de suas próprias escolhas morais.

Não só a cultura, a política e a religião ou a espiritualidade se reúnem para matar Jesus; ironicamente, é só nEle que a Palavra, a carne, e tudo aquilo que é absoluto se reúnem. No primeiro capítulo de seu Evangelho, João diz: "No princípio, era o Verbo, e o Verbo estava com Deus, e o Verbo era Deus... E o Verbo se fez carne e habitou entre nós, e vimos a sua glória, como a glória do Unigênito do Pai, cheio de graça e de verdade" (Jo 1.1,14).

Nesta passagem, o autor do Evangelho destrói as falsas crenças dos gnósticos e dos legalistas. A encarnação de Jesus mostrou que a carne não era corrupta, embora fosse corruptível. Jesus nos mostrou que poderíamos ver a glória de Deus "na carne". É maravilhoso saber que tudo o que se perde pode ser encontrado nEle, por meio da graça. Hoje somos um pouco mais sofisticados do que os pais de Jesus. Nós não o perdemos em lugares; nós o expulsamos de nossa vida e justificamos isso com ideias.

# Capítulo 12

# REMODELANDO JESUS PARA ADEQUÁ-LO AOS NOSSOS PRECONCEITOS

## *O Jesus Distorcido*

Há algo muito inteligente na maneira como a Nova Espiritualidade lida com a Bíblia. Um exame à abrangente lista de leituras sobre a espiritualidade, no livro de Elizabeth Lesser, revela o preconceito. Como já observei, entre os vários livros de autoria oriental, C. S. Lewis é o único autor listado que tem grande estima pela Bíblia. Assim, no que diz respeito ao Antigo Testamento e ao Novo, Lesses faz esta espantosa observação:

> Qualquer viajante moderno na Paisagem da Alma achará os livros santos do judaísmo e do cristianismo úteis, de duas maneiras distintas. Em primeiro lugar, eles explicam a psique e a perspectiva ocidental; e, em segundo lugar, oferecem alguns dos mais inspiradores ensinamentos e parábolas já escritos.[1]

"Em primeiro lugar, eles explicam a psique e a perspectiva ocidental." Que declaração incrível feita por alguém que, supostamente, exibe erudição. A Bíblia é um livro oriental, sobre pessoas orientais. Explicar a psique ocidental lendo a Bíblia, exceto pelo fato de que a Bíblia influenciou o pensamento e a cultura ocidentais, é explicar a psique oriental lendo o livro dos mórmons. Esta é a distorção hermenêutica que invade uma parte muito grande da Nova Espiritualidade. Mas aqui há uma pista. Estes são, na realidade, psicólogos disfarçados de linguistas e teólogos. Há características de William James e Carl Gustavjung e outros no que dizem. É precisamente o que Sri Sri Ravi Shankar faz, em maior grau, e Vivekananda faz, em menor grau. Em certo sentido, não é justo para Vivekananda incluí-lo nesse grupo. Vivekananda foi um verdadeiro acadêmico, mas suas incursões na explicação a respeito de Jesus deram ímpeto àqueles de credenciais menos impressionantes.

## O Jesus Não Crucificado

As reflexões de Eckhart Tolle revelam os mesmos jogos de palavras no que diz respeito ao Jesus histórico. Tolle é o mestre em não dizer nada enquanto as massas se sentam e olham para ele, assombradas. Acho difícil crer que os seus pronunciamentos sobre os assuntos mais profundos da vida sejam levados com qualquer seriedade por seus leitores. Esta é a maneira mais gentil que posso usar para falar a respeito. Aqui está a maneira como ele trata a expressão "o caminho da cruz":

> Há muitos relatos de pessoas que dizem ter encontrado Deus em meio a seu profundo sofrimento, e há a expressão cristã "o caminho da cruz", que, suponho, aponta para a mesma coisa... A rigor, essas pessoas não encontraram Deus em meio a seus sofrimentos. Não considero que isso seja encontrar Deus, porque como você pode encontrar o que nunca esteve perdido, a própria vida que você é? A palavra Deus é limitadora, não apenas por causa dos milhares de anos de concepção equivocada e emprego inapropriado, mas também porque sugere uma entidade que não é você. Deus é a Existência propriamente dita, e não um ser. Não é possível aqui um relacionamento sujeito-objeto, não pode haver dualidade, não pode haver você *e* Deus... A pior coisa na sua vida, a sua cruz, se converte na melhor coisa que já aconteceu a você,

por forçá-lo à rendição, à "morte", por forçá-lo a se tornar como nada, a se tornar como Deus — porque Deus também é nada.²

Lembro-me de ouvir, durante a minha adolescência, um sermão intitulado "Something About Nothing" ("Algo a Respeito do Nada"). Quando saíamos da igreja, e todos se perguntavam secretamente o que tinham ouvido, um homem se inclinou e me sussurrou, junto ao ouvido: "Pelo menos, ele nos advertiu sobre o conteúdo". Tolle é o mais verborrágico autor sobre "nada" que alguém pode ler. Mas certamente ele faz isso bem. Quando você termina o livro, não está mais no mesmo "agora" que quando o começou, e, o que é fascinante, você não é mais o mesmo "você" que começou a leitura. Essas discussões, antes reservadas ao comediante Bob Newhart, em seu número cômico como um psiquiatra, agora são comercializadas em massa, como sendo brilhantes e esclarecedoras.

## O Jesus Imparcial

Naturalmente, a obra de Neale Donald Walsch, *Conversations with God* (Conversas com Deus) não poderia estar contida em um único volume: ela exigiu três volumes. É óbvio, ele não vivia apenas no agora. Ele nos alertou de que haveria um "então". Você consegue perceber o motivo? A resposta não é difícil. Mas Walsch alega que fala em nome de Deus. Este é, provavelmente, o supremo cenário de Screwtape, em sua forma mais sedutora. Pelo menos, em *Screwtape Letters*, de Lewis, sabíamos quem era Screwtape. Em *Conversations with God*, lemos a mentira suprema de que é Deus, ou um substituto de Deus, na melhor das hipóteses, que está falando. Abaixo está uma conversa que Walsch imagina:

"Por que criaste dois sexos?... Como devemos lidar com essa experiência incrível, chamada sexualidade?"
[A resposta de Deus, pela pena de Walsch:] "Não com vergonha, com certeza. E não com culpa, e não com medo... A gratificação pessoal sofreu um duro golpe com o passar dos anos, e essa é a principal razão por que há tanta culpa conectada ao sexo... Pratique dizer isto dez vezes por dia: EU AMO O SEXO... EU AMO O DINHEIRO... EU AMO A MIM

MESMO! A religião quer que você acredite nela. E é por isso que todas as religiões acabam falhando! A *espiritualidade*, por outro lado, sempre será bem- sucedida. *A renúncia a si mesmo é destruição*".[3]

Em uma seção em que, na verdade, Hitler tem permissão de entrar no céu, o capítulo termina com "Deus" nos dizendo:

Então, vocês vão condenar Adão e Eva, ou agradecer a eles? E o que vocês acham que devo fazer com Hitler? Digo-lhes o seguinte: o amor de Deus, e a compaixão de Deus, a sabedoria de Deus e o perdão de Deus, a intenção de Deus e o propósito de Deus, tudo isso é grande o suficiente para incluir até mesmo o crime mais hediondo e o criminoso mais hediondo. Vocês podem não concordar com isso, mas não importa. Vocês acabam de aprender o que vieram descobrir.[4]

Há outras supostas conversas com Deus, no livro de Walsch, que não desejo sequer mencionar. É a nova maneira insolente, crua e vulgar de nos insensibilizar ao sagrado e deformar a nossa mentalidade, tudo em nome da "fala de Deus".

Mas, novamente, isso não é tão original assim. Quando a sociedade deixa de pensar de modo racional e quando as paixões reinam, supremas, para derrotar tudo o que estiver no caminho da nossa autonomia, então quanto mais radical o ensinamento, mais divulgação obtém. Quando mais divulgação obtém, mais famosos se tornam os que o propagam. Quanto mais famosos eles se tornam, menos respeito têm por alguém que não concorde com eles. A sua arrogância se torna autoendeusamento. A postura "nobre" de não julgar nada ou ninguém, na verdade, erradicou as distinções, e as palavras são usadas para nos dizer que, na verdade, nada tem significado particular. Essa linha de pensamento também reflete suas fontes espirituais.

Deixe-me concluir esta seção com uma citação do Gita, que reflete as ideias de Donald Walsch, séculos atrás:

*O que quer que tenha acontecido é bom.*
*O que quer que esteja acontecendo também é bom.*
*O que quer que aconteça, isso também será bom.*

O que você perdeu pelo que está chorando?
O que você trouxe que tenha perdido?
O que você criou que está destruído?
O que quer que você tenha tirado, foi tirado apenas daqui.
O que quer que você tenha dado, é dado apenas daqui.
O que quer que seja seu hoje, amanhã pertencerá a outra pessoa.

*Essa mudança inevitável é a lei do universo, e o objeto de minha criação.* (Krishna)

Desconsidere todos os tempos verbais, apesar de Tolle, e terá aqui a erosão das categorias morais: em Tolle, você tem a erosão das categorias temporais; em Walsch, a erosão das categorias essenciais; e em todos os autores da Nova Espiritualidade, por fim, a erosão dos absolutos morais. Este é um jogo de palavras mortal. Moralidade, tempo, essência, absolutos — tudo é deixado de lado, em nome da espiritualidade. O que sobra é apenas negar qualquer pessoa que ainda se apega a essas distinções. Assim, vamos repaginar Jesus.

## O Jesus Não Exclusivo

Elizabeth Lesser escreve a partir da perspectiva de sua própria jornada espiritual, dizendo que não há necessidade de limitar a sua fonte de sabedoria a uma única tradição ou até mesmo religião... que aquilo que se identifica com a sua própria experiência é suficiente para incitar você à descoberta da "consciência vasta, unificada e fundamental" a que ela chama Deus.[5]

Este é o último golpe no coração da transcendência. Você é o transcendente. Você determina que não há Deus lá fora. Você é o supremo alfa e ômega. Você decide o que é mais adequado para você. Quem disse? Não necessariamente você, mas "eles".

## O Jesus Esclarecido

Eu teria que dizer que, se existe um livro que mais retrata a distorção de pensamento por trás da Nova Espiritualidade, é o livro mais infeliz de Deepak Chopra, *The Third Jesus* (O Terceiro Jesus), que é um livro que jamais deveria ter sido escrito. Aqui, tenho que implorar indulgência, porque não é sempre que reajo de maneira tão veemente ao ponto de vista de outra pessoa, mas faz muito tempo desde que li uma obra tão mal direcionada com relação a um tema tão sublime. Aqui, ele está fora do seu campo; francamente, repetidas vezes, ele revela a sua ignorância a respeito do texto e do contexto, e ouso dizer, a respeito da linguagem do texto. Temos que nos perguntar se ele tinha escritores substitutos porque as referências revelam quão pouco ele conhece o assunto, e quão pequeno é o seu conhecimento geral.

Mas mesmo antes de chegarmos ao seu texto, tenho algumas perguntas. Em primeiro lugar, o livro é dedicado aos "irmãos cristãos irlandeses da Índia, que me apresentaram a Jesus quando eu era um menino". O Jesus que eles lhe apresentaram é o Jesus do seu texto?

A seguir, vamos examinar os nomes que aprovam o livro. Não há um só autor, nessa longa lista de nomes, que realmente creia que a Bíblia é a Palavra de Deus. Posso muito bem escrever uma crítica ao hinduísmo e pedir que acadêmicos muçulmanos a aprovem. Pedir que o bispo Spong aprove um livro sobre as incursões de Jesus na comédia. E se a aprovação de Spong ao Jesus de Chopra significa alguma coisa, então a sua própria tese sobre Jesus, nos livros que ele mesmo escreveu, está errada.

Mas tudo isso é parte do pacote de Chopra. Assim, continuemos com a substância. Por que ele dá ao seu livro o título *The Third Jesus* (O Terceiro Jesus)? Segundo Chopra, "O Jesus histórico foi perdido... varrido pela história". Ele diz que "o primeiro Jesus foi um rabino, que peregrinou pelas costas do norte da Galileia, há muitos séculos". Segundo Chopra, o primeiro Jesus não é consistente nos ensinamentos que transmitiu, "como mostrará uma leitura atenta dos Evangelhos... e, no entanto", acrescenta ele, "quanto mais contradições descobrimos, menos mítico esse Jesus se torna... como disse, certa vez, um famoso professor espiritual indiano: 'A medida do esclarecimento é quão confortável você se sente, com as suas próprias contradições'".[6]

O que Chopra está dizendo? Ele degrada as ações e palavras de Jesus, chamando-as de "contraditórias", ao mesmo tempo em que deduz que esta é uma qualidade positiva. Os adeptos da Nova Espiritualidade são os que acusam aqueles que são levados, racionalmente, a adotar uma visão de vida limitada demais, porém não são lentos em acusar o cristianismo de contraditório. E Chopra não tenciona

## Remodelando Jesus para adequá-lo aos nossos preconceitos— 185

que seja algo positivo quando acusa o cristianismo de contraditório. Contudo, uma vez mais, ele encontra uma saída, lançando a citação "A medida do esclarecimento é quão confortável você se sente, com as suas próprias contradições". Podemos apenas mover a cabeça em reprovação, e perguntar como é possível até mesmo pensar nesses termos. Mas esse é o diferencial de Deepak Chopra. E, supostamente, ele sabe o que está falando, e por isso continua:

> Milhões de pessoas adoram outro Jesus... que nunca existiu, que nem mesmo afirma ter a fugaz substância do primeiro Jesus. Este é o Jesus construído durante milhares de anos por teólogos e outros acadêmicos... o Espírito Santo, o Cristo Três-em-Um, a origem de sacramentos e orações que eram desconhecidos do rabino Jesus, quando Ele esteve na terra... o Príncipe da Paz em cujo nome foram travadas batalhas sangrentas. Este segundo Jesus não pode ser aceito se a teologia não tiver sido aceita antes.
>
> O segundo Jesus nos leva ao deserto, sem um caminho claro. Ele se torna a fundação de uma religião que proliferou e se dividiu em cerca de vinte mil seitas [que] discutem incessantemente sobre cada fio das vestes de um fantasma... no entanto, em seu nome, o cristianismo se manifesta a respeito da homossexualidade, do controle de natalidade e do aborto.[7]

Aqui, não posso deixar de registrar um comentário. O fato de que tais bobagens sejam produzidas pela pena de um homem instruído é incompreensível. Na realidade, é deplorável e manipulativo. "O Espírito Santo, o Deus Três em Um". Não tenho certeza de a que ele se refere. Quem fez de Jesus o Espírito Santo? Cristo nunca afirmou ser três em um. Chopra não parece entender que eles são personagens distintas. Eu poderia adicionar que, se ele está criticando a doutrina cristã da Trindade, como parece estar, e acha difícil crer em "três em um", como é que não tem nenhuma dificuldade em crer que toda a humanidade é Uma? E quando se dedica a explicações problemáticas de certos comportamentos dos gurus, ele nos diz que cada um deles é, na verdade, três em um. (Abordaremos isso com mais detalhes do capítulo 13.)

Além disso, é razoável supor que Chopra, um médico, um ético e uma pessoa que crê que cada ser humano traz, em si, a fagulha da divindade, não tenha nada a declarar a respeito do aborto? Você pode ter certeza absoluta, sem uma sombra de dúvida, de que Chopra sabe exatamente o que está dizendo aqui. Ele não conhece a diferença entre a doutrina católica e a protestante? Esses comentários são facadas nas costas de seus "irmãos cristãos irlandeses". O lado intelectual de suas declarações é vazio. O Sr. Chopra está claramente recorrendo à provocação cultural, disfarçando deduções irracionais de significado vazio. O que tem esse Cristo teológico a ver com essas questões? Ele sabe exatamente o quê. Estas são as questões que motivam aqueles que não querem que qualquer perspectiva sobre a sexualidade ou o aborto influencie suas próprias escolhas para desprezar o cristianismo. Que maneira melhor poderia ele encontrar para tornar a sua tese plausível para tais pessoas do que apresentar uma caricatura daquilo que é a origem da sua rejeição? Para um homem que postula Sanatan Dharma, há uma provocação pesada, e muito próxima ao ódio por trás de seus pronunciamentos. Eu gostaria de ouvi-lo responder ao famoso guru indiano, Swami Ramdev, que declarou que a homossexualidade é uma doença mental e que ele pode curar o câncer com a ioga. Interessante é que esses swamis e gurus têm quem dê ouvidos a tais declarações. Não se deixe enganar pelo uso que Chopra faz de terminologia serena. É óbvio qual é o talento comunicativo que ele está usando.

Segundo Chopra, essas duas versões de Jesus que ele inventou, o que ele chama de "o grosseiro personagem histórico e a criação teológica abstrata" roubaram do mundo "algo precioso: o Jesus que ensinava seus seguidores como alcançar a consciência de Deus".[8] É estarrecedor até mesmo pensar que um acadêmico honesto despiria o Cristo da história de sua autenticidade, e então se queixaria de que aqueles que creem naquele Cristo histórico roubaram dEle algo precioso.

Mas na introdução ao seu livro, ele lançou a fundação de sua dedução, declarando, categoricamente, que Jesus não descendia fisicamente de Deus, nem retornou ao céu para estar à direita de Deus. Ele declara que aquilo que fez de Jesus o Filho de Deus foi o fato de que Ele adquiriu consciência de Deus, que, segundo ele, o próprio Jesus afirmou repetidas vezes, declarando que Ele e o Pai são um só.[9]

Uma tese como esta, apresentada no nome da sabedoria, nunca teria sido levada a sério em uma escola que respeitasse a integridade da hermenêutica, que é a ciência de interpretação que procura lidar honestamente com o texto, com base em sua história e gramática. Deixe-me apenas apresentar três coisas, para começar, a fim de mostrar o quanto o Dr. Chopra está mal informado.

Em primeiro lugar, Chopra comenta que Jesus disse "repetidas vezes... 'Eu e o Pai somos um'". Ele usa esse texto para respaldar a sua declaração de que Jesus "adquiriu" consciência de Deus. Verdade? Jesus usou essa expressão "repetidas vezes"? Ele a declarou uma única vez, no Evangelho de João. Não apenas isso, como o contexto em que Ele proferiu a frase foi o de que Ele (Jesus) é o único caminho até o Pai.

A manipulação de Chopra desses textos, de modo a fazer com que eles queriam dizer o que ele quer que digam não é nada diferente da manipulação que ele faz do hinduísmo, usando a sua base para fazer com que o seu Sanatan Dharma pareça eclético e não categorizado. Mas isso não é tudo. Para respaldar a sua tese de que esse "terceiro" Jesus obteve esclarecimento, Chopra usa, de maneira inapropriada, dezenas de passagens do Novo Testamento, a mesma fonte que já havia menosprezado, negando que nós realmente saibamos qualquer coisa a respeito do Jesus histórico. Assim, qual é a opção correta? As passagens são verdadeiras ou não? Se são verdadeiras o suficiente para que ele as use como referências para a sua teoria, por que ele insiste que o seu contexto não é verdadeiro no que elas dizem a respeito de Jesus? Em outras palavras, seria como se eu dissesse que os Vedas são historicamente suspeitos e indignos de confiança, e então usasse os mesmos Vedas para provar que Jesus é a verdade.

As suas inexatidões continuam. A descrição que ele faz de Jesus, como o Filho do Homem, revela uma total ignorância da natureza técnica desse título. Em resumo, a nova espiritualidade de Sanatan Dharma que ele adota, reduzindo o Jesus da história ao seu próprio molde hermenêutico distorcido reflete uma sabedoria desonesta que não pode ter as duas coisas. Ele não pode usar o texto para provar o que quer dizer, e, ao mesmo tempo, rejeitar o texto para criar o seu livro.

Ele também esconde, dentro de si, uma ideologia universal que não é possível esconder. Isso é típico dos autores da Nova Espiritualidade que gostam de sugerir que os seus ensinamentos também incorporam a Bíblia. Ele começa o seu capítulo sobre "Karma — Sowing and Reaping" [Carma — Semear e Colher] dizendo que descobrir o quanto Jesus tem a dizer sobre o carma foi uma grande surpresa para ele, ao escrever o livro. O dogma principal do carma, diz Chopra, é o fato de que cada ação funciona como uma semente, que brota e traz frutos como resultado.

Uma vez mais, Chopra brinca com doutrina. Aquele dogma "principal" do carma não é meramente uma conexão entre o semear e o colher, mas está interligado à crença sistêmica de que cada nascimento é um renascimento. Nessa crença, de que cada nascimento é um renascimento, se introduz o ciclo cármico. Chopra conclui a sua seção sobre o carma citando, em primeiro lugar, Mateus 11.30: "Porque o meu jugo é suave, e o meu fardo é leve", e depois dizendo que Jesus prometeu aos seus seguidores que não haveria trabalho no céu, sendo a maior implicação a de que o carma não mais existiria, com base na sua própria experiência no céu e na crença de Chopra de que a palavra *jugo*, em inglês *yoke*, vem da mesma raiz que *ioga*... "união com Deus".[10]

Esta é uma bobagem tão patética que eu fico surpreso pelo fato de Chopra não dizer que se trata de uma demonstração de que Jesus também cria em um programa de redução de peso, uma vez que o seu "fardo é leve".

Em segundo lugar, Chopra se envolve em um clássico uso inapropriado de fontes. Ele mistura textos apócrifos com gnósticos, e, francamente, não estou certo de que algumas das suas fontes sejam as que ele diz que são. Uma citação que ele afirma ser do "Evangelho de Tomé", que tem 114 versículos, na sua nota de rodapé, ele indica "versículos 144, 172 et al"; algumas de outras citações que ele usa não têm correspondência em nenhuma tradução. Esses versículos não existem. A menos que ele tenha a sua própria versão, não há nada que corresponda a essas citações, ainda que remotamente. Poderia ser, é claro, que algum investigador lhe deu essa informação e que Chopra nem mesmo sabia que há apenas 114 versículos no assim chamado "Evangelho de Tomé", que, na verdade, não é um evangelho, e certamente não foi escrito por Tomé.

Em terceiro lugar, Chopra é mais distorcido em suas interpretações quando chega às passagens difíceis. Em João 14.6-7, Jesus diz:

"Eu sou o caminho, e a verdade, e a vida. Ninguém vem ao Pai senão por mim. Se vós me conhecêsseis a mim, também conheceríeis a meu Pai; e já desde agora o conheceis e o tendes visto".

Jesus disse essas palavras no contexto de que estava preparando o céu para os seus seguidores, e os seus seguidores, para o céu. O comentário de Chopra a respeito desse versículo é de que o autor do Evangelho estava tentando confirmar Jesus como o Messias, de uma maneira indiscutível, uma vez que a ressurreição seria uma pálida lembrança depois da destruição do Templo de Jerusalém.

De onde ele tem a ideia de que a ressurreição era uma pálida lembrança? Ele não percebe que a mensagem da ressurreição estava prestes a conquistar Roma, quando este Evangelho foi escrito, sem mencionar o seu impacto sobre toda a região? Na realidade, ele está dizendo que Jesus nunca proferiu essas palavras, que João fabricou esse versículo. Aqui, Chopra está totalmente confuso. Parece não importar o que Jesus diz, ou afirma, ou declara; no vocabulário de Chopra, "maior consciência" é o botão de escape, porque é onde ele nos quer levar. Ele faz a mesma coisa com as passagens mais familiares, como João 3.16, que diz: "Porque Deus amou o mundo de tal maneira que deu o seu Filho unigênito, para que todo aquele que nele crê não pereça, mas tenha a vida eterna". Chopra altera o contexto e faz dele um pretexto para reduzir a verdade a algo que possa servir a seus objetivos.

Será que ele faria algo assim com o Corão? Chamem isso de covardia ou hipocrisia intelectual, ou ambas as coisas, mas a sua tática de distorcer o Novo Testamento para provar suas declarações, na verdade, é ridicularizar a si próprio. Infelizmente, ele consegue o seu objetivo de enganar aqueles que não têm melhores conhecimentos. O seu raciocínio não é indutivo nem dedutivo; é lógica imprecisa, empregada para alcançar um objetivo.

### *Nivelando (na Verdade, Inclinando) o Campo*

Veja a Espiritualidade da Nova Era pelo que ela é: uma metodologia sistêmica de apelar a uma mentalidade que despreza algumas coisas e que segue uma abordagem de reducionismo, que, na realidade, distorce qualquer declaração que seja divergente daquelas que a Nova Espiritualidade aprova, para torná-las, todas, a mesma coisa. Este é o objetivo da Nova Espiritualidade. Trazer tudo ao mesmo nível. Este é o objetivo claro. Em seu profundo preconceito contra o cristianismo, os adeptos da Nova Espiritualidade maldizem o Cristo da história, para convertê-lo em uma imagem que seja coerente com suas ideias. Em sua breve sinopse, de um volume, de autores espirituais, *50 Spiritual Classics* (50 Clássicos Espirituais), o autor inglês Tom Butler-Bowdon revela esse preconceito de maneira ainda mais clara. Depois de examinar todos os tipos de posições extremas a respeito da espiritualidade, incluindo a de Ram Dass, e depois de aceitá-las, mesmo em suas perigosas recomendações, ainda assim ele encontra, em sua pena, coragem suficiente para considerar negativamente qualquer autor cristão que defenda a salvação por meio de Cristo.

Alguns leitores podem se lembrar de que Ram Dass é, na verdade, o Dr. Richard Alpert, ex-professor de psicologia na Universidade de Harvard. Nos anos 1960, ele e Timothy Leary saíam para beber juntos, e descobriram os efeitos alucinógenos dos cogumelos negros, no México. Alpert e Leary, juntamente com Aldous Huxley, compraram uma forma sintética desse cogumelo "mágico", a psilocibina, que, segundo eles, dava-lhes visões e os ajudava a vivenciar o "eu" que está por trás da fachada do conhecimento, e o "eu" da percepção do tempo. Era exatamente isso que Alpert estivera procurando. Deixando sua posição em Harvard, e com sua mochila às costas, ele fez uma viagem pela Índia, onde conheceu outro americano, um guru de nome Bhagwan Dass. Bhagwan Dass (nunca nos foi dito seu nome americano) apresentou Richard Alpert ao ensinamento do "Agora", em sua versão pré-Tolle, e Richard Alpert foi "libertado" de sua "mentalidade puramente baseada na racionalidade" e levado a uma nova consciência, e se tornou Ram Dass. Ram Dass, cujo nome quer dizer "servo de Ram", a divindade hindu, está sob a proteção de Bhagwan Dass, cujo nome quer dizer "servo de Deus". Ele foi levado, segundo as suas próprias palavras, "além da personalidade, até a consciência", e "além da racionalidade". Ram Dass escreveu um livro chamado *Be Here Now: A Cookbook for a Sacred Life*, em que fala sobre a maneira de "despertar, da meditação ao jejum e às drogas".[11]

Muitos leitores podem não se dar conta de que uma grande maioria dos homens de Varanasi, a cidade sagrada da Índia, consomem drogas até a inconsciência durante Shivratri, uma eufórica celebração do terceiro membro da Hindu Trimurti, Shiva, o Destruidor.

Eles passam a noite em um estupor em meio ao consumo de drogas, sem dúvida o tipo de celebração de que gosta Ram Dass. Menciono isso porque Butler-Bowdon diz que o livro de Ram Dass é "uma das obras notáveis sobre transformação espiritual" que "nos lembra de Agostinho".[12] É realmente uma pena que Agostinho não esteja aqui para solicitar que o seu nome seja removido dessa lista.

A respeito da obra de Rick Warren, *Uma Vida com Propósitos*, a crítica de Butler-Bowdon é o fato de que alguns leitores se ofenderão pela postura cristã fundamentalista do livro. Ele considera a declaração de Warren de que as pessoas são salvas apenas pela fé em Cristo "um pouco ameaçadora", e discorda de Warren, por não dar crédito a outras fés ou tradições. "Fervor religioso é uma coisa", diz ele, "mas negar a verdade de outras crenças é o que faz com que *Uma Vida com Propósitos* pareça, em algumas passagens, bastante limitado". Ele também se ofende pelo apoio de Warren às missões, ou à transmissão da mensagem de Cristo a outros povos, em outras áreas do mundo.[13]

O comentário de Butler-Bowdon sobre o significado e a aplicação da obra de C. S. Lewis, *Screwtape Letters*, é muito superficial, e ele desafia o leitor a elevá-lo sozinho acima de seus próprios limites. Nós nos acostumamos a ver esses comentários reservados a pensadores e autores cristãos e a lamentar que o Cristo da história e da experiência esteja perdido em seus textos, e que as palavras mais pejorativas estejam reservadas aos que seguem a Cristo.

Aqui está o resumo de tudo: se você tomar todas as religiões do mundo, e todas as declarações de condição divina ou profética, e igualar tudo isso (mas as teístas, um pouco menos iguais) então você terá uma falsa indução em ação, que levará você, por meio do uso sedutor da linguagem, e pela redução da espiritualidade, a um misticismo pragmático, até que se deduza que, afinal, há apenas Um. E esse Um é você. O campo não está nivelado. Ele está pendendo em direção contrária a qualquer fé monoteísta, e é panteísta, em seus pontos de partida e de final, determinados. Autores como Butler-Bowdon não apresentam clássicos, na realidade... eles são motivados ideologicamente e não conseguem resistir, e reservam suas mais pontiagudas farpas ao cristianismo.

Mas perceba a inteligência. Ao criar uma tensão cultural em seu benefício, seja no meio ambiente, seja na sexualidade, ou no conflito entre os sexos, ou na correção política, eles engendram uma atitude negativa com relação a qualquer coisa que se pareça às "antigas autoridades" (a menos que sejam panteístas) ou aos absolutos, e encontram, então, um coração pronto a se rebelar rumo à autonomia. A Nova Espiritualidade encoraja uma teoria unificada de Deus, que é, na verdade, uma entidade não definida, uma religião feita por encomenda para cada pessoa. Mas não se deixe enganar por essa conversa espiritual do tipo "vamos nos reunir". A razão por que há tantos movimentos, tantas vozes, tantas organizações e tantos centros de tratamento e retiro é que eles não creem na sua própria teoria comunitária de espiritualidade. É, na verdade, um caso de cada um com o seu próprio tipo pessoal de espiritualidade, agarrando a mais recente fonte antiga, que pareça mais esotérica que a seguinte. No final, o que se perde é a distinção entre Deus, a humanidade e o mundo animal. É por isso que todas essas definições apelam para a intuição, obtida pela introspecção. A Nova Espiritualidade terá o seu período de validade e também sofrerá, um dia, o mesmo destino que o cristianismo, quando comercializado.

O apóstolo Paulo resumiu essa tática, há dois mil anos, em sua Carta aos Romanos, quando disse:

> Porque as suas coisas invisíveis, desde a criação do mundo, tanto o seu eterno poder como a sua divindade, se entendem e claramente se veem pelas coisas que estão criadas, para que eles fiquem inescusáveis; porquanto, tendo conhecido a Deus, não o glorificaram como Deus, nem lhe deram graças; antes, em seus discursos se desvaneceram, e o seu coração insensato se obscureceu. Dizendo-se sábios, tornaram-se loucos. E mudaram a glória do Deus incorruptível em semelhança da imagem de homem corruptível, e de aves, e de quadrúpedes, e de répteis. (Rm 1.20-23)

### *Há uma Razão*

Antes de oferecer uma breve crítica à Nova Espiritualidade, devo dizer que há algumas áreas em que a igreja deve aceitar parte da culpa pelo descrédito que lhe foi trazido pelos novos espiritualistas:

1. São raras as igrejas que fazem justiça à mensagem de Cristo e às suas reivindicações em relação à nossa vida. "As igrejas", disse-

me um crítico, "são clubes de campo para pessoas boas... elas não são, na realidade, tão agradáveis a todos os demais". Tenho que admitir que, pessoalmente, sentei-me em meio a grandes congregações de cristãos, e depois saí e me perguntei o que eu teria pensado do cristianismo, se o que vivenciei tivesse sido o que ouvi, antes de vir até Cristo. Na maior parte do tempo, há um imenso abismo entre a pregação e a adoração de hoje, e o que se pretendia que fossem a fé em Cristo e a adoração a Deus.

Receio que as formas e os programas tenham convertido a mensagem de Jesus em um tipo de programa de entretenimento em que os membros da congregação são meros espectadores que vêm assistir a um espetáculo. Tenho amigos que saem das igrejas que frequentam durante o momento dedicado à música, porque é ensurdecedor ficar no interior da igreja. Mas eles gostam da pregação e voltam a entrar na igreja nesse momento. Outros me dizem que deixaram de ir à igreja porque não há, absolutamente, nenhuma substância em nada do que é ensinado. Outros, ainda, me dizem que, depois que haviam tropeçado e caído em um estilo de vida ou se encontravam em uma situação em que nunca haviam desejado estar, acabaram em uma igreja. Tendo esperança de cura e uma chance de se reerguer, em vez disso foram esmurrados por uma culpa cada vez maior. "Tropece aqui, e estará perdido", disse-me um amigo. Outro disse: "Eu sei que o Senhor detesta o divórcio. Toda pessoa que teve que passar pelo divórcio também o detesta. Mas por que a igreja detesta a pessoa divorciada?" Esta é uma pergunta que traz lágrimas àquele que a faz, e que deveria trazê-las aos olhos daquele a quem a pergunta é feita.

O legalismo da igreja alienou a tantas pessoas que a igreja se encontra falando apenas àquele punhado de pessoas que ainda concorda com suas punições, e perdeu os muitos que precisam da sua mensagem curativa de amor. Mas quero acrescentar aqui que isso não acontece apenas no cristianismo. Na cultura em que fui criado, seja hinduísta, seja muçulmana, budista ou cristã (e você pode mencionar a sua aqui), se você tiver um histórico pessoal inadequado, o seu nome estará manchado, para sempre. Assim, vamos deixar de culpar o cristianismo. Como cresci em uma cultura predominantemente hinduísta, me ensinaram que, se uma jovem fosse vista com um homem, o nome dela ficaria manchado para sempre, e ela não receberia nenhuma proposta de casamento. Essa atitude, aliás, é a mesma base para as assim chamadas mortes-pela-honra, no islamismo.

Como a igreja mantém o seu ensinamento, enquanto, ao mesmo tempo, ama os caídos neste nosso mundo mutável? O amor tem seus limites, mas deve ter longo alcance. Os que sofrem e vacilam precisam do sustento do braço forte de Deus. A igreja tem que propiciar esses braços. O próprio Jesus disse: "Não necessitam de médico os sãos, mas sim, os doentes. Ide, porém, e aprendei o que significa: Misericórdia quero e não sacrifício. Porque eu não vim para chamar os justos, mas os pecadores, ao arrependimento" (Mt 9.12,13). Para que possamos refletir Cristo ao mundo à nossa volta, precisamos "aprender o que [isso] significa", como disse Jesus.

2. A igreja se esqueceu dos ensinamentos do silêncio, do isolamento e da meditação, que fazem parte da nossa herança judaico-cristã, e que propiciam grande força e resistência à alma. Nós passamos do silêncio ao ruído. Passamos da reflexão para programas agitados. Passamos do silêncio à incapacidade de manter a concentração em um pensamento, ainda que por um momento, de modo que o próximo item no programa tenha que começar tão logo tenha terminado o anterior. Em nossos cultos, não há mais tempo para o silêncio e a contemplação. Nós passamos da progressão de pensamentos a uma repetição de sons. Nós roubamos a conexão entre a cabeça e o coração e fomos a um de dois extremos: ou somos incapazes de envolver a cultura, ou incapazes de refletir a cultura. Cada necessidade da alma é satisfeita no evangelho, mas, como uma pessoa intoxicada, oscilamos entre dois muros, sem encontrar o equilíbrio.

A Nova Espiritualidade nos impele ao exame de como fazemos o que fazemos. O nosso desafio é como fazer isso da melhor forma possível, sem comprometer a essência daquilo em que cremos. A necessidade de comunidade é um profundo anseio, na mentalidade pós-moderna. A maneira como construímos essa comunidade moldará a igreja no futuro. Mas enquanto a Nova Espiritualidade nos mostra a fraqueza da igreja, a única coisa, em defesa da igreja, é o fato de que as suas violações são violações à sua mensagem. A falha na Nova Espiritualidade está na mensagem, propriamente dita.

3. A institucionalização do cristianismo o deixou vulnerável a todos os abusos e usos inadequados que agora vemos.
4. O problema da dor não foi tratado de maneira honesta e significativa pelos cristãos. Assim, os novos espiritualistas se escondem atrás da ilusão, ou koans.
5. A atitude crítica do cristão com frequência é dura, rígida e legalista, esquecendo-se das implicações do que está sendo dito. O problema é que a Nova Espiritualidade quase implicitamente apoia um antinomianismo — sugerindo que, na realidade, não há lei moral.

Ao mesmo tempo, há erros fundamentais na Nova Espiritualidade, que vou destacar aqui, antes de passar para o Cristo da história e o que Ele realmente ensinou:

1. Os novos espiritualistas interpretam mal, ou empregam mal, as leis da lógica. O fato de que dizem que têm razão ou racionalidade transcendente é uma falha no entendimento das leis da lógica. Uma coisa é dizer que a razão, sozinha, não pode lhe mostrar o caminho até Deus. Isso não é novidade. Blaise Pascal e vários outros ressaltaram isso. Mas a lógica não se limita a apontar a verdade; ainda mais importante, ela aponta o erro. Algo que é sistematicamente contraditório não pode ser verdade. Sim, é possível que haja paradoxos. Sim, é possível que haja dois lados para um argumento. Mas a contradição sistemática, onde as leis da lógica fundamental destroem a base em que se apoia a infraestrutura, simplesmente não pode ser derrotada por uma "razão transcendente". Toda espiritualidade tem que transcender à razão, mas não ousa violá-la sistematicamente.

Por exemplo, o budismo é ateu. Algumas ramificações do hinduísmo, mas não todas, não são: qual é a opção? Deus ou não Deus? O judaísmo, o cristianismo e o islamismo são monoteístas. Para ser coerente consigo mesma, a Nova Espiritualidade terá que considerar erradas as religiões monoteístas. Mas, ao considerá-las erradas, terá que usar a lei da não contradição, o que quer dizer que eles confiam na lógica para refutar outro sistema de fé, exceto a lógica transcendente, quando defendem o seu próprio sistema. Gautama Buddha renunciou a alguns dos Vedas e ao sistema de castas. Ele estava certo ou errado? Do ponto de vista hindu, negar o sistema de castas é negar o carma.

Continue perguntando. Argumentar em favor do "agora", em um ambiente cronológico, baseando-se na sabedoria "antiga" e procurando esclarecimento futuro, é brincar com a terminologia carregada do tempo, em que cada termo morreu a morte de mil qualificações.

Talvez seja por isso que Redfield, autor de *The Celestine Prophecy*, cunhou a expressão "quanto mais tempo, agora" para apreciar a humanidade ao longo dos séculos... uma qualificação inteligente.

2. Os defensores da Nova Espiritualidade absorvem, falsamente, duas questões diferentes, em uma só. Negando o direito do cristão de legislar sobre a moralidade, negam a crença do cristão de que a vida e a sexualidade são sagradas. Mas uma vez que dão legitimidade à destruição da vida no útero, aceitando que toda vida é sagrada, a sua própria crença de que toda vida é "sagrada" é ilegítima.

3. Ao personalizar a espiritualidade, acabam destruindo a pessoa. Esta é uma posição que não é confirmável. Dizer, na verdade, que "Eu" não existe é uma proposição que se ridiculariza a si própria.

4. Eles são completamente incapazes de definir o mal, e o âmago da espiritualidade é esmagado pelo ritmo do tempo e pelo caráter humano.

5. Eles não têm base transcendente para o amor, porque o espírito, em referência própria, não consegue definir o amor. O amor é um "dever". A sua prescrição deve ser da própria fonte de amor. Por esse motivo, somente Deus é grande o suficiente para defini-lo. Mais especificamente, o amor não é livre. Ele tem que ter limites, caso contrário, não é amor. É da natureza do amor comprometer-se.

6. No processo de exaltar o indivíduo e seu direito de fazer uma escolha individual, os novos espiritualistas fazem da intuição individual o teste supremo, em lugar da objetividade de testar declarações a respeito da verdade, quando examinando perspectivas conflitantes. Esse teste, em si mesmo, não é intuitivamente sustentável.

7. A noção de apagar o tempo e a noção de Tolle do poder do "agora" jogam um jogo perigoso com a mente. Valores passados, presentes e futuros são necessários para entender como devemos pensar. Tenho explicado da seguinte maneira: o tradicionalista vive pelo passado; o utopista vive pelo futuro; o existencialista vive pelo presente. Quando Jesus Cristo tomou o pão e o partiu, para dividi-lo com os seus discípulos, no que é chamado de Comunhão ou Santa Ceia, Ele disse: "Todas as vezes que comerdes este pão e beberdes este cálice [no presente], anunciais a morte [no passado] do Senhor, até que venha [no futuro]" (1 Co 11.26). Aqui, o notável é que Ele

atribui importância aos três tempos, fundindo-os com significado. É tão importante atribuirmos valor ao tempo, mas vivamos de uma forma digna da eternidade. Jesus e a sua Palavra nos lembram, constantemente, que somos libertados da tirania do imediatismo.

8. Não importa quão alto os novos espiritualistas neguem a dualidade e tentem defender uma estrutura monista ou de uma única entidade, a adoração, a oração e os rituais, tudo isso pressupõe uma distinção entre o "eu" e o "você". Advaita, a ideia do não dualismo, morre no altar das fomes humanas e dos relacionamentos.

## Encontrando Jesus onde mais Precisamos dEle

Da mesma maneira como houve três passagens essenciais em que vimos onde perdemos o Jesus verdadeiro, deixe-me passar para três passagens em que o encontramos nos lugares mais inesperados.

A primeira ocorre no início dos Evangelhos, quando Jesus está viajando e passa por Samaria. Chamar uma pessoa de samaritana era a pior ofensa racial que se podia fazer naqueles dias. Os samaritanos eram considerados uma raça impura, de uma religião impura, e eram desprezados pelos puritanos. Os discípulos haviam deixado Jesus para ir em busca de comida. Era a hora do almoço. Jesus viu uma mulher samaritana que vinha pegar água, e fez algo extraordinário. Ele lhe pediu que lhe desse de beber. Bastante espantada, ela lhe perguntou por que Ele, um judeu, pedia a uma samaritana que lhe desse água, especialmente uma mulher. Ela ficou chocada, e quando os discípulos voltaram e o viram falando com ela, sentiram a sua própria dose de espanto.

A resposta que Jesus deu à mulher se tornou uma passagem histórica das Escrituras, pregadas durante séculos. Ele disse a ela que, se ela apenas soubesse com quem estava falando, teria pedido a *Ele* que lhe desse algo de beber, porque a água que Ele oferecia era de natureza espiritual, e satisfaria toda a sua fome e sede. A resposta imediata da mulher foi desviar a atenção de si mesma e suas necessidades, e se concentrar nas divisões entre as seitas religiosas de sua época, em seus métodos de adoração e nos debates sobre os lugares santos apropriados. Mas Jesus era um mestre em revelar o coração de uma pessoa, e disse a ela que o seu verdadeiro problema não eram as divisões entre seitas religiosas, mas o seu próprio coração dividido: "Tiveste cinco maridos", disse Ele, "e o que agora tens não é teu marido" (Jo 4.18).

Eu lhes faço esta pergunta: Qual é a religião de hoje, no mundo, que teria escolhido essa mulher como sua primeira evangelista? Pense nisso. Não seria o islamismo, nem um hindu típico, nem mesmo o cristianismo, da maneira como os agentes do poder religioso o distorceram. Mas Jesus a resgatou de si mesma; não das guerras da religião, mas da guerra e da rejeição que havia dentro dela mesma. Ela correu de volta à sua aldeia e disse: "Vinde e vede um homem que me disse tudo quanto tenho feito; porventura, não é este o Cristo?" (4.29). A fascinante frase, que ela não pronuncia, é: "E ele não me rejeitou!"

Ninguém, naquela época, teria esperado que Jesus conversasse com essa mulher samaritana, de cinco casamentos desfeitos. Aqui há vários elementos surpreendentes. O cristianismo com frequência é retratado como sendo contra as mulheres. As guerras entre os sexos, que se arrastam ao longo dos anos, não são sem razão nenhuma. Este doloroso assunto das desigualdades entre os sexos, frequentemente insuflado pelas instituições de poder, enviou muitas mulheres pensantes a uma mina de ouro de resgate, nos textos gnósticos de divindades femininas e adoração. Sempre me pergunto se elas estão realmente cientes daquilo que algumas dessas fontes contêm.

Veja, por exemplo, o assim chamado Evangelho de Tomé, que não é um evangelho, nem foi escrito por Tomé, como eu já disse. Os textos gnósticos não são Escrituras, mas são os escritos de alguma seita espiritual que rejeitou o Cristo histórico, para criar a sua própria espiritualidade privada. Os leitores se lembrarão do *Jesus Seminar*, há alguns anos, que tentou desacreditar o Evangelho de Jesus, usando o texto chamado de Evangelho de Tomé. Supostamente, ele lançava uma nova luz sobre o ensinamento de Jesus e mostrava um caminho melhor. Eu gostaria de citar do texto gnóstico sobre as mulheres, do Evangelho de Tomé, o Dizer 114:

> Simão Pedro disse a todos os outros discípulos: "Saia Maria Madalena do meio de nós, porque as mulheres não são dignas da vida".
> Jesus disse: "Eis que eu a guiarei, para que possa fazer dela um homem; para que ela também, tornando-se homem, possa se tornar um espírito vivo, semelhante a vós, homens. Pois cada mulher que se fizer homem entrará no reino dos céus".

É este o gnosticismo que supostamente deve resgatar as mulheres? Eu sugeriria apenas uma perspectiva contrária a esta, mas há muitas mais que eu poderia comentar. O momento mais importante para o cristianismo veio na cena da ressurreição de Jesus Cristo. Quem foi a primeira pessoa a quem Jesus se revelou? Naquela sociedade, as pessoas mais importantes teriam sido o sumo sacerdote e seus auxiliares. Na verdade, em Lucas 17.14, o próprio Jesus enviou aos sacerdotes os leprosos que havia curado. A seguir, os mais importantes teriam sido os discípulos que o seguiam, dos quais a maioria era de homens. É uma coisa incrível naquela cultura que as primeiras pessoas a quem Ele se revelou tenham sido mulheres, cujo testemunho em um tribunal naquela época não teria sido sequer considerado confiável. E esta é, precisamente, a perspectiva contrária do evangelho. Para aqueles que pensam que o cristianismo prestou um desserviço às mulheres, é essencial que eles entendam de quem o evangelho veio. Os padrões das instituições, até mesmo as que afirmam representar Jesus, não devem ser considerados sinônimos da pessoa de Jesus.

Aqui é importante ressaltar outra coisa. O apóstolo Paulo costuma ser considerado o bode expiatório por uma igreja dominada por homens. Em uma de suas últimas cartas, enviada a Timóteo, seu filho na fé, Paulo o lembra de que as Escrituras que podiam deixá-lo sábio para a salvação lhe haviam sido ensinadas por sua mãe e sua avó. Isso dificilmente se parece com chauvinismo. Um ensinamento particular com frequência é tirado de seu contexto mais amplo, e convertido em um pretexto para atacar um sistema de verdade. É irônico que, quando surgiu o humanismo, a vida tenha sido reduzida à essência de um jogo, e os jogos tenham sido elevados para se tornar a essência da vida.

O preconceito racial e a discriminação sexual ainda são fortes realidades neste mundo, mas raça e sexo são as únicas coisas que uma pessoa não escolhe para si mesma. Em contraste, a oportunidade de decidir imperativos morais nos é tirada, embora, na verdade, essas são as coisas que *efetivamente* escolhemos. Isso é suficiente para nos dizer o que acontece, quando decidimos redefinir o bem e o mal, e a moralidade é sepultada em conversas espirituais ou políticas, sem nenhuma fonte transcendente de autoridade.

Nós vitimamos certas pessoas, por nenhuma razão, e desculpamos outras pessoas, apesar de sua culpa.

Nós acabamos com teorias que colocam Hitler no céu e consideram os discípulos tolos, porque estão dispostos a morrer pelas verdades do evangelho. Mas chegará um momento em que todos nós estaremos diante do Juiz supremo do universo, um Deus que nos ama e nos deu a bela oferta de salvação, e Ele fará o que é completamente correto. O Jesus que foi perdido onde deveria ter sido encontrado, e que é encontrado onde não esperávamos que Ele estivesse, é o Jesus cujo lugar a Nova Espiritualidade desloca de maneira petulante. Como sugeriu Alexander Pope,

*Tirai da sua mão a balança e a vara;*
*Alegre-se a sua justiça, ele é o deus de Deus!*

## O Toque de Alabastro

Esta é outra história em que nunca poderíamos esperar encontrar um professor religioso. Jesus está na casa de um respeitado fariseu, chamado Simão, quando uma mulher que não foi convidada e nem é bem-vinda, e tem reputação duvidosa, entra na sala e vai até a mesa onde os convidados estão reclinados, a comer, e ali cai aos pés de Jesus. Ela começa a chorar tão profusamente, que as suas lágrimas caem sobre os pés dEle e começam a ensopá-los. Ela desata seus longos cabelos e os usa para secar os pés de Jesus, e então, diante dos convidados em silêncio, ela abre um pequeno vaso de alabastro, e derrama sobre os pés dEle o caro unguento, cujo aroma enche a sala.

O mais interessante a respeito do incidente é o fato de que tão pouco é dito a respeito dela, e de quem ela era... apenas o suficiente para que a sua história fosse contada, onde quer que o evangelho fosse pregado. O fariseu, com seu sentimento de falsa moral, estava convencido de que Jesus, obviamente, não conhecia o caráter da mulher que ousou tocá-lo com as mãos; se conhecesse, jamais teria permitido isso. Mas Jesus não apenas sabia quem ela era, como sabia o que Simão, o fariseu, estava pensando, e o pegou desprevenido, fazendo-lhe uma pergunta:

Um certo credor tinha dois devedores; um devia-lhe quinhentos dinheiros, e outro, cinquenta. E, não tendo eles com que pagar, perdoou-lhes a ambos. Dize, pois: qual deles o amará mais? E Simão, respondendo, disse: Tenho para mim que é aquele a quem mais perdoou. E ele lhe disse: Julgaste bem... E [Jesus] disse a ela: Os teus pecados te são perdoados... A tua fé te salvou; vai-te em paz. (Lc 7.41-50)

Jesus ressaltou, muito sutilmente, que não era tanto o valor da dívida que era importante, mas o sentimento de gratidão. A mulher reconheceu algo que o fariseu não havia reconhecido: que ela precisava de perdão. Isso está no âmago do evangelho. O pior efeito do pecado é o fato de que uma pessoa pode nem mesmo sentir o seu pecado. Este é o orgulho absoluto. A mulher deu a sua mais rica possessão pelo seu ser mais empobrecido. Jesus não reagiu ao valor monetário do unguento, mas às lágrimas dela, que refletiam as profundezas do seu remorso por seu pecado e a motivava a se separar da única coisa que ela poderia ter reivindicado como seu tesouro. Esta é, novamente, uma história de contrastes. A pessoa que foi rejeitada é a que foi, efetivamente, aceita por Jesus. O fariseu de superioridade moral estava longe dEle, em espírito.

## *Beleza de Crianças*

A última história que desejo mencionar, sobre onde não poderíamos encontrar Jesus, é narrada em Lucas 18. É a história das criancinhas que vieram para se sentar no colo de Jesus e brincar com Ele. Os discípulos não gostaram do atrevimento e da familiaridade que as crianças tinham com Ele, e as censuraram, mandando que fossem embora. A ideia era: "Vocês não percebem que Jesus é importante demais para perder tempo com crianças? Ele é um homem famoso. E Ele é ocupado demais para ter tempo para brincar. Não desperdicem o tempo dEle". Eles estavam deixando a agenda de Jesus livre para as pessoas mais importantes que Ele tinha que encontrar, e as conversas mais importantes que Ele tinha que ter.

Mas Jesus os surpreendeu. Se há algo nas crianças, é a sua completa dependência de outra pessoa. Elas simplesmente não conseguem tomar conta de si mesmas. Toda a sua existência se baseia em algo fora delas mesmas. Jesus disse: "Deixai vir a mim os pequeninos e não os impeçais, porque dos tais é o Reino de Deus. Em verdade vos digo que qualquer que não receber o Reino de Deus como uma criança não entrará nele" (Lc 18.16,17).

Hoje, algumas pessoas usariam crianças para missões suicidas; outras usariam suas exaltadas proezas ou técnicas filosóficas para destruir a inocência e a fé das crianças. Jesus apontou para os pequeninos como um reflexo do seu Reino. Ele quis dizer que é apenas a nossa total dependência de Deus, bem como a nossa confiança nEle para a nossa salvação, que nos assegura um lugar no céu. Da mesma maneira como as crianças queriam se apoiar em Jesus, também nós precisamos nos apoiar nEle, para tudo.

Relembre, por um momento: a mulher samaritana, uma marginalizada étnica; a mulher com o unguento no vaso de alabastro, a marginalizada moral; as crianças, com sua confiança infantil, as marginalizadas intelectuais. Não são necessários aqui exercícios respiratórios. Não há aqui filosofia de quantum altamente desenvolvida, nem uma teoria de intelectual. Nenhuma prioridade é dada aqui ao nascimento ou à etnia. Deles é o Reino dos céus... totalmente inesperado, totalmente imerecido.

Deus nos encontra nos lugares mais inesperados, da mesma maneira como o perdemos nos lugares menos esperados. Não foi o filho pródigo, que voltou para o pai, que perdeu o dom da graça; foi o irmão mais velho, que estava confiante da sua própria justiça e acreditava que merecia ser celebrado, que perdeu o banquete. Esses são lembretes assombrosos de que estamos falando sobre uma pessoa e um relacionamento, não um lugar e uma ideia.

Assim, na próxima vez em que você tiver uma criança em seus braços, olhe para aquele rosto meigo, e lembre-se: "A menos que eu me torne como este pequenino — confiante nos braços de Deus — nunca poderei viver a vida que Deus planejou para mim". Para conhecer essa dependência dEle, você pode invocá-lo em qualquer lugar.

Por que Jesus? Ele é o Senhor que torna a realidade bela, e nos ajuda a encontrá-lo, mesmo nos cantos mais escuros do mundo; não por causa daquilo que conheçamos, ou por quem sejamos, ou pelo que realizemos, mas por causa de quem Ele é. Ele é verdadeiramente o "Beneficiador do Céu", que diz, "O meu amor te impulsiona a me amares".[14]

# Capítulo 13

## O MAIOR DE TODOS

O mais espantoso, a respeito do poema a seguir, não é a sua emoção nem a sua beleza, mas o fato de ter sido escrito por Oscar Wilde. Ele foi preso em Reading Gaol durante um breve período de tempo, e, um dia, testemunhou a execução de um homem que havia assassinado brutalmente a sua esposa. Este é um poema muito longo. A seguir, está apenas um fragmento dele:

> *E cada coração humano que sofre*
> *Em uma cela de prisão, ou pátio,*
> *É como aquele vaso quebrado, que deu*
> *Seu tesouro ao Senhor,*
> *E encheu a casa do impuro leproso*
> *Com o perfume do mais caro nardo.*
>
> *Ah! Feliz o dia em que aqueles corações se partirem,*
> *E a paz do perdão vencer!*
> *De que outra maneira pode o homem endireitar seu plano*

*E purificar sua alma do pecado?*
*De que outra maneira, exceto por um coração partido?*
*Que entre o Senhor Jesus.*[1]

Aqui está, outra vez, a referência à mulher com o unguento no vaso de alabastro. Wilde exibe um espantoso conhecimento das Escrituras. Na verdade, sobre a sua sepultura em Paris, que tem uma fênix gigantesca como sua mascote, estão palavras deste poema, juntamente com um versículo do livro de Jó. Desde a primeira vez em que li sua história e alguns de seus textos, foi impossível deixar de perceber a sua inteligência e a sua tragédia. Wilde morreu relativamente jovem. Foi no seu leito de morte que ele pediu a presença de um ministro, dizendo a seu amigo Robbie Ross que queria acertar a sua situação com Deus. A passagem "A mancha escarlate que era de Caim tornou-se o selo de Cristo, branco como a neve" encontra eco similar em seu *Retrato de Dorian Gray*. O fato de Wilde pedir a santa ceia no seu leito de morte indicava que ele estava falando sério sobre acertar a sua situação por intermédio de Jesus Cristo.

Deixe-me passar agora para uma ocasião, várias décadas mais tarde. Há um homem, em um quarto de hospital. Ele não é um autor, não é famoso, é apenas um homem de grande integridade, devoto, em sua fé. Ele passou muitas horas de sua vida em um templo, e todas as pessoas que ele conhece o descrevem como um homem de caráter quase impecável. Ele está em seus oitenta e poucos anos, e já ocupou uma importante posição no Ministério de Finanças da Índia. Ao longo dos anos, ele passou muitas horas com o seu filho e comigo, falando sobre assuntos espirituais, investigando, questionando, desafiando-nos, e lendo frequentemente a respeito de temas espirituais. Acometido de câncer, ele foi internado no hospital. Atendendo a seu pedido, todos os seus amigos vieram hoje ao hospital, diretamente do templo com suas "Prasad", suas ofertas doces, para transmitir-lhe seus bons desejos e uma bênção do sacerdote. Eles estão ao redor de sua cama, falando baixinho, uns com os outros. Eles não sabem o que os espera.

De repente, ele se senta na cama, e fala claramente com eles. Ele diz que acredita que chegou o momento da sua morte, e quer partilhar com eles, sua família e seus amigos, o que acabava de perceber.

Ele diz: "Estive deitado aqui, na cama, fazendo a mim mesmo a mais importante pergunta: Qual é, ou quem é, o caminho até Deus? Durante anos, meditei sobre isso... Vocês sabem como eu tenho sido fiel, em meu serviço ao templo e em minha fé. Mas cheguei a este momento tão importante, e esta pergunta: Qual é o caminho? Quem é o caminho?"

Ele faz uma pausa, e os demais se inclinam para ouvir. "Eu pensei, refleti e finalmente concluí que há um único caminho, e quero que vocês entendam que estou assumindo esse compromisso". A sua voz se eleva e sua paixão se intensifica. "Esse caminho é Jesus."

No assombroso silêncio que se segue à sua declaração de fé em Cristo, ele faz algo espantoso, algo que apenas uma família indiana poderia apreciar completamente. Ele viveu uma vida honrada, esteve casado durante mais de cinquenta anos, em um casamento arranjado pelos pais, e criou dois filhos. Agora, ele se dirige à sua esposa, e lhe diz: "Eu nunca lhe disse que a amo. Mas quero que você saiba que a amo, e que você é o meu amor". A sua esposa está muito envergonhada e consternada pelo que ele disse, e não sabe bem como responder. Ele se dirige à sua neta, e pede que ela cante o hino cristão que ele mais aprecia. Pouco tempo depois, ele exala seu último suspiro. Seus amigos estão chocados e ficam em um silêncio estranho ao redor de sua cama, sem saber o que pensar a respeito do que ele havia dito e feito, sem saber o que dizer ou o que fazer.[2]

Enquanto escrevo isto, penso profundamente. Como é que um homem, que não havia ouvido quase nada a respeito de Jesus, até sua meia idade, chegou a essa conclusão? Como é que um homem tão devoto, cuja casa eu costumava frequentar, onde sempre havia um altar dedicado ao panteão de divindades do hinduísmo, chegou a tão clara convicção de salvação por meio de Jesus? Como é que uma pessoa tão completamente dedicada à sua fé, e ativo no templo, chega ao fim de sua vida e segue por uma bifurcação na estrada?

Isso é algo com que os novos espiritualistas têm que lidar com honestidade. Como eles explicam isso? Será que esse homem honrado e devoto, e outros como ele, chegaram equivocadamente a essa conclusão intuitiva? Será que ele inventou uma verdade que não tinha nenhum respaldo por toda a sua vida, anteriormente àquele momento? Desde Oscar Wilde a milhares de pessoas hoje, no Oriente Médio e na China, a mesma história se repete. Essas coisas estão acontecendo em terras onde o nome de Jesus foi caluniado ou proibido, por decreto político ou cultural. No entanto, eles o encontraram.

Eu não tenho dúvida de que muitos poderiam se sentir ofendidos pelos desafios que propus a outras crenças neste livro. Devo esperar isso e farei todos os esforços para defender minha abordagem. Alguns poderiam até mesmo considerar o tom deste livro forte ou áspero demais. Esta não é minha intenção, mas é difícil não nos inflamarmos quando lemos as bizarras distorções da verdade oferecidas pelos proponentes da Nova Espiritualidade. Sou razoavelmente áspero porque quero que os leitores sejam brutalmente honestos consigo mesmos.

A verdadeira espiritualidade não é um jogo, não é uma mera preferência por alguma posição em lugar de outra. Nem é, em seu âmago, uma busca de algum remédio. É uma escolha suprema de definições supremas, que requerem o máximo compromisso. Uma pessoa não ousaria assumir um compromisso com uma crença por razões secundárias ou terciárias, ou para "sentir-se bem". As questões de sexo e sexualidade são extremamente importantes... eu entendo o quanto são importantes, mas são secundárias, em comparação a *por que* estamos vivendo, e *por quem* estamos vivendo. Ser levado a adotar uma combinação de mito e misticismo, por causa de erros cometidos por exploradores culturais na sociedade é correr dos braços de um leão e cair nos braços de um urso. Há pouca consolação nisso.

No início deste capítulo, ressaltei duas personalidades para demonstrar que o artista que amava o prazer e o disciplinado funcionário público haviam tentado, cada um à sua própria maneira, encontrar a suprema emoção da vida. Um deles, morrendo de uma enfermidade, provavelmente causada por sua promiscuidade; o outro, morrendo meramente pela falência de seu corpo ao envelhecer, e descobrindo, como todos nós descobriremos, que o corpo não é eterno não importando o quanto gostaríamos que fosse. Um deles viveu uma vida de abandono no ocidente; o outro persistiu em uma existência moral e espiritualmente disciplinada no oriente. Um deles flertou com a lei; o outro defendeu a lei, com rigor. Um deles viveu com múltiplas opções e parceiros; o outro foi estoico em seu compromisso, até o fim. Um deles foi um hedonista; o outro, devotadamente espiritual. Para ambos, a resposta estava na mesma pessoa: Jesus Cristo. Por quê?

## O Vencedor Divino

As palavras de Algernon Charles Swinburne (1837-1909) me vêm sempre à mente: "Tu conquistaste, ó *pálido Galileu*; com teu hálito o mundo assumiu a cor cinza". Essas palavras não foram originalmente declaradas por Swinburne: "Tu conquistaste, ó *pálido Galileu*" foi dito, originalmente, por Juliano, imperador romano, a respeito da aceitação do cristianismo sob o imperador Constantino. Também me lembro das palavras do historiador Will Durant, de que César e Cristo haviam se enfrentado na arena, e Cristo havia vencido.

Essas duas declarações são infelizes. Jesus não é um conquistador político, nem um gladiador. Ele não ensinou uma teoria política como limite supremo para o povo. O ajuste da política ao seu nome é um grande risco para uma posição política e também para a fé cristã. A história está cheia de exemplos desse tipo. Várias nações afirmaram que Ele andou ali, ou desejaram ser o local da Nova Jerusalém, como na imaginação de William Blake.[3] Esses sentimentos podem ser comoventes e poderosos, mas trazem terror ao cenário. Fazer da Inglaterra o local da Nova Jerusalém (ou o trono de Deus) pode ser uma ideia nobre, mas durante toda a sua história, os ingleses certamente não se comportaram como cidadãos de uma cidade santa. Na verdade, tampouco os habitantes de Jerusalém se comportaram como cidadãos de uma cidade santa, e agora, mais recentemente, a história se repete na América do Norte. Há pouco tempo, um homem me fez uma observação muito crítica aos Estados Unidos, e acrescentou: "Como pode uma nação cristã agir dessa maneira?" Eu o surpreendi, perguntando: "Quem lhe disse que é uma nação cristã?" Isso levou a uma conversa fascinante.

É verdade que os princípios e ideias inabaláveis sobre os quais a América do Norte foi fundada são, claramente, judaico-cristãos; mas, a cada geração, veio cada vez mais forte o desejo de deixar as lições e as ideias do passado. A América é farta em riquezas, mas abalada pela pobreza no entendimento das razões para a sua riqueza, e, além disso, ela tem uma enorme ignorância em relação à história, tanto à sua própria como à de qualquer outra nação. Na verdade, com a ajuda e a programação dos noticiários, qualquer coisa que tenha uma semana de idade não mantém mais nenhum interesse. Vivemos com o controle remoto nas mãos, mudando de cenário a cada minuto. Lembro-me de um político que me disse que a maioria dos políticos já não teme mais um escândalo, porque eles sabem que ele será superado pelas notícias do dia seguinte.

A nossa incapacidade de nos concentrarmos está refletida na nossa espiritualidade, na América do Norte. É espantoso o quanto ela é maleável, o quanto ela se molda ao indivíduo, à medida que a verdade é recriada à imagem do crente. Seria bom que nos lembrássemos do famoso aforismo de que aquele que se recusa a aprender com a história é forçado a repetir os seus erros.

Com esse propósito, a mensagem de Jesus Cristo é, ao mesmo tempo, oportuna e atemporal. Ele nos contradiz constantemente, na maneira como nos vemos vivos, e nos impele a redefinir o que consideramos vida. As suas respostas são absolutas, porque o amor e a verdade são absolutos, como o mal. Estas são as questões que, em última análise, atormentam nossa alma.

O fato de que Elizabeth Lesser diga, com desdém, que a espiritualidade do século XXI se orgulha de ser uma dinâmica mistura de mito e crenças é algo equivalente a dizer que a verdade é verdade apenas hoje, e pode ser outra coisa amanhã. Como alguém pode edificar uma vida sobre tal fundação? Ela está certa em admitir que a Nova Espiritualidade tem mitos em seu escopo. Parece muito magnânimo apresentar as culturas de alguns desses mitos como não deturpadas e dignas de restauração. Mas a verdade dessas culturas costuma ser muito diferente. A vitimização de mulheres e crianças era intensa e brutal em muitas crenças pagãs.

E Lesser ignorava o fato de que o mais sério mito da Nova Espiritualidade é o de que inverdades podem coexistir com a verdade, sem contaminar o sistema. Ela deveria saber que isso não é possível, com base em suas próprias experiências tristes. E ela não está sozinha... todos nós aprendemos, por meio de tragédias pessoais e enganos, que a mistura de verdades com inverdades cria um ambiente contaminado.

Nenhum de nós é poupado. Uma mentira raramente aparece em alguma forma reconhecível. Normalmente, ela está disfarçada em pequenos grãos, que contaminam o conjunto. E por isso Jesus se referiu ao inimigo de nossas almas como sendo o pai de todas as mentiras.

Proponho-me a explicar, neste capítulo, por que Jesus é a Verdade, e por que Ele dissipa o mito da mera espiritualidade.

## A Lei não É um Fim em si Mesma

No capítulo 12 do Evangelho de Mateus, lemos três declarações feitas por Jesus que nos darão profundo discernimento da diferença entre os seus ensinamentos e as práticas da religião estabelecida, bem como da mera espiritualidade.

Certo sábado, Jesus e seus discípulos estavam andando em meio a campos de plantações de cereais. A observância ao sábado era essencial, na prática religiosa daquela época. Era parte do relacionamento de concerto entre Deus e o seu povo. O sábado tinha dois objetivos principais — adoração e descanso. Por dedução, podemos entender que ele propiciava tempo para a vida familiar, e provisão para a reposição das energias físicas, emocionais e espirituais, depois de uma semana dura de trabalho.

Enquanto passavam pelos campos, alguns dos discípulos, que sentiam fome, começaram a arrancar as espigas e comer um pouco, aqui e ali. Os fariseus, guardiões legalistas da lei, observaram isso, e imediatamente censuraram Jesus por permitir que os seus seguidores "trabalhassem" no sábado. Uma coisa eles deveriam ter aprendido rapidamente, estando perto de Jesus, e era o fato de que Ele conhecia as Escrituras melhor que eles, e que Ele sabia usar a pergunta para mostrar quão equivocados aqueles líderes religiosos realmente eram. Ele sabia que Davi era um grande herói para eles, e por isso usou um capítulo da vida de Davi, e perguntou-lhes se Davi havia infringido a lei quando permitiu que seus soldados, que estavam famintos, entrassem no templo e comessem o pão consagrado, que havia sido separado para os sacerdotes. A resposta deles foi o silêncio. Eles sabiam que haviam pisado em terreno minado com sua acusação e a resposta que Jesus lhes dera.

A religião é um andaime da fé, mas, quando se torna a fé propriamente dita, mata a fé. Com frequência, a nossa tendência é ignorar a beleza do que está abaixo e nos deixarmos distrair pelo andaime. Não era diferente nos tempos de Jesus; a atenção dos adoradores para com as suas cerimônias e costumes religiosos havia se tornado tão onerosa que eles haviam se esquecido do propósito de sua adoração. Jesus não apenas chamou a atenção deles ao seu engano, como os chocou ainda mais, quando disse: "Pois eu vos digo que está aqui quem é maior do que o templo. Mas, se vós soubésseis o que significa: Misericórdia quero e não sacrifício, não condenaríeis os inocentes. Porque o Filho do Homem até do sábado é Senhor" (Mt 12.6-8).

Ele usou três expressões em sua resposta — "maior do que o templo", "Senhor do sábado", "misericórdia e não sacrifício" — que merecem todo um estudo. Vamos analisá-las rapidamente aqui. "Maior do que o templo." Imagine, apenas, o que o Templo significava para a nação, e o quanto lhes havia custado construí-lo. Ele era o lugar onde Deus havia dito que encontraria o seu povo. Sendo assim, ele havia se tornado a base de poder para poucos. Guerras foram travadas em cenários similares. Hoje em dia, na Índia, os edifícios religiosos são atrações turísticas, cada um deles tentando superar os demais em magnificência e arte. Ninguém que visite o templo de Kali, em Calcutá, pode sair sem profundas perguntas à alma. O mesmo se aplica às grandes catedrais na Europa, bem como as mesquitas. Os muçulmanos reconheciam a importância do "lugar", e quando conquistavam uma cidade, quase sempre identificavam o lugar mais sagrado para o povo local, e o convertiam em uma mesquita, ou edificavam uma mesquita ao seu lado, e impunham leis rígidas a respeito de onde podiam ser edificados lugares santos, e que altura podiam ter. Isso tem sido observado até hoje, apesar da crença de alguns ocidentais de que isso não mais acontece no islamismo. É praticamente impossível obter permissão para construir uma igreja, em qualquer lugar do Oriente Médio, nem mesmo um pequeno local de adoração.

E não é por acidente nem por inocência que os seguidores da religião cujos "homens santos" orientaram aqueles que proferiam orações a Alá, enquanto transformavam as torres gêmeas do World Trade Center em um inferno, estejam determinados agora a construir uma mesquita na mesma área. Para os que promovem esse projeto, é o tapa definitivo no rosto das tradições de uma nação cujas crenças fundamentais são diferentes das suas. Independentemente de sua conversa mansa e tranquilizadora, não tenha dúvidas de que eles sabem exatamente o que estão fazendo. Tenho amigos muçulmanos que condenam, claramente, esse esforço, porque sabem a razão de ele estar sendo planejado.

Há algum tempo, eu estava visitando a Grande Mesquita, em Casablanca, Marrocos. Ela é magnífica. Quando andávamos pelo piso mais baixo, observamos duas filas de fontes d'água, onde os

homens se lavavam cerimonialmente antes de entrar para a adoração. Perguntei se as duas filas de fontes eram uma para homens, outra para mulheres. "Oh, não", foi a resposta. "Uma é para os mais velhos, e a outra é para os mais jovens. Se não os separarmos, os jovens se acotovelarão e se amontoarão, e os homens mais velhos nunca conseguirão a sua vez".
Que *estranho*, pensei. Ir à adoração sem nem mesmo cortesia e decência? Mas isso não era tudo. Todo o nosso grupo, homens e mulheres, fomos levados à área dos banheiros, antes de deixarmos o local. Um ingênuo americano do grupo perguntou se as instalações eram normalmente usadas por homens e mulheres. O guia muçulmano ficou chocado. "Oh, não! O número de estupros seria inimaginável!" Fiquei assombrado com o seu comentário; uma mulher não estava a salvo nem mesmo em uma mesquita? Mas se você ousar profanar a mesquita ou a religião por aquilo que você diz ou faz, como respaldo às suas próprias crenças políticas ou religiosas, haverá derramamento de sangue.

As áreas Mathura e Ayodhya na Índia, sagradas para os hindus, agora são ocupadas por muçulmanos, e também são foco de muitas batalhas religiosas. A bela igreja construída em Istambul, pela mãe de Constantino, agora foi convertida em um museu, pelos exércitos islâmicos, e as suas inscrições cristãs foram desfiguradas.

A tragédia não é apenas inter-religiosa, mas é também intra-religiosa. Muitos cristãos lhe dirão que a maior oposição à sua missão, em alguns países, não vem daqueles que têm outras crenças, mas das igrejas convencionais, ditas ortodoxas. Provavelmente, a disputa mais incrível de que ouvi falar ocorreu na igreja do Santo Sepulcro, em Jerusalém. Divididos entre cinco seitas cristãs, os grupos sequer se falam, entre si. Há alguns anos, estive ali pessoalmente, e pedi que um dos arcebispos confirmasse que aquilo que eu tinha ouvido era mesmo verdade. "É triste dizer, mas é verdade", respondeu ele. Este é o fanatismo que as construções e "lugares santos" podem engendrar, frequentemente construídos por grandes personalidades políticas como um reflexo de seu ego, e o acesso a tais locais é quase sempre é restrito a um grupo de favorecidos.

Até mesmo os edifícios religiosos modernos podem ser alvos de tais perversões. Há alguns anos, eu estava em um país budista, e, certa noite, ouvi muito ruído e sirenes do lado de fora do meu hotel.

Na manhã seguinte, eu soube o que havia acontecido. Um homem havia usado um machado para desfigurar algumas das estátuas budistas. Outro homem correu até ele, e o dominou, e com o mesmo machado, cortou o corpo do homem em pedaços. Quando ouvi isso, tive uma sensação ruim em meu estômago. Mais tarde, foi divulgado que o homem tinha um histórico de doença mental. Ele pagou por seus atos, sendo cruelmente assassinado. Eu lhe pergunto: se Gautama Buddha tivesse estado ali, o que teria dito? Os santuários com frequência se tornam sagrados além dos desejos do mestre religioso. Buddha nunca teria apoiado ou sancionado a ação cruel do homem que defendia sua estátua.

Os novos espiritualistas não são exceção aqui.

Mas no Novo Testamento, Deus propõe a questão: "Quem lhes pediu que construíssem estes lugares?"

Esta era uma pergunta espantosa, feita a um povo religioso que reverenciava Davi e Salomão. Isso não pretendia acusá-los de algo que tivessem feito de errado, mas perguntar a eles como algo tão nobre poderia ter dado tão errado.

Jesus disse que Ele era maior do que o Templo. De que maneira? O Templo é um lugar, Jesus é uma pessoa. O Templo tem autoridade especial, e uma hierarquia; todos os que desejarem poderão ter igual acesso a Jesus. O Templo estava afogado em cerimônias, em um esforço para obter intimidade com o Todo-Poderoso; um relacionamento com Jesus é uma intimidade que transcende o cerimonialismo. Em um templo, você vai ao lugar; mas no relacionamento com Jesus, é Ele que vem até você. O templo é feito de pedras e argamassa; o novo templo de que Jesus falava, onde Ele prometeu viver e ter comunhão com cada um de nós, está dentro do corpo de cada crente. Você pode mentir a um edifício; você não pode mentir impunemente a uma pessoa.

No Livro de Apocalipse, no meio da sua descrição da "nova Jerusalém", João se espanta, e declara: "E nela não vi templo, porque o seu templo é o Senhor, Deus Todo-poderoso, e o Cordeiro" (Ap 21.22). A adoração perfeita não requer templo. Da mesma maneira como os sacrifícios do sistema do Templo apontavam para a realidade de Jesus na cruz, o Templo, propriamente dito, prenunciava a comunhão perfeita com Deus, que é diferente de nós, e nos convida a essa íntima comunhão com Ele. Não há necessidade de sacerdotes, não há necessidade de templo, e não há estrutura de poder. Observe que não se trata de uma absorção a uma consciência impessoal e absoluta. Não é *união* com o divino: É *comunhão* com o Deus do universo. Não é Advaita (não dualista). Este é um relacionamento eu-você com o nosso Criador. Isso faz toda a diferença do mundo.

Como é triste que uma verdade tão grande e bela como esta seja reduzida a espiritualidade e conflitos de sexos, quando pretende ensinar a transcendência de ambos. Talvez este seja o fator supremo de cegueira aos nossos olhos, pelo nosso orgulho e preconceito, com relação aos outros. É como se tivesse a ver conosco, e não com Deus. Ele se revelou em termos que tinham significado por analogia, de modo que pudéssemos relacionar a um conceito, e não ser distraídos por ele. Ainda cometemos os mesmos enganos que os primeiros religiosos cometiam. "Por que você está infringindo as nossas leis relativas ao sábado?" Há alguma diferença em levantar nossos preconceitos contemporâneos, culturais ou religiosos, fazendo as perguntas erradas?

Jesus disse: "Misericórdia quero e não sacrifício". Pense na cena, nos dias de sacrifício nacional, quando milhares de cordeiros eram sacrificados e o sangue fluía do Templo em rios, com a contribuição de novas famílias que ofereciam seus próprios sacrifícios. As mesmas pessoas poderiam deixar o Templo e voltar a explorar os pobres e necessitados. O Templo nos cega à realidade de nossos corações, fazendo com que pensemos que fizemos tudo o que precisávamos fazer para termos um relacionamento correto com Deus. Mas o Deus que nos criou pode ver o que está em nossos corações, além dos sacrifícios que fizemos e as leis que observamos, em seu nome.

## *Antigas Corrupções*

As corrupções que cegam a religião são exibidas claramente na Palavra de Deus. Na passagem do Evangelho de Mateus, comentada acima, lemos que, quando Jesus estava dizendo que era "maior do que o templo", sua mãe e seus irmãos vieram para vê-lo. A multidão ao redor dEle era tão grande, que eles não conseguiam ter acesso a Ele, nem encontravam um lugar onde pudessem se sentar. Você consegue ver o que isso significava, na cultura daquela época? Alguém veio e lhe disse que eles estavam ali, tentando chegar até Ele, em meio à multidão. Jesus lembrou essa pessoa de que aqueles que o estavam seguindo tinham igual acesso a Ele, e eram parte de sua família maior. Não houve nepotismo aqui.

Judas era o meio irmão de Jesus. Mas ele inicia seu livro com a seguinte saudação: "Judas, servo de Jesus Cristo e irmão de Tiago". Considero essa saudação completamente fascinante. Nessa época, Tiago havia se tornado o líder da igreja em Jerusalém, e eu teria imaginado que Judas se descrevesse como "Judas, irmão de Jesus, servindo a Tiago". Mas não, ele reconhecia com clareza a soberania de Jesus, a quem estava alegremente disposto a servir.

Judas adverte, então, seus leitores, a respeito de três personalidades na Bíblia que ele considera que melhor representam a corrupção da religião: Caim, Balaão e Corá. Caim matou seu irmão, por inveja e ciúme, porque Deus viu o coração de Abel e aceitou seu sacrifício, ao passo que recusou o de Caim. Judas deve ter entendido a tentação da rivalidade entre irmãos. Comparar-se com outra pessoa é o que gera a criação de distinção no mesmo lugar onde não deve haver distinções. O ciúme no serviço a Deus sempre esteve no centro da competitividade. Judas adverte que não devemos sentir ciúme do serviço de outra pessoa a Deus, da vocação de outra pessoa ou da condição de outra pessoa na vida... uma atitude como a de Caim.

Mas ele foi mais adiante. A comparação com Balaão é ainda mais sinistra. Balaão era um profeta, conhecido por seu dom de fazer declarações que se concretizavam. Os inimigos do povo de Deus vieram e lhe ofereceram dinheiro, se ele amaldiçoasse o povo de Deus. "... porque eu sei que a quem tu abençoares será abençoado e a quem tu amaldiçoares será amaldiçoado" (Nm 22.6). A fascinante história de como Balaão lutou com a tentação, desejando que pudesse fazer o que lhe pediam e receber o dinheiro, contribui para um intrigante estudo de motivos, quando as pessoas brincam com suas convicções. Ele nunca amaldiçoou, realmente, o povo de Deus, mas o fez em seu coração, e disse aos inimigos do povo de Deus como conseguiriam realizar o seu objetivo de destruí-los, e, ao mesmo tempo, parecer espirituais. Há pessoas como Balaão entre nós, hoje, para quem o dinheiro e o prestígio valem a deturpação da verdade, e todo o tempo ainda conseguem parecer espirituais.

A terceira pessoa que Judas menciona é Corá. Esse nome teria trazido à mente do leitor o dia da rebelião que Corá liderou, contra Moisés, o servo escolhido de Deus. Corá não queria seguir o caminho de Deus, por meio do seu servo. Ele acreditava que as suas próprias ideias eram melhores, e desejou a posição de Moisés, como líder, para poder cumprir a sua própria agenda. Caim, Balaão e Corá — no caso de todos os três, o pano de fundo de suas ações era o zelo religioso, que atrapalhou o relacionamento piedoso.

Caim — inveja e ódio; Balaão — avareza e manipulação; Corá — poder e sectarismo. Alguma coisa realmente mudou? É por isso que não haverá templo no céu. Deus será o objeto de toda adoração, na expressão perfeita, em pessoa. Jesus era maior do que o Templo.

## O Profeta Preconceituoso

Em outra ocasião, Jesus se referiu a si mesmo, como "maior do que Jonas" (Mt 12.41, na versão ARA). Aqui, há dois aspectos muito importantes. Nós vivemos em um mundo de ódio e preconceito racial. Sempre foi assim. Há mais de dois mil e quinhentos anos, Jonas recebeu de Deus a incumbência de levar a sua mensagem de arrependimento e perdão aos habitantes de Nínive. Os ninivitas eram conhecidos pela sua crueldade, e eram temidos e odiados por todos os povos vizinhos, incluindo Jonas e seu povo. O último povo do mundo que Jonas teria se sentido levado a alcançar, com o amor de Deus, era o de Nínive. Imagine a extensão do seu preconceito. Ele não queria que eles nem mesmo tivessem uma oportunidade de receber o amor de Deus. Ele queria vê-los punidos por Deus, e destruídos. Esta é a extensão do ódio, que até mesmo as pessoas chamadas para pregar podem alimentar. Deus teve que realizar um trabalho profundo em Jonas, para levá-lo ao ponto em que ele pudesse entender e apreciar o amor de Deus por toda a humanidade, até mesmo os mais indignos, e aceitasse a profundidade do seu perdão.

Há um segundo aspecto para a resistência de Jonas. Ele foi preservado da morte, durante três dias, no ventre de um peixe grande, de uma maneira sobrenatural, pelo poder protetor de Deus. Em circunstâncias naturais, ele teria morrido. A sua sobrevivência, contra todas as probabilidades, foi um lembrete às pessoas a quem Jesus estava falando, de que o próprio Deus venceria a sepultura e restauraria o seu Filho, que traria a mensagem de perdão e demonstraria, com a sua ressurreição, que Ele é o Filho de Deus e que tem todo o poder.

Jonas deveria amar as pessoas que odiava, e a melhor expressão do seu amor seria falar-lhes sobre o amor de Deus por elas. Este, como disse Carlyle, é o "maior milagre" da história. As pessoas costumam entender equivocadamente o que isso significa. Questionar como Deus pode nos pedir que amemos nossos inimigos é reduzir o amor a um sentimento e ignorar o valor que Deus atribui ao objeto do seu amor. Não há imperativo como este no naturalismo ou no panteísmo.

Há alguns anos, tive o privilégio de proferir uma palestra no Annual Prayer Breakfast, que assinala cada nova sessão das Nações Unidas. Haviam me pedido que falasse sobre "The Search for Absolutes in a Relativistic World" ("A Busca dos Absolutos em um Mundo Relativista") em vinte minutos, e que fosse cauteloso ao falar a respeito de Deus. Assim, naqueles poucos minutos, falei sobre as quatro áreas em cada uma de nossas experiências, em que buscamos absolutos: o mal, a justiça, o amor e o perdão.

Tente definir essas coisas de uma perspectiva panteísta, ou qualquer outra, na verdade. O que é o mal? Como entendemos o que é o mal, como uma realidade? Quando você pensa nisso, o mal pode ser definido ou entendido somente em um mundo em que há uma dualidade e onde o propósito é claramente identificado. Como podemos definir o mal no mundo de uma pessoa? Como uma consciência em que se fundem todas as outras aparências? Em termos cristãos, o mal é uma condição, e também uma ação. A nossa condição é a de que a nossa posição padrão é a rebelião contra Deus, e as nossas ações são o resultado e a demonstração dessa rebelião. Tenho visto o mal das maneiras mais próximas. Tudo o que é necessário é visitar um museu de guerra para ver por quanto sangue derramado a humanidade é responsável.

Mas nós fomos levados a pensar que o mal é definido apenas em sua forma mais cruel. Isto é, categoricamente, uma inverdade. Ou pensamos sobre o mal em graus, por exemplo, como poderia *tanto* mal ser justificado? Mas isso, novamente, não define realmente o que é o mal. Com que frequência, em meu próprio coração, percebi desejos e maquinações, que me lembram de como pode ser infame e vil o coração humano. A porta de fuga aqui — a de que algo é mau apenas quando em sua forma mais cruel, ou se há uma expressão extrema do mal — faz com que a Nova Espiritualidade pareça vazia de realidade. Deixe-me apresentar dois exemplos. Quando Maharishi Mahesh Yogi morreu, Deepak Chopra escreveu um artigo, tentando defender aquele seu lado não-tão-agradável. Não vou mencionar as histórias que haviam circulado a respeito dele. O artigo de Chopra tinha o título "The Three Maharishis" (Os Três Maharishis). Por que não estou surpreso? Ele parece adorar as tríades, para suas explicações. Houve três figuras de Jesus, segundo ele, assim, por que não três Maharishis? Escrevendo para o jornal *Huffington Post* em 6 de fevereiro de 2008, depois da morte de Maharishi, Chopra disse o seguinte. Leia o texto cuidadosamente:

> Você poderia estar andando pelo corredor que conduz até os seus aposentos particulares, com todo o peso do mundo sobre os seus ombros, e sentir que as suas preocupações desaparecem gradualmente, a cada passo, até que, quando a sua mão toca a maçaneta da porta, por alguma mágica, você se sente completamente despreocupado. Mas se você estiver perto dele, pelo tempo suficiente, o Maharishi mais velho, em particular, poderia ser perturbador e egocêntrico; ele poderia ficar irado e desdenhoso. Ele seria rápido em afirmar a sua autoridade, e ainda poderia agir de uma forma infantil e apaziguadora, num piscar de olhos.
> O Maharishi que era um indiano se sentia mais confortável junto a outros indianos... Ele aderiu aos votos de pobreza e celibato, que pertenciam à sua ordem de monges, apesar do fato de que ele vivia no luxo e acumulava considerável riqueza para o movimento TM... No final, o dinheiro do movimento serviu para preservar a herança espiritual da Índia, abrindo escolas e construindo templos...
> Seja como for, esses dois Maharishis são os únicos que o mundo exterior conheceu. Se você cair sob o poder da sua consciência, no entanto, Maharishi, o guru, ofusca completamente qualquer outro aspecto.[4]

Fico admirado com a facilidade com que a mente pode se enganar com jogos de palavras. Talvez isso faça parte do mistério do mal. Assim, o lado mais escuro é justificado, como não sendo a pessoa real, porque há, na realidade, três delas: o lado não tão agradável dela, o seu lado público, e, oh, quando você está sob o poder da sua consciência, há o lado dele que é divino e mágico. Estas são brilhantes trisseções para explicar o coração humano em sua depravação. Na verdade, Chopra pode ter, acidentalmente, esbarrado no correto. De uma estranha maneira, há três Chopras também, como há três de cada um de nós. Há quem o *mundo* pensa que somos, quem *nós* pensamos que somos e quem Deus sabe que somos. Maharishi, no seu íntimo, era como todos nós, como o Sr. Chopra. A mágica verbal não servirá aqui. O mal nos espreita, e sabemos disso. Brincar com jogos de palavras é um truque para escapar ao óbvio. Quanto mais negamos a realidade, mais desatentas se tornam as nossas soluções. A história de Jonas é a história do pregador e também dos ouvintes — perdoe-me pelo trocadilho — no mesmo barco. É terrível ser uma vítima do ódio, mas é ainda pior possuí-lo. Jonas simplesmente desprezou os seus ouvintes, e desejou que eles não participassem do perdão de Deus. Mas da tempestade e da história emerge o maior milagre de todos — um coração transformado, renovado, com a esperança além desta vida. Examine de maneira mais atenta as implicações dessa história— amor, perdão e esperança. Esta é a soma, e a substância do evangelho: amor, perdão e esperança, graças a Jesus Cristo. Ele é mais do que Jonas.

## Sabedoria Suprema

Há o terceiro "maior que", que Jesus usou para descrever a si mesmo: "maior do que Salomão" (Mt 12.42, na versão ARA). De modo proverbial, literal e figurado, o nome Salomão é sinônimo de sabedoria. O seu nome representa sabedoria, mesmo três mil anos depois da época em que ele viveu. Depois de visitá-lo, a rainha de Sabá disse que não havia sido mencionada nem mesmo a metade de sua grandeza. A Bíblia nos diz que ele praticamente não tinha rival, em nenhuma disciplina. No entanto, ele foi a sua própria desvantagem. O conhecimento sem o caráter é mortal. Salomão conhecia todas as respostas. Mas não vivia em conformidade com elas. No final, a história de Salomão é triste, e um amargo lembrete de que até mesmo aqueles que ministram a sabedoria a outras pessoas têm um ponto de ruptura. Os altamente dotados não são deuses, mesmo que pensem que agem ou falam por Ele.

Fyodor Dostoyevsky foi um grande escritor em sua época. Quando morreu, milhares de pessoas encheram as ruas de São Petersburgo para dizer-lhe adeus. Seu livro *Irmãos Karamazov*, bem como várias outras obras, eram sublimes em talento, e de grande alcance em impacto. Mas Dostoyevsky foi um jogador inveterado, e foi para o túmulo completamente pobre, por causa desse vício.

Alexandre, o Grande, conquistou o mundo, mas não conseguiu vencer a sua própria sede pelo álcool. Ao morrer jovem, com trinta e poucos anos, foi para a sepultura como um perdedor.

Michael Jackson — que artista e dançarino incrivelmente dotado, considerado por aqueles do ramo como alguém praticamente sobre-humano em termos de talento! Mas que fim trágico para um estilo de vida trágico. Ele foi quase uma réplica de Elvis Presley em seus sucessos e fracassos.

Stephen Hawking — uma das mentes mais excelentes que já viveu. Que capacidade invejável! Mas ele vive em uma cadeira de rodas e se comunica com o mundo pelo movimento de um dedo.

Todos nós temos os nossos pontos de ruptura. Para alguns, esse ponto será moral ou espiritual. Para outros, uma doença física de terríveis proporções. Para outros, ainda, será o súbito fim de suas vidas como um motor de avião em pleno voo. Para todos nós, a vida chega ao fim neste mundo. Todos nós.

Ao apresentar as respostas para as nossas mais profundas lutas e pontos de ruptura, Jesus também personificou como deveria ser o caráter e o que é a vida eterna. Mas, além disso, Ele disse isso, viveu isso, e é capaz de capacitar aqueles que procurem viver dessa maneira. O Templo, Jonas e Salomão. Os três, lembranças do que é real e transitório. Jesus Cristo é maior do que o Templo, maior do que Jonas e maior do que Salomão. Somente Ele oferece, a você e a mim, a realização, a satisfação e a alegria de andar com Deus. Para esse privilégio, precisamos de um Salvador.

Examinando a história, vemos pontos negros de comportamento humano. Entre eles, poucos são tão negros como o flagelo da escravidão humana. O nome que foi mais influente para acabar com aquele horrível comércio é o de William Wilberforce. Já fiz menção a ele em um capítulo anterior. Wilberforce se converteu a Cristo aos vinte e seis anos, e dedicou o resto de sua vida à nobre causa de romper as cadeias da opressão e a degradação de seres humanos, no fenômeno da escravidão. Ainda que pareça incrível, fisicamente ele era muito pequeno. Disse certo escritor: "A mão que rompeu as correntes das pernas machucadas de nossos escravos ingleses foi a mão de um corcunda". Ele era brilhante, extraordinariamente dotado, um mestre da imitação, um ator nato, um excelente cantor e um orador perfeito.

A respeito dele, disse James Boswell: "Eu vi um camarão subir na mesa; mas, enquanto o ouvia ele foi crescendo, até que se tornou uma baleia".[5] E "quando ele se levantou, para falar à Câmara dos Comuns, parecia um anão saído de um conto de fadas; quando voltou ao seu lugar, parecia o gigante da mesma história".[6]

Como membro do Parlamento, ele lutou, durante toda a sua vida, para derrotar essa terrível prática. Muitos o desencorajaram na luta, dizendo que o problema nunca poderia ser corrigido. Com mais de um milhão de almas sofrendo esse terrível tráfico, alguns pensaram que o apaziguariam concordando com uma lei que tornaria ilegal a importação de novos escravos. Mas ele continuou a trabalhar de modo incessante para interromper todo o esquema, e estava, literalmente, em seu leito de morte quando lhe chegou a notícia de que o Parlamento havia aprovado a lei que considerava a escravidão ilegal. Cinquenta anos de sua vida haviam sido dedicados a essa causa. As suas palavras, em resposta: "Graças a Deus, eu vivi para ver este dia!"

Considero o negro flagelo do tráfico de humanos como um reflexo da nossa autoescravidão e do roubo que estamos praticando contra nós mesmos. Nós estamos acorrentados. Isso está na raiz de toda discriminação humana.

Há um impacto no mundo quando nós mesmos somos libertados de nossas próprias escravidões. Aqueles que negam ao cristão o privilégio de partilhar o Salvador com outras pessoas, negam ao cristão a beleza e o poder de Jesus Cristo. Dentre todas as pessoas do mundo, foi Bertrand Russell que atribuiu o sucesso que Gandhi teve na Índia ao fato de que ele apelava à consciência de uma nação convertida ao cristianismo. Esta é uma importante declaração por parte de um ateu, creditando o sucesso de um panteísta ao teísmo cristão.

Capítulo 14

# PREMISSAS FALSAS E VERDADES MAGNÍFICAS

Há claramente erros cometidos tanto pelos novos espiritualistas como pelos cristãos. Esses erros são de significado profundo. O novo espiritualista assume que não há um lado místico no cristianismo; ou, se assume que existe, supõe que esse lado seja desprovido de quaisquer reivindicações da verdade. O novo espiritualista só enxerga no cristianismo doutrinas rígidas que estabelecem regras para as pessoas, e uma prontidão para puni-las quando essas regras são quebradas, em vez de atrair as pessoas. E às vezes temo que suas caricaturas de nossa pregação insensível e nossa interpretação legalista do Evangelho estejam de algum modo corretas. O mesmo erro é cometido muitas vezes por aqueles de nós que não veem na Nova Espiritualidade nada mais do que ficar sentado em posição de lótus, com os olhos fechados e um olhar voltado para o interior, sem um dogma a proclamar. Neste livro temos visto que nenhuma dessas generalizações é uma representação justa.

Há, realmente, uma rica e variada tradição histórica entre os cristãos que procuraram o caminho do misticismo para encontrar tranquilidade e serenidade à parte da agitação da vida. Infelizmente, e com frequência, isso tem se tornado uma fuga do mundo real. Há, também, críticas legítimas por parte daqueles que estão neste movimento, no que diz respeito à forma como o cristianismo é costuma ser apresentado ou percebido.

Muito recentemente, visitei um dos líderes de uma antiga e histórica tradição cristã no Oriente Médio. Ele havia feito o seu trabalho de preparação para o ministério cristão em outro país do Oriente Médio. Apenas para ser cortês, perguntei se ele havia apreciado seus sete anos de preparação naquele lugar. Ele esboçou um sorriso e disse: "Apreciado? Esta é uma palavra que definitivamente *não* me vêm à mente. Passávamos o dia todo orando ou cantando. Em seguida, às seis horas da noite, as portas do instituto bíblico eram trancadas e nós não tínhamos permissão de ir a lugar algum. A única diversão e distração era uma velha televisão que só transmitia programas religiosos. Depois de sete anos daquilo, eu estava pronto para deixar o ministério. Na verdade, eu fiz isto. Mas meu tio me convenceu a retornar ao ministério e por isso estou aqui hoje, dirigindo esta igreja histórica". Devo parar por aqui para que eu não revele mais do que deveria. Mas como é triste quando a principal voz de uma igreja histórica diz que a palavra *apreciar* não vem à sua mente no contexto da preparação para o ministério cristão.

O misticismo cristão tem ido a extremos e retirou-se do mundo. Foi um erro. Você não vence as lutas da vida escondendo-se em rochas ou construindo barricadas que o mantenham longe da realidade e das outras pessoas. Embora Jesus tenha dito que seus seguidores não eram *deste* mundo, assim como Ele não é *deste* mundo, eles estavam no mundo. Na verdade, Ele orou ao Pai: "Não peço que os tires do mundo, mas que os livres do mal" (Jo 17.15). Em Mateus 5.13-16, Ele ordenou que seus seguidores fossem sal e luz para um mundo escuro, em deterioração. Como alguém pode ser sal e luz do mundo caso seja retirado do mundo? Essa questão também pode ser aplicada aos cristãos modernos que se retiram da sociedade, associando-se apenas com aqueles com quem concordam.

Hoje, no monte Athos, na Grécia, há um mosteiro onde a presença feminina é completamente proibida — nem mesmo galinhas ou vacas são permitidas. Na verdade, o navio em que viajávamos não pôde chegar mais perto do local porque havia mulheres a bordo. Há uma distância prescrita para este caso. Os leitores podem lembrar que o famoso estudioso cretense, Nikos Kazantzakis, autor da polêmica obra chamada *A Última Tentação de Cristo*, passou um longo tempo em Athos na sua busca pela comunhão com o divino. É triste saber que ao longo da história cristã muitas pessoas tenham se sujeitado a tais coisas em um esforço para entrar em comunhão com Deus, quando Jesus está simplesmente diante de cada um de nós e diz: "Eis que estou à porta e bato; se alguém ouvir a minha voz e abrir a porta, entrarei em sua casa e com ele cearei, e ele, comigo" (Ap 3.20).

Na verdade, pensei em ir ao monte Athos e ficar lá por uma semana, apenas para ter esta experiência, e me foi dito que isso poderia ser providenciado. Mas com os meus graves problemas de coluna, decidi que poderia ser um erro que custaria caro, uma vez que nas últimas centenas de metros da viagem até o monte é necessário montar um jumento. Sim, esta teria sido a minha experiência de "monge por uma semana".

Os novos espiritualistas cometem o mesmo erro, mas a partir da posição oposta. Em seus esforços de quietude, retiro e fuga da agitação, eles agem como se não tivessem doutrinas. Como se não houvesse regras. Como se não tivessem nenhuma autoridade a não ser eles mesmos. Tudo gira em torno do misticismo e da meditação. Isso simplesmente não é verdade. As histórias das religiões sobre as quais as suas crenças estão primordialmente baseadas têm livros, seitas e regras "até dizer chega". O andaime metafísico dos autores que os novos espiritualistas citam está baseado em um compromisso anterior com uma forma de raciocínio muito particular. Não nos devia parecer estranho que aqueles que vivem "o agora" assinem contratos para o futuro? Que aqueles que são tão grandes sobre as noções de silêncio e de esvaziar a mente de todo o pensamento escrevem grandes livros sobre conceitos destinados a fazer com que você pense? Que eles dizem que o mundo é ilusório e não há "eu" ou "você", e ainda assim estejam obviamente escrevendo esses livros para "você"? Que o esclarecimento surge da interiorização isolada, mas eles usam o método de comunicação de massa para o próprio proveito?

### *Três Perguntas Muito Importantes*

Todas as religiões e visões de mundo precisam olhar atentamente para si mesmas e para a maneira como respondem a três perguntas inevitáveis:

1. Como elas respondem à questão da exclusividade no que se refere à sua própria crença?
2. Qual é a fonte de sua autoridade?
3. Quão relevante é aquilo em que acreditam para a experiência comum; que diferença isso realmente faz?

Por que os cristãos são tão dogmáticos? Por que eles pensam que seu caminho é o único caminho? Essas frases são repetidas vez após vez e revelam um preconceito por parte do autor das perguntas. Quando alegações da verdade são feitas, o que mais se pode esperar além de exclusividade? Cresci na Índia, e lá sempre foi tido por certo que a visão de mundo indiana predominante era a única visão de mundo. Não era raro vermos imagens de gurus, mestres e versos do Gita ou um pronunciamento de Krishna na parede de cada escritório e escola. Será que nós, que tínhamos crenças diferentes, deveríamos ter questionado por que eles estavam sendo tão exclusivos? Não me lembro de nenhum dia em minha escola em que um cristão tenha se dirigido ao corpo discente. Ouvi hindus principalmente e exclusivamente. Aceitei este fato porque eles formavam a grande maioria, e a visão de mundo predominante era deles.

Qualquer pessoa que achar que a mensagem hindu não está sendo "propagada" está simplesmente cega para a realidade. Ela engloba a cultura de uma nação de mais de um bilhão de pessoas e é a conseqüência lógica de compromissos prévios com a crença. *Hindusthan*, que é a palavra hindi para *Índia*, significa "a terra dos hindus". E *Hindusthani*, ou hindi, como é popularmente chamado, significa "a linguagem dos hindus". A religião e sua visão de mundo dão forma a cada aspecto da sociedade e da cultura. Os hindus não veem sua religião abrangendo outras religiões; caso contrário, por que Buda sentiu a necessidade de rejeitar os princípios definidores do hinduísmo em sua busca pela verdade? E por que os pais de jovens que são criados como hindus e se convertem ao cristianismo — jovens como meu cunhado — lamentam a decisão dos filhos como uma morte? O hinduísmo é propagado, e de fato espera-se que as pessoas que acreditam nele o propaguem.

É bem claro que todas as religiões, sem exceção, são exclusivas. No final das contas, todas as religiões coletam armadilhas culturais, e por sua vez passam a ser identificadas como cultura. O budismo não é o hinduísmo. O islã não é o cristianismo, o jainísmo não é o judaísmo. Cada uma dessas religiões tem suas próprias amarras inflexíveis. Cada uma é diferente das outras. Quando estive na Turquia, há pouco tempo, um homem turco contou-me que uma pergunta lhe é feita mais vezes do que qualquer outra. Quando ele diz seu nome e se identifica como cristão, a pessoa que está conversando com ele pergunta: "Mas você não é turco?" "Sim, eu sou", ele responde. "Mas você acabou de dizer que é cristão." Ele responde: "Eu sou turco e sou cristão". O autor da pergunta sempre parece ficar totalmente desnorteado. Acho que as pessoas não se lembram de que a maioria dos turcos era cristã até que seu país foi conquistado por forças islâmicas e as pessoas foram forçadas a se converter ao islã por razões econômicas ou de proteção. Assim acontece com a cultura em todos os lugares. Temos memória curta.

Quando me tornei um cristão comprometido, um amigo próximo e hindu me disse: "Você perdeu a sua originalidade". Ele adorava aquela palavra. O que ele queria dizer era que eu só seria original e singular caso tivesse as mesmas crenças que ele. Na sua visão, eu havia deixado de ser "singular" quando decidi seguir a Jesus... tornei-me alguém "não original". Antes de me tornar cristão, eu na verdade acreditava muito pouco em quaisquer assuntos espirituais. Meu amigo preferiria que eu fosse assim? A resposta é sim. Não acreditar em nada estaria, na verdade, mais perto de sua fé que "acredita em tudo".

A verdade é excludente por definição. Temos que entender que, por definição, a verdade exclui a negação do que é contrário ao que ela afirma. Minha etnia me coloca em uma determinada categoria; minha língua me coloca em uma determinada categoria; minha educação me coloca em uma determinada categoria. Todas as designações excluem alguma outra coisa. O problema com a crença religiosa é que ninguém quer que um destino que exclua qualquer outra pessoa seja pregado, e assim nós reservamos a descrição do que é mal apenas para as situações mais hediondas. E agora alguns novos espiritualistas não vão querer nem mesmo fazer essa separação. Vamos examinar a noção da verdade.

Alguns anos atrás, dirigi-me aos membros da Ordem dos Advogados de um determinado estado. Quando me sentei à mesa para almoçar, o presidente da Ordem dos Advogados comentou que eu tinha que ser muito corajoso para comparecer e discursar em um evento cujos participantes eram pessoas que ganhavam a vida trabalhando com palavras. Tomei nota, porque, de certa forma, alguém também pode reduzir minha profissão a isso, se nada mais for levado em consideração. De qualquer forma, apenas sorri e esperei que o almoço terminasse e eu fosse apresentado. Havia uma sensação de desconforto no ar... o mal-estar que acontece em todas as situações em que você está diante de um público para o qual tudo é relativo e quando sabe que alguém irá lhe apresentar como um absolutista ou defensor de uma posição hierárquica; nestas situações, o mal-estar é quase visível. Como é estranho que aqueles que alegam defender a lei sejam os últimos aos quais a verdade possa ser confiada.

Minha palestra aconteceu durante os dias da presidência de Clinton, no momento em que ele foi acusado de um comportamento indiscreto, que ele negou. Você deve se lembrar que quando perguntaram a ele: "É verdade?", ele respondeu de forma brilhante, "Tudo depende do que a palavra 'é' significa". Essa foi a resposta pós-moderna por excelência. Nós temos um termo melhor agora. O termo mais novo em relação à mentira é "Me expressei mal".

Quando me levantei para falar a esse público bastante cético e cansado, comecei assim: Acabei de assistir ao noticiário no meu quarto de hotel. Posso lhes dar os três primeiros itens das manchetes? Primeiro, havia um repórter com seu microfone itinerante perguntando às pessoas na rua se as palavras têm algum significado especial ou se o orador reserva o direito de infundir significado às suas palavras. Em nossa cultura de "salvação por pesquisas", a resposta foi previsível: "O palestrante tem o direito de atribuir qualquer significado que deseje às palavras usadas".

O segundo item da notícia foi o repórter itinerante perguntando às pessoas se a moralidade tem qualquer ponto de referência ou se cada pessoa tem o direito de estabelecer seu próprio raciocínio moral. A resposta foi que cada pessoa tem um direito individual para determinar a sua própria moralidade.

Estes foram os dois primeiros itens.

"Agora, deixe-me contar o terceiro item: Os Estados Unidos enviaram um aviso a Saddam Hussein dizendo que se ele não parar de jogar seus jogos de palavras, vamos começar a bombardear suas cidades".

A expressão facial das pessoas na plateia, dedicadas à prática da lei, mudaram de repente. Não é irônico pensar que, como uma cultura, reservamos o direito de definir palavras e determinar a moralidade para nós mesmos, mas quando alguém faz jogos de palavras conosco ou é moralmente ambíguo, ameaçamos bombardeá-lo? Esta é a ameaça oculta disfarçada de esclarecimento: Dizemos às pessoas que elas são livres para escolher suas próprias divindades porque não há autoridade suprema, mas quando alguém escolhe acreditar em uma autoridade suprema, com base na verdade, na melhor das hipóteses o que eles acreditam é distorcido pela sociedade ou por seus representantes, e na pior das hipóteses a pessoa se torna objeto de ridicularização. E se a crença dessas pessoas tiver surgido de uma compreensão que veio de um lampejo em meio a uma reflexão silenciosa? A crença em uma autoridade suprema é, por definição, uma compreensão errada? De repente, a democracia e a diversidade desaparecem. Negar a lei da não-contradição é afirmá-la ao mesmo tempo.

Quero ser cuidadoso aqui. Percebo que esse tipo de "apologética racionalista" é despejado no pensamento da Nova Espiritualidade. Mas devo lembrar que, na verdade, as críticas de todas as suas conexões para o pensamento e para a filosofia aderiram originalmente a esta lei básica da lógica: Sankara, Buda, assim como os gregos. O erro na jornada espiritual foi fazer com que a lógica fosse o *único* teste aceito; assim, aquilo que é legítimo foi carregado para um extremo ilegítimo.

## Construindo uma Visão de Mundo

Geralmente, há dois testes para a verdade: o teste de *correspondência*, em que as afirmações podem ser testadas contra a realidade; e o teste de *coerência*, que assegura que todas as afirmações que compõem uma visão de mundo são coerentes ou compatíveis entre si. A correspondência ao fato e a coerência sistêmica fazem a prova de qualquer visão de mundo.

Deixe-me levar isso um pouco mais adiante. Como é que realmente se constrói uma visão de mundo? Invariavelmente, com ou sem alguns pontos de menor importância, uma visão de mundo é baseada em oito componentes básicos:

1. Uma boa visão de mundo deve estar fortemente baseada em fatos. Este ponto, por si só, tem uma realidade de dois gumes: Primeiro, a afirmação que está sendo feita pode ser testada contra a realidade. E, segundo, a afirmação é claramente falsa? Se uma afirmação no sistema for claramente falsa ou não puder ser testada contra a realidade, há uma falha que impossibilita a aprovação no teste de verificação da verdade.
2. Uma boa visão de mundo deve ter um alto grau de coerência ou de consistência interna. A nova espiritualidade falha miseravelmente aqui. Vou demonstrar como essa falha acontece quando chegarmos ao final desta seção.
3. Uma boa visão de mundo deve dar uma explicação razoável e lógica para as várias realidades inegáveis que sentimos à nossa volta.
4. Uma boa visão de mundo evitará os dois extremos — não será nem tão complexa nem tão simplista.
5. Uma boa visão de mundo não é explicada por apenas uma linha de evidências.
6. Uma boa visão de mundo deve explicar as visões de mundo contrárias sem comprometer suas próprias crenças essenciais.
7. Uma boa visão de mundo não pode argumentar apenas com base em uma experiência privada, mas deve ter algum padrão objetivo de mensurações.
8. Uma boa visão de mundo deve explicar justificadamente a natureza essencial do bem e do mal, uma vez que essas duas alternativas são as principais características que diferenciam os seres humanos de todas as outras entidades ou quantidades.

Uma vez que uma visão de mundo é estabelecida, ela se torna o apoio para que julgamentos particulares sejam feitos. A prática de dizer que não existem absolutos morais e castigar os cristãos por serem hipócritas assume que a hipocrisia é uma falha moral e uma posição contraditória e, portanto, deve ser difamada. Dizer que há uma centelha de divindade em todos nós e em seguida tratar as castas mais baixas como "menos divinas" — até mesmo criar um sistema que classifique as pessoas desta forma — é entrar em conflito com a razão novamente. As visões de mundo começam com definições. Definições criam limites. Violações desses limites trazem a condenação. Essa condenação em si gera exclusões. É impossível sustentar a verdade sem excluir a falsidade. Todas as religiões são exclusivas.

## Autoridade

Esta é uma questão-chave para o novo espiritualista: O que ou quem será a minha autoridade? Para transformar a autoridade final em um lampejo subjetivo — ainda que intuitivo — muitas coisas importantes devem ser explicadas de forma satisfatória. É impossível conceder esse direito a cada pessoa.

Um dos meus amigos conta uma história sobre um médico que tentava tratar seu paciente em um hospital psiquiátrico — esse paciente acredita ser Moisés. Mesmo que o médico tente dizer o contrário, o paciente está convencido de que é Moisés. Finalmente, o médico pergunta, frustrado: "Quem disse que você é Moisés?"
"Deus disse", surge a resposta confiante.
"Eu não!", diz uma voz indignada na cama ao lado.

Falando sério, quando pessoas como Donald Walsch ou Deepak Chopra falam com tal autoridade, como podemos saber se estão falando em nome de Deus ou se eles mesmos são divinos — ou nenhum dos dois? Eles mesmos admitem que suas próprias vidas são clara e indubitavelmente falhas. Então, de onde vem a sua autoridade moral? Eles têm todo o direito de debater, dialogar, disputar, argumentar; que seja assim. Mas quando falam com uma convicção de autorreferência, como se tivessem a resposta perfeita, você tem que perguntar: "Quem disse?" Não é suficiente fugir da questão como um deles faz, dizendo: "Meus filhos sabem que estou em fase de aperfeiçoamento", ou descartar a questão criando "Três Maharishis" a fim de encobrir os fracassos de seu mentor.

Jesus fez a seguinte pergunta a seus acusadores: "Quem dentre vós me convence de pecado?" (Jo 8.46). Pilatos disse sobre Ele: "Não acho culpa alguma neste homem" (Lc 23.4). O ladrão que estava morrendo na cruz ao lado dEle disse: "Recebemos o que os nossos feitos mereciam; mas este [Jesus] nenhum mal fez" (Lc 23.41). A pureza da vida de Jesus e seu exemplo incontestável para nós ganharam a admiração de milhões de pessoas, incluindo Gandhi e pensadores budistas. O historiador Lecky atestou que Ele é único e sem paralelos na história.[1]

Ao longo dos 1500 anos de história registrados na Bíblia Sagrada, mais de 40 autores diferentes apontaram para a vinda de Jesus ou viveram e andaram com Ele, e falaram dEle como aquEle que tem a autoridade. Ele advertiu contra o legalismo que se comprazia em administrar aplicações severas da lei. Ele mostrou as deficiências de uma religião que estava vazia, que não passava de um dogma. Ele evitou a evidência política. Ele nunca cobrou a sua audiência para falar a ela. Ele levantou pessoas destruídas. Ele conversou com as pessoas rejeitadas pela sociedade. Ele segurou as criancinhas em seus braços e nos admoestou a sermos como elas — devemos confiar nEle como os pequeninos o fazem. Em sua conversa marcante com um rabino que se dirigiu a Ele com perguntas honestas, Jesus disse que a resposta para a questão de se conhecer a Deus está, em última análise, em um novo nascimento que só o Espírito Santo de Deus pode propiciar. Perplexo, o rabino perguntou como um homem adulto poderia entrar no ventre novamente. Jesus apresentou um "koan" de sua autoria: "O vento assopra onde quer, e ouves a sua voz, mas não sabes donde vem, nem para onde vai; assim é todo aquele que é nascido do Espírito" (Jo 3.8).

Esse novo nascimento sobre o qual Jesus falou não é auto-originado, nem autoinduzido, nem autogerado. Isso também não acontece por vontade de qualquer mestre humano ou através da recomendação de alguém. Você não pode fazer nada para merecê-lo nem nada para fazer com que isso aconteça. Você não pode se tornar digno desse novo nascimento, nem conceder a si mesmo o direito de obtê-lo. O novo nascimento vem de Deus, aqUele que endireita o que está completamente errado no mundo — nossas almas destruídas. Nenhuma quantidade de meditação, silêncio ou retiro do mundo irá conquistá-lo. Só Deus, em sua graça, é grande o suficiente. A única conclusão razoável a qualquer autoexaminação é que não podemos consertar o nosso mundo por conta própria, não podemos consertar nosso espírito destruído; precisamos que alguém de fora entre em nosso mundo e corrija nossa vida, colocando as coisas em ordem. Nós precisamos de um Salvador.

A grande questão da autoridade está na autoridade das Escrituras. Muitos estudiosos capazes têm abordado isso. Inclui uma bibliografia no final deste livro para quem quiser fazer outras leituras sobre a autoridade das Escrituras. Um dos críticos bíblicos mais capacitados é Bart Ehrman, que estudou sob a tutela de um dos mais entendidos estudiosos gregos dos últimos tempos, Bruce Metzger, da Univcrsidade de Princeton. Eu recomendaria a excelente resposta de Ben Witherington a Ehrman, bem como a interação sobre o assunto entre Ehrman e N. T. Wright.[2]

Acredito que tudo isso se resuma no seguinte: Se você estiver determinado a encontrar falhas na Bíblia, vai encontrá-las, especialmente em um livro que é lido há tantos séculos, que foi escrito por autores diferentes ao longo de um grande período de tempo, e que foi traduzido em tantas versões e idiomas. Assim acontece com textos sobre praticamente qualquer assunto. Isso pode ser feito. É fácil especular, debater, dissecar e rejeitar ideias. Devemos começar olhando para o panorama geral, para a verdade global que está sendo vindicada. Em seguida, devemos verificar a veracidade dos argumentos das ideias principais através dos testes que mencionei anteriormente, e analisar como esses argumentos são confirmados na vida, na história e na aplicação pessoal.

Quando Deepak Chopra opina sobre João 14.6, versículo no qual Jesus diz: "Eu sou o caminho, e a verdade, e a vida. Ninguém vem ao Pai senão por mim", afirmando que isso não é nada mais do que Jesus alcançando a consciência de Deus, aquele que é sério em sua busca deve fazer a seguinte pergunta: "Sério? Será que os discípulos teriam dedicado suas vidas a apoiar a afirmação de Jesus de que Ele havia alcançado um certo *status* se toda a humanidade também pudesse alcançar esse *status* por conta própria?" Haveria razão para isso? Não haveria nada único na declaração de Jesus, nada pelo que valesse a pena morrer. Não é uma farsa e uma vergonha alguém fazer tal distorção patética dos fatos quando o motivo pelo qual Jesus morreu está claro e sua afirmação de ser Deus de uma forma singular ter sido entendida por seus perseguidores? Será que todo o mundo está errado sobre isso — Jesus, seus discípulos, seus perseguidores, Pilatos, os milhões de pessoas que acreditaram ao longo da história — e Chopra está certo? Esta não é a arrogância máxima? O panorama geral apresentado no texto dentro do seu contexto é indiscutível.

## *O Panorama Geral e Verdades Particulares*

Não há nada como a Bíblia em toda a história, considerando a extensão de seus escritos e de seus vários autores. Nada. O gênero de literatura que está por trás da Nova Espiritualidade não pode ser comparado com a literatura bíblica. A evidência cumulativa das afirmações a respeito da divindade de Jesus e os detalhes proféticos que se solidificaram compõem claramente um livro com a força do sobrenatural. É por isso que autores de origens muito diferentes, como

Pedro, Paulo, João, Judas e Lucas, pintam um quadro semelhante da Palavra do Deus que se fez carne e habitou entre nós, cuja vida, pura e impecável, acompanhou o seu ensino. Esses homens escreveram que Jesus é o cumprimento das vozes proféticas de Moisés a Malaquias, que, ao longo de mais de mil anos, preveem sua vinda, sua morte e sua ressurreição. Carpinteiros, pescadores, educadores, teólogos, líderes cívicos e médicos — todos convergem para a mesma verdade. Não parece que este seja um grupo de pessoas que inventa uma história, e uma a uma enfrente uma morte precoce para sustentá-la! Tome o exemplo de Paulo — um hebreu de nascimento que estudou na Grécia e era um cidadão de Roma, um homem muito educado e um líder em sua comunidade. Não havia nada que ele desejasse mais do que refutar Jesus como o Messias. No entanto, ele acabou escrevendo um terço do Novo Testamento e pagou pela sua fé em Cristo com a própria vida. Por que ele faria e passaria por tais coisas?

Uma das críticas de Ehrman é a seguinte: Jesus não pode ter sido Deus porque quando lhe foi perguntado em que momento voltaria do céu, Ele respondeu que ninguém conhece esse dia, nem mesmo os anjos do céu, nem o Filho, mas somente o Pai. É fascinante como as pessoas podem ter visões diferentes! Lembro-me que a primeira vez que li essa passagem da Escritura (Mc 13.32), virei a Bíblia para baixo e fechei os olhos, cheio de admiração pela beleza desse Salvador. Se Ele fosse um charlatão autoenvaidecido, por que responderia à pergunta desta maneira? Ele não teria respondido desta forma. Ele teria respondido da seguinte maneira: "Eu conheço a data, mas não vou contá-la a vocês". Ninguém poderia provar que Ele estava errado. Ele poderia ter dito: "Aproximadamente daqui a quarenta anos", quando Ele não estaria ali para enfrentar o constrangimento. Nada teria sido mais ocidental do que o Senhor fornecer uma data impossível de ser falsificada. Nada teria sido mais oriental do que Ele responder em um enigma, e ninguém teria sido capaz de discernir se Ele conhecia ou não conhecia a data.

Em vez disso, Ele disse a coisa mais extraordinária... disse que não sabia. Com muita frequência, Jesus se esvaziou de suas prerrogativas divinas e negou o acesso ao poder que era legitimamente seu, a fim de ser para nós a Palavra de Deus em carne. Paulo diz que Jesus "abriu mão de tudo o que era seu e tomou a natureza de servo"

(Fp 2.7, na versão NTLH). Em sua abnegação, Ele não permitiu que esse conhecimento fizesse parte de alguma disputa, uma vez que se humilhou diante de sua própria criação até à morte. Será que este é um mistério maior do que a sua oração agonizante no Jardim do Getsêmani? Ao renunciar seus direitos como o Filho do Homem, Jesus tornou possível que o Filho de Deus fosse sacrificado da maneira que Ele foi. Tudo sobre sua história tem o selo do anel de autenticidade.

Depois de compreender o quadro geral, os textos mais específicos podem ser estudados e analisados, as verdades podem ser examinadas e as formas, os textos e as fontes extrabíblicas podem ser estudados através de todos os meios adequados. Isso é justo e esperado. Todavia, muitos críticos tomam uma caneta e a tratam como um canivete, chegando a tantas conclusões diferentes que fica evidente, no mínimo, que eles mesmos divergem sobre quais realmente são as divergências. Talvez, apenas talvez, seja porque queiram encontrar outro caminho a todo custo — um caminho diferente do caminho que Jesus oferece. Na verdade, Ele também desejou que houvesse outro caminho. Mas Ele se comprometeu a pagar o mais alto preço para que pudéssemos estar aptos a viver na presença do Pai. Certa vez, C. S. Lewis, que raramente respondia a seus críticos, comentou que eles estavam tão errados sobre certas fontes que atribuíam a ele — Lewis nunca tinha ouvido falar de algumas delas — que ele observou quão mais equivocados esses homens estariam em suas críticas sobre um texto de dois mil anos de idade.

Jesus disse que a Palavra de Deus permanece para sempre. Sua própria vida foi o cumprimento de inúmeros versículos das Escrituras — uma confluência incrível de centenas de passagens que eram quase impossíveis de ser projetadas através de algum conluio. Quando o tentador confrontou Jesus no deserto, usou textos da Escritura para tentar corrompê-lo. E em resposta a cada tentação Jesus colocou os textos de volta a seus contextos, o que lhe permitiu resistir às maquinações de Satanás. O Salmo 119 nos dá dezenas de informações valiosas sobre as Escrituras. Ele nos lembra que as Escrituras são lâmpada para os nossos pés e luz para nosso caminho. Na escuridão sombria da tentação, a luz da Escritura resplandece sobre a sedução e faz com que os tentadores fujam apressadamente. A verdade sempre triunfa sobre o engano quando o texto é aplicado dentro de seu contexto.

## Relevância

Conhecer Jesus e andar com Ele diariamente traz relevância e pertinência a cada pensamento e intenção do coração. Tenho andado com Ele há quase cinco décadas. Mesmo que eu diga isso, sinto que é quase impossível eu mesmo acreditar em tudo o que aconteceu neste período. Quando penso sobre a autorrejeição e a alienação que eu sentia antes do Deus incrível colocar valor na minha vida, coloco-me em uma posição de submissão a Ele e ao seu chamado. Quando penso sobre as coisas que eu odiava e agora amo, o contraste é inimaginável. Eu odiava ler. Hoje mal posso esperar a chegada dos livros que tão carinhosamente desejo ler, sejam filosóficos, sejam religiosos, mas, acima de tudo, aqueles livros que me levam para mais perto de Deus.

De fato, os grandes místicos também me fascinam. Recomendo o melhor volume que li sobre o assunto, uma obra que reúne as místicas cristãs mais conhecidas, intitulada *Water from a Deep Well*, de Gerald L. Sittser. De Bernardo de Claraval a João da Cruz há, nesta obra, uma mina de ouro para o pensamento, a reflexão, os exemplos, e para sentir a presença querida e próxima de Deus. Uma declaração no livro que chamou minha atenção foi a seguinte: "A oração do silêncio não é natural. Nossas tentativas de orar desta forma irão expor quão triviais e superficiais nossos pensamentos são, como nosso mundo é barulhento e como estamos desatentos à realidade da presença de Deus".[3]

A mensagem de Jesus é totalmente relevante para conectar a maior distância que existe na vida — a distância da cabeça ao coração — uma jornada que cada um de nós deve fazer. O rigor intelectual do evangelho não nos priva das profundezas místicas e misteriosas da própria pessoa de Deus. Charles Haddon Spurgeon disse o seguinte:

> O estudo apropriado do cristão é a divindade de Deus. A ciência mais alta, a especulação mais elevada, a filosofia mais poderosa — todas as coisas que podem atrair a atenção de um filho de Deus — se resumem no nome, na natureza, na pessoa, nos feitos e na existência do grande Deus, que Jesus chama de Pai. Ao contemplarmos a divindade de Deus, acontece algo que faz com que a nossa mente melhore e nós nos

tornemos pessoas melhores. É um assunto tão vasto que todos os nossos pensamentos se perdem em sua imensidão; é tão profundo que o nosso orgulho desaparece em sua infinitude. Há outros assuntos que podemos compreender e com os quais podemos lidar; neles sentimos uma espécie de contentamento, e passamos a ter o seguinte pensamento: "Eis que eu sou sábio". Mas quando chegamos a esta ciência superior, descobrimos que o nosso prumo não consegue sondar a sua profundidade, e os nossos olhos de águia não conseguem ver a sua altura. Então surge o pensamento: "Estou limitado pelo tempo, não sei nada".[4]

Conhecer esse Deus e ter a sua obra operando em nós é a diferença entre a vida e a morte.

## Que Diferença Isso Faz?

Em uma grande igreja do Brooklyn, Nova York, onde milhares de pessoas se reúnem semanalmente, fui apresentado a uma menina de doze anos de idade. Alguns meses atrás, alguém a levou ao encontro do pastor, porque ela estava sendo convidada a fazer parte de uma das gangues mais violentas da região. A iniciação na gangue envolvia pegar uma lâmina de barbear e cortar, aleatoriamente, o rosto de alguma pessoa. O pastor conversou com ela durante muito tempo, e percebendo que ela sentia uma intensa raiva dentro de si mesma, ele finalmente perguntou: "De quem você tem raiva? Rangendo os dentes, ela respondeu: Tenho raiva de meu pai, tenho raiva de minha mãe, tenho raiva de Deus, tenho raiva de Jesus..." A lista continuou. O pastor falou gentilmente com ela, dizendo-lhe que Deus poderia mudar seu coração, transformando o ódio e a raiva em amor e paz. Então, finalmente, orou com ela.

Hoje ela frequenta aquela igreja todos os dias. Ela ajuda nos escritórios, fazendo tudo o que pode. É uma jovem doce e pequenina, mas poderia lutar com o gangster mais violento, pois veio de uma situação severa e brutal. Certo dia, recentemente, o pastor perguntou a ela como havia sido sua semana. "Oh, fantástica, simplesmente fantástica", disse ela. "Jesus foi tão bom... tão bom". Em seguida, ela fez uma pausa, levantou o dedo indicador, fez biquinho e disse: "Exceto na quinta-feira...". O pastor disse que se segurou para não rir. "Jesus foi bom, exceto na quinta-feira". Isso é o mais transparente que uma pessoa pode ser.

O Senhor nos transforma com um poder extraordinário e faz com que a sua verdade seja relevante, até mesmo ao ponto de saber que às vezes seus filhos podem se decepcionar com Ele até que percebam e aceitem que a sua mensagem não significa uma fuga das arestas afiadas da vida. Nesta igreja há pessoas de muitíssimas nacionalidades. Quando perguntei ao pastor quantas nacionalidades estavam representadas ali, sua resposta foi a seguinte: "Seria difícil pensar em qualquer nacionalidade que não esteja presente aqui". Os membros são pessoas de origens diferentes, com dores, medos e lutas econômicas, e todos consideram a mensagem de Jesus relevante para suas próprias necessidades particulares.

Alguns anos atrás, o famoso jornalista inglês Matthew Parris escreveu um artigo que pegou todos os seus leitores de surpresa. Parris é conhecido como um ateu confesso. Esta é a forma como ele descreve uma recente visita ao Malawi, o país onde nasceu:

> Antes do Natal, depois de 45 anos, voltei ao país que quando garoto eu conhecia como Niassalândia. Hoje este lugar se chama Malawi... esta terra me inspirou, renovando a minha fé enfraquecida e oscilante em obras que desenvolvem a caridade. Mas viajar ao Malawi também revigorou outra crença: uma crença que tenho tentado banir por toda a minha vida... Ela confunde as minhas crenças ideológicas, se recusa teimosamente a se encaixar na minha visão de mundo, e constrange minha crença crescente de que não há Deus. Agora, sendo um ateu confesso, fiquei convencido da enorme contribuição que o evangelismo cristão leva à África: uma contribuição nitidamente distinta das ONGs seculares... A educação e a formação por si só não fazem isso. O cristianismo muda o coração de muitas pessoas na África. Ele traz uma transformação espiritual. O renascimento é real. A mudança é boa.[5]

Ele prossegue, agora dizendo que desejava poder concluir que a resposta para a África encontra-se em ajuda suficiente e na educação, mas que isso não se encaixa nos fatos que viu. A fé que os missionários têm em Deus e o caráter de suas vidas tem sido transferidos para o povo, propiciando uma mudança enorme no ethos e no modo de agir e pensar das pessoas... os sorrisos de confiança que as colocam em pé de igualdade livram-nas de uma aparência servil. É impossível explicar as mudanças que ocorrem dentro das pessoas. Ele critica a crença de longa data conservada pelos sociólogos acadêmicos ocidentais de que os sistemas de valores tribais desenvolvidos ao longo dos séculos pelas tribos são o "melhor" para as pessoas, e são intrinsecamente iguais ou de valores equivalentes aos nossos, observando que a crença tribal não é mais pacífica do que a nossa e, na verdade, suprime a individualidade. As pessoas são forçadas a pensar coletivamente, o que alimenta a política quadrilheira das cidades africanas, um respeito exagerado ao líder, e uma incapacidade literal de entender o conceito de uma "oposição leal". Toda a estrutura do pensamento rural da África é sobrecarregada por um peso excessivo, diz ele, pela ansiedade, pelo medo de espíritos, dos antepassados, da natureza e de tudo aquilo que é selvagem; este peso é um peso que mói o espírito.

Reconhecendo o sofrimento e a destruição que os africanos vieram a vivenciar como resultado disso, ele conclui com estes parágrafos impressionantes:

> O cristianismo... com seu ensino de uma conexão direta, pessoal e de duas vias entre o indivíduo e Deus, não mediada pelo coletivo e insubordinada a qualquer outro ser humano, esmaga o quadro filosófico e espiritual que acabei de descrever...
> Aqueles que querem que a África ande de cabeça erguida em meio à competição global do século XXI não devem se iludir pensando que a prática de fornecer os meios materiais ou até mesmo o "know-how" que acompanha o que chamamos de desenvolvimento propiciará as mudanças. Em primeiro lugar, todo um sistema de crenças deverá ser derrubado. E temo que esse sistema deva ser substituído por outro. Retirar o evangelismo cristão da equação africana pode deixar o continente à mercê de uma fusão maligna entre a Nike, o feiticeiro, a telefonia móvel e o facão.[6]

Este é um reconhecimento incrível por parte de um ateu confesso. É uma declaração de que meras ideias espirituais ou altruístas não são suficientes; somente a mensagem de Jesus pode propiciar nos corações a mudança que transformará um continente. Eu admiro o reconhecimento corajoso do Sr. Parris sobre este assunto. Se os cristãos vivessem a sua fé com confiança e em amor, suspeito que ele não diria essa verdade apenas em relação à África, mas para o mundo todo também... possivelmente até mesmo para o próprio Sr. Parris.

G. K. Chesterton estava certo: O problema com o cristianismo não é que ele foi julgado e considerado insuficiente, mas que foi considerado difícil e as pessoas o deixaram de lado, sem experimentá-lo. A mensagem de Jesus é bela e magnífica — ela transforma vidas. Se você ainda não descobriu isso por si mesmo, pode descobrir agora. A espiritualidade não é boa o suficiente.

Jesus proclama a verdade — é por isso que tudo o que é contrário a ela deve ser rejeitado. Ele viveu e falou com autoridade — é por isso que tudo aquilo que Ele disse se aplica a cada um de nós. Sua mensagem preenche o maior abismo que existe dentro de nós — é por isso que ela é relevante até hoje, dois mil anos depois.

## *Imagine Esta Cena*

Em Lucas 4.14-21, somos informados sobre o seguinte acontecimento:

> Então, pela virtude do Espírito, voltou Jesus para a Galileia, e a sua fama correu por todas as terras em derredor. E ensinava nas suas sinagogas e por todos era louvado.
> E, chegando a Nazaré, onde fora criado, entrou num dia de sábado, segundo o seu costume, na sinagoga e levantou-se para ler. E foi-lhe dado o livro do profeta Isaías; e, quando abriu o livro, achou o lugar em que estava escrito: O Espírito do Senhor é sobre mim, pois que me ungiu para evangelizar os pobres, enviou-me a curar os quebrantados do coração, a apregoar liberdade aos cativos, a dar vista aos cegos, a pôr em liberdade os oprimidos, a anunciar o ano aceitável do Senhor.
> E, cerrando o livro e tornando a dá-lo ao ministro, assentou-se; e os olhos de todos na sinagoga estavam fitos nele.
> Então, começou a dizer-lhes: Hoje se cumpriu esta Escritura em vossos ouvidos.

Esta é a mensagem de liberdade para aqueles que estão cativos, uma mensagem que abrirá os olhos de nossa espiritualidade obscurecida para a luz brilhante da graça de Cristo, que convencerá a igreja a viver o amor de Deus através da prática de cuidar dos pobres e assumir a causa dos oprimidos, o que nos assegura que há um fim dos tempos pelo qual a eternidade aguarda, e que todos os que anseiam pela presença de Jesus viverão o cumprimento de sua fé na grande consumação em que veremos o Supremo, face a face. O cristão também acredita na justiça, na libertação e no cuidado pelos mais necessitados entre nós. O cristão também acredita que a mente compreenderá o Supremo de maneira repentina. O cristão acredita também na sincronia máxima de tudo o que é verdadeiro, bom e belo. O cristão também acredita em momentos de profunda reflexão e meditação, e na autorrevelação de Deus àquele que verdadeiramente o buscar. O cristão acredita também que a harmonia da alma que almejamos deve ser procurada. Mas o cristão acredita que tudo o que é prenunciado no agora é consumado na presença de Deus quando somos chamados a estar com Ele. Isso não está em nós. É *nEle* que encontramos tudo. O compositor capturou isso muito bem:

*Um dia, sentado em frente ao órgão,*
*Eu estava cansado e incomodado,*
*E meus dedos vagavam à toa*
*Sobre as teclas ruidosas;*
*Eu não sei o que estava tocando,*
*Nem o que estava a sonhar naquele momento,*
*Mas toquei um acorde musical*
*Como o som de um grande amém.*
*Esse acorde inundou o crepúsculo carmesim*
*Como o fim de um salmo angelical;*
*Ele acalmou meu espírito fraco*
*Como o toque de uma calma infinita;*
*Ele acalmou a dor e a tristeza,*
*Como o amor que supera conflitos;*
*Ele pareceu um eco harmonioso*
*De nossa vida discordante;*
*Ele ligou todos os significados desnorteados*
*Em uma paz perfeita,*

*E vibrou em direção ao silêncio,*
*Como se relutasse a cessar.*
*Busquei e busco em vão,*
*Aquele perdido acorde divino*
*Que veio da alma do órgão*
*E entrou em minha alma.*
*Pode ser que o brilhante anjo da morte*
*Fale novamente naquele acorde,*
*Pode ser que somente no céu*
*Eu ouça aquele grande amém!*[7]

Este será o som da harmonia suprema e o silêncio da reverência suprema.

# Apêndice

## BIBLIOGRAFIA SUGERIDA SOBRE A AUTORIDADE DAS ESCRITURAS

BAUCKHAM, Richard. *Jesus and the Eyewitnesses: The Gospels as Eyewitnesses Testimony*. Grand Rapids, MI: Eerdmans, 2008. Uma obra inicial sobre o uso dos escritores dos Evangelhos do testemunho ocular original, com um exame atualizado do papel da tradição oral nos tempos bíblicos.

BLOMBERG, Craig. *The Historical Reliability of the Gospels*. 2. ed. Downers Grove, IL: InterVarsity Press Academic, 2007. Para mais informações sobre este livro e a resposta de Blomberg a supostos erros bíblicos, veja também o site http://thegospelcoalition.org/blogs/justintaylor/2008/03/26/interview-with-craig-blomberg/.

DICKSON, John. *Life of Jesus: Who He Is and Why He Matters*. Grand Rapids, MI: Zondervan, 2010. Uma análise envolvente da vida de Jesus em seu ambiente do século I, preparada por um historiador de história antiga.

EHRMAN, Bart, e WRIGHT, N. T. "'Dialogue Between Bart Ehrman and N. T. Wright: Is Our Pain, God's Problem?'" Disponível online no site http://bit.ly/bundles/ehrmanproject/3.

Ehrman Project. Vários estudiosos bíblicos respondem ao desafio de Bart Ehrman em relação à credibilidade do cristianismo e à confiabilidade das Escrituras. Disponível no site http://ehrmanproject.com/index.

EVANS, Craig A. *Fabricating Jesus: How Modern Scholars Distort the Gospels.* Downers Grove, IL: InterVarsity Press, 2008. Estudioso do Novo Testamento, Evans olha para as fontes bíblicas e antigas que fornecem um retrato de Jesus, como também para os argumentos feitos pelo *Código Da Vinci* e pelo "Seminário Jesus".

KITCHEN, K. A. *On the Reliability of the Old Testament.* Edição anotada. Grand Rapids, MI: Eerdmans, 2006. Um exame da correspondência entre a arqueologia e o texto do Antigo Testamento por um professor emérito de egiptologia e arqueologia da Universidade de Liverpool.

LENNOX, John. *Seven Days That Divide the World: The Beginning According to Genesis and Science.* Grand Rapids, MI: Zondervan, 2011. Embora o foco desta obra olhe para as origens do universo a partir dos dados científicos e bíblicos, Lennox, professor de matemática no Greens College, Oxford, fornece grande inspiração para se aproximar da literatura bíblica e das teorias e evidências científicas.

WITHERINGTON, Ben. "Review of Forged (by Bart Ehrman)". Disponível online no site http://bit.ly/bundles/ehrmanproject/4. Veja também a sua palestra "Will the Real Jesus Please Stand Up", disponível online no site http://www.patheos.com/community/bibleandculture/2011/02/28/will-the-real-jesus-please-stand-up-a-vertical-jesus-in-a-world-of-horizontal-analysis/.

# NOTAS

*Capítulo 1: Produção de Filmes ou Produção de Almas*
[1] Marilyn Ferguson, *The Aquarian Conspiracy: Personal and Social Transformation in Our Time*. Nova York: Tarcher, 1987, p. 296.

*Capítulo 2: Como o Ocidente se Perdeu através de sua Prosperidade*
[1] William Blake, "The Everlasting Gospel", em *The Oxford Book of English Mystical Verse*, ed. D. H. S. Nicholson e A. H. E. Lee. Oxford: Clarendon Press, 1917. Ênfase adicionada.
[2] Steve Turner, *The Gospel According to the Beatles*. Filadélfia: Westminster John Knox Press, 2006, p. 188, 189.
[3] Sri Ravi Shankar, "The Ancient New Age", como endereçado online no site http://www.parauniversal.com/2007/10/the-ancient-new-age-august-1996-santamonica-california/_.
[4] Sri Ravi Shankar, *Hinduism and Christianity: A Talk*. Kendra, Índia: Vyakti Vikas, 1998, p. 70, 71.
[5] A escolha de aceitar aquilo que foi oferecido ou absolutamente nada. Esse termo recebeu o nome de Thomas Hobson de Cambridge, Inglaterra (1544-1630), que alugava cavalos e dava aos seus clientes apenas uma escolha: o cavalo mais perto da porta do estábulo.

*Capítulo 3: Expirando o Velho, Inalando o Novo*
[1] Elaine Woo, "Writer Was Pivotal Figure in New Age Movement", *Los Angeles Times*, 2 de novembro de 2008, acessado online no site http://articles.latimes.com/2008/nov/02/local/me-ferguson2.
[2] Ibid.
[3] Ibid.
[4] Ibid.
[5] Ibid.

⁶ Elizabeth Lesser, *The New American Spirituality: A Seeker's Guide*. Nova York: Villard Books, 1999, p. 31.

⁷ Elizabeth Lesser, "Insider's Guide to 21st Century Spirituality", *Spirituality and Health,* primavera de 2000, acessado online no site http://www.spirituality-health.com/NMagazine/articles.php?id-738.

⁸ Ibid.

⁹ Ted Turner, citado em David Friend e na revista *Life, The Meaning of Life: Reflections in Words and Pictures on Why We Are Here*. Nova York: Little, Brown, 1991, p. 73.

## Capítulo 4: De Oprah a Chopra

¹ Bill Adler, ed., T*he Uncommon Wisdom of Oprah Winfrey: A Portrait in Her Own Words*. Nova York: Carol Publishing, 1997, p. 3.

² Janet Lowe, *Oprah Winfrey Speaks: Insight from the World's Most Influential Voice*. Nova York: Wiley, 1998, p. 37.

³ Ibid., p. 38, 39.

⁴ Adler, *The Uncommon Wisdom of Oprah Winfrey,* p. 4.

⁵ Ibid., p. 7.

⁶ Ibid., p. 28.

⁷ Marcia Z. Nelson, "Oprah on a Mission: Dispensing a Gospel of Health and Happiness", *Christian Century,* 25 de setembro de 2002, p. 24, 25. Usado sob permissão.

⁸ Kitty Kelley, Oprah: *A Biography*. Nova York: Crown Archetype, 2010, p. 97.

⁹ Ibid., p. 419.

¹⁰ Ibid., p. 49.

¹¹ Ibid., p. 54.

¹² Ibid., p. 87.

¹³ Ibid., p. 86, 87.

¹⁴ Ibid., p. 337.

¹⁵ Ibid., p. 73.

## Capítulo 5: A Religião do Quantum

¹ Deepak Chopra em "Quantum Healing", entrevista de Daniel Redwood, acessado online no site http://www.healthy.net/asp/templates/interview.asp?PageType=Interview&Id=167.

² "Deepak Chopra", em *The Skeptics Dictionary,* acessado online no site http://www.skepdic.com/chopra.html.

## Notas

³ Ibid.
⁴ Ibid.
⁵ Ibid.
⁶ Veja também "Alternative Health Practices", em *The Skeptics Dictionary*, no site http://skepdic.com/althelth.html; "Faith Healing", no site http://skepdic.com/faithhealing.html; e "Readers Comments: Ayurvedic Medicine & Deepak Chopra", no site http://www.skepdic.com/comments/chopracom.html. Para uma leitura adicional, veja John Ankerberg e John Weldon, *Encyclopedia of New Age Beliefs* (Eugene, OR: Harvest House, 1996); Kurt Butler, *A Consumer's Guide to "Alternative Medicine": A Close Look at Homeopathy, Acupuncture, Faith-Healing, and Other Unconventional Treatments* (Buffalo, NY: Prometheus Books, 1992); Heinz R. Pagels, *The Cosmic Code: Quantum Physics as the Language of Nature* (Nova York: Simon & Schuster, 1982); e Douglas Stalker e Clark Glymour, eds., *Examining Holistic Medicine* (Buffalo: Prometheus Books, 1989).
⁷ Deepak Chopra, *The Seven Spiritual Laws of Success: A Practical Guide to the Fulfillment of Your Dreams*. San Rafael, CA: Amber-Allen Publishing, 1994, p. iv, v.
⁸ "Deepak Chopra", em *The Skeptics Dictionary*.

### *Capítulo 6: Vá para o Ocidente, Jovem*

¹ Aseem Shukla, "Dr. Chopra: Honor Thy Heritage", *Washington Post*, 28 de abril de 2010, acessado online no site http://onfaith.washingtonpost.com/onfaith/panelists/aseem_shukla/2010/04/dr_chopra_honor_thy_heritage.html.
² Plotinus, citado em Michael Cox, *Handbook of Christian* Spirituality. San Francisco: Harper and Row, 1983), p. 39.
³ Albert B. Simpson, "Himself", em *Hymns of the Christian Life*. Harrisburg, PA: Christian Publications, 1962, p. 237. Domínio público.

### *Capítulo 7: Os Três Gurus*

¹ Swami Vivekananda, *The Complete Works of Swami Vivekananda*, acessado online no site http://en.wikisourse.org/wiki/The_Complete_Works_of_Swami_Vivekananda/Volume_4/Lectures_and_Discourses/My_Master.
² "Swami Vivekananda", Wikipedia, http://en.wikipedia.org/wiki/Swami_Vivekananda.

³ Bhupendranath Datta, *Swami Vivekananda, Patriot Prophet: A Study*. Calcutá, Índia: Nababharat Publishers, 1954, p. 212.

⁴ Vivekananda, *The Complete Works of Swami Vivekananda*.

⁵ Swami Vivekananda como relatado pelo *Chicago Tribune*, 20 de setembro de 1893, citado por David L. Johnson, *A Reasoned Look at Asian Religions*. Minneapolis: Bethany, 1995, p. 106.

⁶ Paramahansa Yogananda, acessado online no site http://www.anandapaloalto.org/joy/gurus.html.

⁷ Marienne Williamson, "A Spiritual Response to Terrorism", 17 de dezembro de 2008, http://blog.marianne.com/journal/archives/2008/12/a_spiritual_res.php.

⁸ Deepak Chopra, "The Maharishi Years: The Untold Story", *Huffington Post*, 13 de fevereiro de 2008, acessado online no site http://www.huffingtonpost.com/deepak-chopra/the-maharishi-years-the-u-b-86412.html.

⁹ Ibid.

¹⁰ H. H. Sri Sri Ravi Shankar, *Celebrating Love*. Udaypura, Bangalore: Sri Sri Publications Trust, 2005, p. 35.

## Capítulo 8: Sorrindo em meio a Desconcertos

¹ Citado em Li Cheng, *Song of a Wanderer: Beckoned by Eternity*. Cincinnati, OH: Foundation for Chinese Christian Authors, 2002, p. 88.

² Para mais detalhes de todas essas histórias, veja E. F. Wu etc., *The Five Great Religions of the World*. Hong Kong: Holy Literatures, 1989.

³ Isshu Miura e Ruth Fuller Sasaki, *The Zen Koan: Its History and Use in Rinzai Zen*. Nova York: Harcourt, Brace, 1965, p. xl.

⁴ Heinrich Dumoulin, *Zen: Enlightenment, Origins and Meaning*, traduzido do alemão por John C. Maraldo. Boston: Shambhala, 2007, p. 67.

⁵ Elizabeth Lesser, *The New American Spirituality: A Seeker's Guide*. Nova York: Villard Books, 1999, p. 113.

⁶ Uma doutrina budista crucial da causa e efeito cíclicos do sofrimento. Também usado como uma maneira de abordar problemas na vida diária ou formas de sofrimento coletivo.

⁷ David L. Johnson, *A Reasoned Look at Asian Religions*. Minneapolis: Bethany, 1995, p. 50, 51.

⁸ Ibid., p. 53, 54.

⁹ Uma referência ôntica é aquela que, em si mesma e de si mesma é objetivamente real, separada de qualquer coisa com que qualquer pessoa possa contribuir para ela.

## Notas

### Capítulo 9: Você realmente Quer Viver?
[1] G. K. Chesterton, *Heretics*, acessado online no site http://www.gutenberg.org/files/470/470-h/470-h.htm.
[2] Citado em Dale Ahlquist, *G. K. Chesterton: The Apostle of Common Sense*. San Francisco: Ignatius Press, 2003, p. 63.

### Capítulo 10: Os Laços que Prendem
[1] Alec Liu, "IBM's Watson Computer Wallops 'Jeopardy!' Champs in Trial Run" (13 de janeiro de 2011), acessado online no site http://www.foxnews.com/scitech/2011/01/13/ibm-watson-takes-jeopardy-champs/.
[2] Ibid.
[3] James Stewart, *The Strong Name*. Grand Rapids, MI: Baker, 1972, p. 55, itálicos meus.

### Capítulo 12: Remodelando Jesus para Adequá-lo aos nossos Preconceitos
[1] Elizabeth Lesser, *The New American Spirituality: A Seeker's Guide*. Nova York: Villard Books, 1999, p. 410.
[2] Eckhart Tolle, *The Power of Now: A Guide to Spiritual Enlightenment*. Novato, CA: New World Library, 1999, p. 223, 225.
[3] Neale Donald Walsch, *Conversations with God: An Uncommon Dialogue*, livro 2. Newburyport, MA: Hampton Roads Publishing, 1997, p. 74, 75, 80.
[4] Ibid., p. 57.
[5] Lesser, *The New American Spirituality*.
[6] Deepak Chopra, *The Third Jesus: The Christ We Cannot Ignore*. Nova York: Random House), p. 8, 9.
[7] Ibid., p. 9, 10.
[8] Ibid., p. 9.
[9] Ibid., p. 3, 4.
[10] Ibid., p. 111, 112.
[11] Veja Tom Butler-Bowdon, *50 Spiritual Classics*. Boston: Nicholas Brealey, 2005, p. 76.
[12] Ibid.
[13] Ibid., p. 286.
[14] Francis Thompson, "The Hound of Heaven".

## Capítulo 13: O Maior de Todos

[1] Oscar Wilde, "The Ballad of Reading Gaol", acessado online no site http://www.gutenberg.org/files/301/301-h/301-h.htm.

[2] História usada sob permissão.

[3] Veja o poema de William Blake "And Did Those Feet in Ancient Time" (ca. 1804-1810), em M. H. Abrams, *The Norton Anthology of English Literature*, 3. ed. Nova York: W.W. Norton, 1975, p. 1.342.

[4] Deepak Chopra, "The Three Maharishis", Huffington Post, 6 de fevereiro de 2008, acessado online no site http://www.huffingtonpost.com/deepak-chopra/the-three-maharishis_b_85432.html.

[5] Como citado em EricMetaxas, *Amazing Grace: William Wilberforce and the Heroic Campaign to End Slavery*. Nova York: Harper-One, 2007, p. 37.

[6] Comentários de F. W. Boreham sobre "Wilberforce" como extraído em "29 July: Boreham on William Wilberforce", acessado online no site http://thisdayswithfwboreham.blogspot.com/2006/08/29-july-boreham-william-wilberforce.html.

## Capítulo 14: Premissas Falsas e Verdades Magníficas

[1] Veja W. E. H. Lecky, *History of European Morals from Augustus to Charlemagne*, vol. 2. Nova York: D. Appleton and Company, 1890, p. 8.

[2] Veja o apêndice "Bibliografia Sugerida sobre a Autoridade das Escrituras" para estes e outros recursos excelentes.

[3] Gerald L. Sittser, *Water from a Deep Well: Christian Spirituality from Early Martyrs to Modern Missionaries*. Downers Grove, IL: InterVarsity Press, 1997, p. 185.

[4] Charles Haddon Spurgeon, citado em A. W. Pink, *The Attributes of God*. Grand Rapids, MI: Baker, 1975, p. 88.

[5] Matthew Parris, "As an Atheist, I Truly Believe Africa Needs God", *Times*, 27 de dezembro de 2008, acessado online no site http://www.timesonline.co.uk/tol/comment/columnists/matthew_parris/article5400568.ece.

[6] Ibid.

[7] "The Lost Chord", letra: Adelaide Anne Proctor (1825-1864); música: Arthur Sullivan (1842-1900). Domínio público.